PATRICK SENSBURG
ARMIN FUHRER

UNTER Freunden

Die NSA, der BND und unsere Handys – wurden wir alle getäuscht?

PLASSEN
VERLAG

Covergestaltung: Holger Schiffelholz
Herstellung und Layout: Daniela Freitag, Johanna Wack
Satz: Bernd Sabat, VBS-Verlagsservice
Lektorat: Claus Rosenkranz, Egbert Neumüller, Elke Sabat
Druck: GGP Media GmbH, Pößneck

ISBN 978-3-86470-495-6

Bibliografische Information der Deutschen Nationalbibliothek:
Die Deutsche Nationalbibliothek verzeichnet diese Publikation in der Deutschen Nationalbibliografie; detaillierte bibliografische Daten sind im Internet über <http://dnb.d-nb.de> abrufbar.

BÖRSEN MEDIEN
AKTIENGESELLSCHAFT

Postfach 1449 • 95305 Kulmbach
Tel: 09221-9051-0 • Fax: 09221-9051-4444
E-Mail: buecher@boersenmedien.de
www.plassen.de
www.facebook.com/plassenverlag

INHALT

EINLEITUNG

AUFTRITT ANGELA MERKEL. Es ist der 16. Februar 2017, über der Hauptstadt liegt das erste Mal in diesem Jahr so etwas wie ein Hauch von Frühling. Doch für den blassen Sonnenschein, der schüchtern durch die großen Fenster des Europasaals im Paul-Löbe-Haus lugt, haben die Menschen drinnen keinen Blick. Die Mitglieder des NSA-Untersuchungsausschusses des Bundestags sitzen erwartungsfroh auf ihren Plätzen, die Fotografen und Kameraleute balgen sich um den besten Blick auf den Platz, auf dem die Frau in ihrer orangefarbenen Jacke gleich Platz nehmen wird, nachdem sie im Saal die Runde gemacht und viele Hände geschüttelt hat. Die Journalisten und Zuschauer auf der Tribüne oben recken die Hälse, um einen Blick auf die Frau, die das Gedränge dort unten auslöst, werfen zu können. Es ist die 131. Sitzung des Ausschusses und zugleich die letzte. Drei Jahre hat er getagt, drei Jahre haben zahlreiche Zeugen – Minister und Ex-Minister, Experten, BND-Mitarbeiter und andere Personen, die mit den Geheimdiensten zu tun haben – den Abgeordneten Rede und Antwort gestanden. Andere sind nicht gekommen, vor allem der Mann, dem der Ausschuss überhaupt seine Existenz zu verdanken hat: Edward Snowden. Mehr als 2.500 Aktenordner mit Dokumenten haben verschiedene Stellen wie das Kanzleramt, das Justiz- und das Verteidigungsministerium zusammengetragen und dem Ausschuss zur Verfügung gestellt. Das meiste davon ist als geheim „eingestuft“, wie es in der Expertensprache heißt. Einiges, das nicht dafür bestimmt war, ist trotzdem ans Licht der Öffentlichkeit gekommen, weil Insider Material an Wikileaks durchgestochen haben.

Doch an diesem 16. Februar soll Schluss sein. Zu dieser letzten Sitzung hat sich die prominenteste Zeugin angesagt, um sich von den Ausschussmitgliedern befragen zu lassen: Angela Merkel, die Bundeskanzlerin. Sie ist zugleich Höhe- und Schlusspunkt dieses Untersuchungsausschusses.

Die Schattenwelt der Geheimdienste

Ziel des parlamentarischen Gremiums war es von Anfang an, Licht in den Schatten zu bringen, der über dem Treiben des US-Auslandsgeheimdienstes National Security Agency, kurz NSA, liegt. Diese Aufgabe erweiterte sich im Laufe der Zeit, als immer klarer wurde, dass auch der deutsche Bundesnachrichtendienst BND offenbar so einiges gemacht hat – allein und gemeinsam mit den amerikanischen Partnern –, das dringend aufgeklärt werden sollte. Das Gewicht der Arbeit und das Interesse verschoben sich immer weiter von der NSA zum BND. Die Emotionen kochten von Anfang an hoch. Kein Wunder, immerhin waren die Urteile zum von Edward Snowden aufgedeckten NSA-Skandal echte Superlative – größter Geheimdienstskandal in der Geschichte überhaupt, größtes Verbrechen seit dem Ende des Zweiten Weltkriegs, der Versuch, eine digitale totalitäre Diktatur über das Internet und damit die ganze Welt zu errichten. Und der BND war mittendrin, so schien es.

Zum Schluss nun also die Bundeskanzlerin. Was wusste Angela Merkel vom Gebaren der amerikanischen Partner?

Was tat sie dagegen? Wie stellt sich die Geschichte mit ihrem Handy dar, das von der NSA abgehört wurde? Weshalb ihr berühmtes Zitat „Ausspähen unter Freunden – das geht gar nicht", wenn doch der eigene Geheimdienst offenbar genau das Gleiche tat? Funktionierte die Kontrolle über den BND oder taten die deutschen Geheimdienstler einfach, was sie wollten? Angela Merkel blieb gelassen und souverän. Als der grüne Abgeordnete Christian Ströbele nach mehreren Stunden des Verhörs zunehmend verzweifelt immer wieder dieselben Fragen stellte, um der Kanzlerin auf irgendeine Art und Weise ein Bein zu stellen, wirkte sie zwar zunehmend gelangweilt, blieb aber bewundernswert ruhig. Am Ende dieses Tages blieb das Ergebnis der Befragung dünn.

Acht Abgeordnete gegen die Geheimdienste

Das kann man mit Blick auf die gesamte dreijährige Tätigkeit dieses Ausschusses allerdings nicht behaupten. Die Mitglieder, Abgeordnete aller im Bundestag vertretenen Parteien, brachten bemerkenswerte Erkenntnisse ans Licht – und das, obwohl die Aufgabe nicht lösbar schien. Denn wie viel Licht kann ein achtköpfiges Gremium überhaupt auf die Schattenwelt von global operierenden Geheimdiensten werfen? Welchen echten Erkenntnis-Mehrwert sollte ein Ausschuss des Deutschen Bundestags zu einem der größten Geheimdienstskandale der Geschichte eigentlich beitragen können? Dem medialen Feuersturm um die Enthüllungen von Edward Snowden stand eine denkbar geringe Erwartungshaltung an den Untersuchungsausschuss gegenüber. Immerhin steht mit dem US-amerikanischen

Spionagedienst NSA der wohl mächtigste Geheimdienst der Geschichte im Fokus. Bei seiner von allen im Bundestag unterstützten Einsetzung am 20. März 2014 erschien der Untersuchungsausschuss manchem Beobachter als politisches Placebo: Der bloße Eindruck der Aufklärung sei das eigentliche Ziel des Ausschusses, da viel mehr nicht zu erwarten sei. Doch der NSA-Untersuchungsausschuss hat, wie eine große deutsche Tageszeitung fast drei Jahre später feststellte, „Chancen, als einer der erfolgreichsten in die Geschichte des deutschen Parlaments einzugehen".[1] Die Entwicklung eines zunächst belächelten Gremiums hin zu einer Bühne für bis zu vierzehnstündige Verhöre von Nachrichtendienstlern und Regierungsmitgliedern der höchsten Ebenen ist Thema dieses Buches.

Verhandlungen im Kopierraum

Untersuchungsausschüsse werden oft als das schärfste Schwert des Parlaments bezeichnet. Als ganz eigenartiger Zwitter aus gerichtsähnlicher Verhandlungssituation und Parlamentsausschuss stehen ihnen weitreichende Kompetenzen und Instrumente zu, um Behörden, Einzelpersonen und nicht zuletzt die Regierung selbst verhören, befragen und somit kontrollieren zu können. Jedem Untersuchungsausschuss liegt ein Einsetzungsbeschluss des Bundestags zugrunde, der das Aufklärungsinteresse thematisch und zeitlich bestimmt und eingrenzt. Es handelt sich dabei um mehr als ein schnödes Papier oder eine Formalität, sondern um das Herzstück für die Gesamtarbeit des Untersuchungsausschusses. Auslegung und Interpretation des Beschlusses sorgten immer wieder für hitzige Debatten zwischen Parlamentariern und Regierungsmitgliedern. So wurde leidenschaftlich darüber gestritten, welche bohrenden Fragen rund um die vom BND durchgeführte Befragung von Flüchtlingen noch vom Untersuchungsauftrag gedeckt sind und welche den Auftrag des Ausschusses weit überschreiten. Wenn während der Beweisaufnahme Uneinigkeit über Grenzen und Möglichkeiten des Ausschusses bestand, griff das sogenannte „Kopierraum-Verfahren". Anstatt die Vernehmung für eine Beratungssitzung zu unterbrechen, trafen sich der Vorsitzende und die Obleute, also die Wortführer der Parteien im Ausschuss, im Kopierraum gleich neben dem Ausschussraum, um Streitigkeiten hinsichtlich wichtiger Verfahrensfragen zu klären – einfach, aber effektiv.

Ertüchtigung für den BND

Eine besondere Schwierigkeit für den Untersuchungsausschuss bestand darin, dass sich der zu untersuchende Themenkomplex nicht auf rein nationale Vorgänge beschränkt, sondern in ein Dickicht internationaler Zusammenhänge verwoben ist. Innenpolitisch haben parlamentarische Untersuchungsausschüsse eine starke Stellung gegenüber der Bundesregierung, beispielsweise bei der Anforderung von Akten. Außenpolitisch dagegen sind sie schwach – sehr schwach –, denn ein solcher Auskunftsanspruch kann natürlich nicht gegenüber ausländischen Regierungen durchgesetzt werden. Es bestand deshalb stets die Gefahr, dass unvollständige Informationslagen zum Scheitern des Ausschusses führen könnten. Nach der kolossalen Blamage, die Edward Snowden den US-Geheimdiensten beschert hatte, herrschte in Washington große Zurückhaltung bei der Weitergabe von Informationen rund um die Arbeit der Nachrichtendienste.

Auch wenn die NSA eine besonders prominente Rolle im Skandal spielt, bezog sich der Untersuchungsauftrag des Ausschusses klar auf alle Staaten des Spionageverbunds der „Five Eyes" – neben den Vereinigten Staaten Australien, Neuseeland, Kanada und Großbritannien. Die besondere Brisanz und Komplexität der Aufgabe des Untersuchungsausschusses zeigt sich deshalb auch darin, dass die Überwachungspraktiken der NSA nicht isoliert ausschließlich Deutschland betrafen, sondern bei zahlreichen Staats- und Regierungschefs rund um den Globus Entrüstung auslösten. Der diplomatische Flurschaden für die letzte verbliebene Supermacht USA war enorm – was nicht zuletzt mit dem geflügelten Satz „Ausspähen unter Freunden – das geht gar nicht" der Kanzlerin im Oktober 2013 unterstrichen wurde. In Deutschland wissen wir, was eine totale Überwachung der Bevölkerung bedeutet. Das zeigte sich auch darin, dass alle im Bundestag vertretenen Fraktionen für die Einsetzung des Untersuchungsausschusses stimmten.

Dreiklang mit Disharmonie

Im Kern schlug der Bundestag dem Untersuchungsausschuss einen Dreiklang aus Aufklärung, Analyse und Handlungsempfehlung vor. Denn unabhängig von der Notwendigkeit einer Kritik insbesondere an der Abteilung Technische Aufklärung (TA) des BND steht außer Frage: Nachrichtendienstliche Kooperation ist im Zeitalter von grenzüberschreitenden Gefahren eine unabdingbare Notwendigkeit. Deshalb war der NSA-Untersuchungsausschuss – entgegen der

Meinung der Opposition – auch ein BND-Ertüchtigungsausschuss, was in eine grundlegende Reform des deutschen Auslandsnachrichtendienstes als unmittelbare Konsequenz der Aufklärungsarbeit des Untersuchungsausschusses mündete. Dass die Oppositionsparteien das anders sahen, war bedauerlich und führte zu manchen Disharmonien.

Doch der Einsetzungsbeschluss sah nicht weniger vor, als dass der Untersuchungsausschuss die Erfassung, Speicherung und Nutzung von Daten über Kommunikationsvorgänge, Inhalte und Dateiverarbeitungsvorgänge der „Five Eyes“ aufklärt – eine wahrlich gigantische Aufgabe. Hier machte der Beschluss nicht halt, sondern nahm die Regierung direkt ins Visier der Aufklärung. Hatten Stellen des Bundes, also etwa die Bundesregierung oder der Bundesnachrichtendienst, Kenntnis von diesen Vorgängen oder haben sie gar an ihnen mitgewirkt? Was hat es mit solch nebulösen Begriffen wie PRISM, TEMPORA und XKeyscore auf sich?

Das Parlament in Gänze entscheidet zwar über die Einsetzung und das Thema der Untersuchung. Der Untersuchungsausschuss entscheidet jedoch eigenverantwortlich über die Art und Weise seiner Untersuchung im Rahmen des Gesetzes zur Regelung des Rechtes der Untersuchungsausschüsse des Deutschen Bundestags (Untersuchungsausschussgesetz – PUAG). Ein zentrales Mittel des Ausschusses hierfür ist die Zeugenbefragung im Rahmen der Beweisaufnahme. Personen, von denen angenommen wird, dass sie zur Aufklärung des Sachverhalts beitragen könnten, werden förmlich geladen und landen nicht selten im Kreuzverhör des Ausschusses. Zu welchem Zeitpunkt hatten sie zu welchen Inhalten welche Kenntnis? Sofern sie keine Kenntnis hatten, hätten sie diese im Sinne ihrer Dienstvorschriften haben müssen? Agierte die NSA ohne Wissen und Zutun des BND oder arbeiteten beide Hand in Hand? Vom Sachbearbeiter in nachgeordneten Behörden bis zur Bundeskanzlerin vernahm der Untersuchungsausschuss Dutzende Zeugen in oftmals mitternächtlichen Befragungen. Wird ein Zeuge vorgeladen, dann ist die Folgeleistung gegenüber dem Untersuchungsausschuss keine Kür, sondern Pflicht. Erscheint ein Zeuge nicht, kann der Untersuchungsausschuss ein Ordnungsgeld von bis zu 10.000 Euro gegen ihn festsetzen. In letzter Konsequenz kann eine zwangsweise Vorführung des Zeugen angeordnet werden. All das zeigt: Ein parlamentarischer Untersuchungsausschuss ist kein Papiertiger, sondern hat machtvolle Instrumente, um Mittel und Wege zur Erfüllung seines Auftrags einzufordern.

Im Interesse der Öffentlichkeit

Untersuchungsausschüsse werden nicht nur aus einem politischen Aufklärungsinteresse des Bundestags heraus eingesetzt, sondern aufgrund eines breiten öffentlichen Interesses der Gesellschaft. Immerhin beschäftigen die zahlreichen offenen Fragen nicht nur eine Handvoll Parlamentarier, sondern das Land als Ganzes. Hat die NSA millionenfachen Grundrechtsbruch auf deutschem Boden begangen? Hat der BND daran wissentlich und willentlich mitgewirkt? Wer bestimmt eigentlich die Kriterien, nach denen sogenannte „Selektoren“ in einen schier unendlichen Datenstrom eingespeist werden, um Informationen gezielt auszuwerfen? Aus diesem gesamtgesellschaftlichen Interesse heraus fanden viele Sitzungen zur Beweisaufnahme – so etwa Zeugenvernehmungen und die Anhörung von Sachverständigen – in Anwesenheit der Öffentlichkeit statt.

Auf der Galerie des Europasaals versammelten sich Aktivisten, Medienvertreter und Interessierte, um die Arbeit des Untersuchungsausschusses kritisch zu begleiten. Bei prominenten Zeugen wie der Bundeskanzlerin kam es zu einem regelrechten Ringen um die Besucherplätze, denn das mediale Interesse war größer als die zur Verfügung stehenden Sitzplätze. Da die Berichterstattungsöffentlichkeit ein zentraler Grundsatz in der Arbeit parlamentarischer Untersuchungsausschüsse ist, durften Medienvertreter bei der Platzvergabe privilegiert behandelt werden. Alle sonstigen interessierten Bürger konnten an der Sitzung teilnehmen, solange ausreichend Platz auf der Zuschauertribüne war. In den drei Jahren des Untersuchungsausschusses musste nur eine Dame dauerhaft von der Sitzungsteilnahme ausgeschlossen werden, da sie mit Zwischenrufen regelmäßig störte.

Transparenzprobleme - das "Sensburg-Verfahren" als Ausweg

Transparenz und Geheimhaltung sind zwei Pole, die der Untersuchungsausschuss in jeder Beweisaufnahme aufs Neue klug gegeneinander abwägen musste. Ein beträchtlicher Teil der dem Ausschuss zur Verfügung stehenden Dokumente wurde als „Verschlusssache – Vertraulich“, „Geheim“ oder sogar „Streng geheim“ eingestuft. Bestimmte Sachverhalte, zum Beispiel die konkreten Bezeichnungen der vom BND in der gemeinsamen Abhörstation Bad Aibling im Auftrag der NSA eingespeisten Selektoren, waren derart streng geheim, dass sie von den Mitgliedern des Ausschusses und einigen wenigen Mitarbeitern nur unter besonderen Sicherheitsvorkehrungen und nur unter Aufsicht eingesehen werden durften. Die Aufklärungsarbeit stand somit vor einem Dilemma. Auf der einen Seite muss die Arbeit des Ausschusses dem Grundsatz der Öffentlichkeit genügen. Auf der anderen Seite kann es berechtigte Gründe geben, dass der Ausschuss in einem abhörsicheren Raum tagt, um ohne Elektronik und unter Ausschluss der Öffentlichkeit in hochvertraulicher Atmosphäre seiner Arbeit nachzukommen. Dieser klassische Zielkonflikt zwischen Transparenz und Geheimhaltung wurde mit einem Novum gelöst: der Einführung des „Sensburg-Verfahrens" oder „stillen Vorhalts". Da das Zitieren aus eingestuften Akten in öffentlicher Sitzung strafbar ist, konnten Zeugen während der Anwesenheit des Publikums nur zu einem Teil der dem Ausschuss vorliegenden Informationen befragt werden. Im Ergebnis widersprachen sich einige Zeugen in öffentlicher und eingestufter Sitzung – je nachdem, welche Akten zum jeweiligen Zeitpunkt zitierfähig waren. Mit dem „Sensburg-Verfahren" konnten den Zeugen eingestufte Akten „still" vorgelegt und jene zu ihnen befragt werden, ohne dass aus dem konkreten Text vorgelesen wurde. Der Untersuchungsausschuss bewegte sich in einer Grauzone und auf unbekanntem Terrain, denn das Frage- und Antwortverhalten geriet mehr als einmal in Gefahr, den Grundsatz der Geheimhaltung doch zu verletzten. Im Ergebnis zeigt die Praxis des „Sensburg-Verfahrens", dass der Grad an Transparenz im NSA-Untersuchungsausschuss sehr viel höher war, als die übergroße Anzahl an Kommentatoren ursprünglich vermutet hatte.

Untersuchungsausschüsse können auch unter Ausschluss der Öffentlichkeit operieren, wenn Umstände aus dem persönlichen Lebensbereich von Zeugen oder Dritten zur

Sprache kommen, eine Gefährdung des Lebens, des Leibes oder der Freiheit von einzelnen Zeugen droht, ein Geschäftsgeheimnis gefährdet wird oder besondere Gründe des Wohls des Bundes oder eines Landes entgegenstehen. Dies gilt speziell auch für den Fall, dass die Sicherheit der Bundesrepublik und der Status ihrer Beziehungen zu anderen Staaten gefährdet sind.

Bringschuld der Regierung

Neben der Zeugenbefragung ist das Verlangen nach der Herausgabe von Aktenbeständen ein ebenso konsequentes Instrument, um tief greifende parlamentarische Kontroll- und Aufklärungsarbeit zu leisten. Immerhin hat der Untersuchungsausschuss im Laufe seiner Arbeit die erstaunliche Zahl von über 2.500 Aktenordnern in seinem Sekretariat gesichtet, analysiert und aufgeklärt. Die Auswahl der vorgelegten Akten erfolgt zwar in Eigenverantwortung der Regierung. Jedoch kann die Bundesregierung nicht einfach selbst entscheiden, welche Akten und wie viel Material sie den Abgeordneten des Ausschusses vorlegt. Sie hat an dieser Stelle eine Pflicht und Bringschuld gegenüber den Parlamentariern. Der Ausschuss fordert sein Recht auf Kontrolle ein und tritt nicht als Bittsteller auf. Dieser Grundsatz entspricht nicht nur dem Selbstbewusstsein eines Parlaments im demokratischen Rechtsstaat, sondern ist auch dem Umstand geschuldet, dass die Regierung etwa bei einer sogenannten Missstandsenquete selbst Teil der Untersuchung sein kann. Schließlich wäre es abstrus, wenn jene Stelle, über die aufgeklärt werden soll, selbst über zum Zwecke ihrer Aufklärung angeforderte Akten entscheiden würde.

Grenzen der Aufklärung

Jedoch kennt auch dieser Grundsatz seine Grenzen. Sofern das Staatswohl, der sogenannte Kernbereich exekutiver Eigenverantwortung der Bundesregierung (arcanum) oder individuell schützenswerte Rechte privater Personen betroffen sind, versiegt das Recht des Untersuchungsausschusses auf Aktenvorlage. Nur bereits abgeschlossene Vorgänge dürfen dem Untersuchungsausschuss vorgelegt werden, um das operative Regierungshandeln – etwa eine geheimdienstliche Aktion – nicht zu gefährden. Ein entsprechender Hinweis der Bundesregierung auf ihren Kernbereich der exekutiven Eigenverantwortung genügt; ein Beweis muss nicht geführt werden. Er kann aber gerichtlich überprüft werden. Ganz anders sieht es aus, wenn abgeschlossene Vorgänge von der Bundesregierung als Staatswohl deklariert werden. Hier folgt die Umkehr der Begründungs- und Darlegungspflicht: Die Bundesregierung muss glaubhaft und konkret zeigen, dass die Offenlegung eines Sachverhalts gegenüber dem Parlament das Potenzial zur Gefährdung des Staatswohls birgt.

Dem Ausschussvorsitzenden kommt eine zentrale Koordinationsfunktion zu. Er trifft die Vorbereitungen, kümmert sich um die Einberufungen und Leitungen von Ausschusssitzungen und ist für die Durchführung der Beschlüsse verantwortlich. Er ist zu neutraler und unparteiischer Verhandlungsführung verpflichtet, genießt beinahe uneingeschränktes Rederecht und übt eine Eilkompetenz bei der Einstufung des Geheimhaltungsgrads von Unterlagen aus. Auf dem Vorsitzenden eines Untersuchungsausschusses lastet regelmäßig eine besondere Last, die er durch Ruhe und Beständigkeit ausgleichen kann. Bei den zahlreichen personellen Wechseln im NSA-Untersuchungsausschuss wurde der Vorsitzende einmal als „last man standing“ bezeichnet.

Nach Ende der Beweisaufnahme ist der Untersuchungsausschuss verpflichtet, dem Parlament einen Abschlussbericht vorzulegen. Jahrelange Arbeit, unzählige Dokumente und viele Stunden Vernehmung müssen in ein Dokument gegossen werden, das Behauptungen von Tatsachen, Meinungen von Fakten und Fiktion von Realität scheidet. Einige Behauptungen, etwa dass monatlich 500 Millionen Datensätze von deutschen Bürgern abgegriffen werden, wurden bereits entkräftet. Andere Behauptungen, etwa dass es im BND eklatant an Vorgaben und Richtlinien zur Handhabung der technischen Fernmeldeaufklärung mangelte, sind bestätigt. Einige Behauptungen, etwa dass Edward Snowden faktisch als Spion für Russland diente, bleiben Vermutung. In einer hypervernetzten Welt, in der Gefahren in Simultanzeit grenzüberschreitend Land und Bürgern drohen, sind Geheimdienste wichtiger denn je. Sie sollen Licht in eine immer komplexere Welt bringen. Doch wo viel Licht, da viel Schatten. Dieses Buch soll einen Beitrag dazu leisten, Trennlinien in der nachrichtendienstlichen Welt des Geheimen und Verschwommenen zu ziehen.

KAPITEL 1

Edward Snowden – der Mann, der die Welt aufrüttelte

HELD ODER VERRÄTER? Auch vier Jahre nach den Enthüllungen über die Machenschaften der NSA durch Edward Snowden gehen die Meinungen über den berühmtesten Whistleblower der Welt weiterhin stark auseinander. Hat er der Menschheit einen großen Dienst erwiesen, als er die Überwachungsmachenschaften der NSA und ihrer Partnerdienste enthüllte? Oder hat er den amerikanischen und auch unseren deutschen Sicherheitsinteressen nicht vielmehr Schaden zugefügt, indem er 1,5 Millionen geheime Dokumente stahl? Eine Annäherung an diesen Mann scheint schwierig, weil er mit seinem Handeln offenbar viele Menschen zu einer klaren Beurteilung provoziert: gut oder böse. Dazwischen scheint es nichts zu geben. In Deutschlands veröffentlichter Meinung herrscht eindeutig die Helden-Sicht vor (in den angelsächsischen Ländern stellt sich die Sache differenzierter dar). In der Diskussion über die Frage, ob der deutsche Bundesnachrichtendienst ein willfähriger Helfershelfer der amerikanischen Geheimdienstkrake war beziehungsweise ist oder ob deutsche Zulieferdienste unerlässlich sind, um unsere eigenen Sicherheitsinteressen zu wahren, scheinen sich viele auch von ihrem Blickwinkel auf Edward Snowden leiten zu lassen. Wer ihn kritiklos als Held sieht, traut den deutschen Schlapphüten alles zu. Wer ihn ausnahmslos kritisch sieht, neigt leicht dazu, dem BND alles zu verzeihen, was vielleicht schiefgelaufen ist.

Staatsfeind Nummer 1

Edward Snowden steht noch immer ganz oben auf der Liste der Personen, die die amerikanischen Behörden unbedingt in ihre Gewalt bringen wollen. Noch immer ist er in ihren Augen Staatsfeind Nummer 1, der Mann, der die mächtigste Geheimdienstmaschinerie der Welt bloßstellte und den Sicherheitsinteressen der USA massiv schadete. Der Mann, der die Supermacht USA bis aufs Blut reizte. Die Empörung über den unscheinbaren jungen Mann, der Amerikas Geheimdienste als geheime Macht darstellte, die „das Internet beherrschen" wolle, und zwar weltweit, hat sich nicht gelegt. Er wolle Edward Snowden am liebsten „an einer großen Eiche baumeln" sehen, so John Bolton, der frühere US-Botschafter bei den Vereinten Nationen, kurz nach den Enthüllungen 2013 im Fernsehsender *Fox News*.[1] James Woolsey, der ehemalige Direktor der CIA, forderte an gleicher Stelle, Snowden wegen Hochverrats zu verurteilen und „aufzuhängen".[2]

Im NSA-Untersuchungsausschuss kam Snowden bei verschiedenen Zeugen gar nicht gut weg. Robert M. Lee, ein ehemaliger NSA-Mitarbeiter monierte, dass Snowden viele der von ihm veröffentlichten Dokumente nie selbst gesehen und auch gar nicht verstanden habe. Lee vertrat die Ansicht, dass einige der von Snowden veröffentlichten Power-Point-Darstellungen erklärungsbedürftig seien. Er wies in diesem Zusammenhang auf ein Manko der NSA hin: dass sie als Geheimdienst nicht öffentlich Stellung nehmen könne. Snowdens Enthüllungen hätten innerhalb der NSA zu Misstrauen geführt – mit der Folge, dass Mitarbeiter den Dienst verlassen hätten. Ein Geheimdienstexperte, James A. Lewis vom Strategic-Technologieprogramm war sauer auf Snowden, weil seine Enthüllungen dazu geführt hätten, dass sich die USA nun dafür rechtfertigen müssten, dass sie das Gleiche täten wie andere Staaten auch – nur dass sie darin eben besser seien. Den von der NSA selbst auch erhobenen Vorwurf, dass Snowden seine Ziele auch auf anderem Wege hätten erreichen können, erhob auch der Stellvertretende Direktor der New America's Cybersecurity Initiative, Ian Wallace. Auch zeigte er sich besorgt, dass Snowdens Enthüllungen sehr nützlich für Russland, China und den „Islamischen Staat" seien.

Dass die Empörung, die Wut, lebt, zeigt ein Bericht über Snowdens Aktivitäten, den eine Kommission des „United States House Permanent Select Committee on Intelligence" (HPSCI) – des Geheimdienstausschusses des amerikanischen Repräsentantenhauses – im September 2016 an seine Auftraggeber weiterleitete.[3] Drei Jahre hatten die Ermittler alles zusammengetragen, was sie über Snowden und den Schaden, den er aus offizieller Sicht angerichtet hatte, in Erfahrung bringen konnten. Nachdem das tatsächliche Ausmaß klargeworden war, legte sich die Wut nicht. Der Wunsch, Snowden für das, was er getan hat, zur Rechenschaft zu ziehen, ist so lebendig wie kurz nach dem Bekanntwerden der Enthüllungen. Die Verfasser mussten sich in diesem offiziellen Dokument naturgemäß einer zurückhaltenderen Sprache bedienen. Aber ihre Aussage war letztlich eindeutig und unmissverständlich: „Das Komitee erwartet hoffnungsvoll, dass Snowden in die USA zurückkehrt, um vor die Justiz gestellt zu werden." Das Ergebnis eines solchen Prozesses steht für eingefleischte Geheimdienstler außer Frage: eine Verurteilung zu einer sehr langen Haftstrafe … mindestens.

Edward Snowden, der als Auslöser des größten Geheimdienstskandals der Geschichte weltberühmt wurde, ist also nicht sehr beliebt bei den Diensten in den USA und einem Teil von Politik und Öffentlichkeit. Nach einer ersten weit verbreiteten Begeisterung für den Whistleblower aus Elizabeth City im US-Bundesstaat North Carolina wurde die amerikanische Bevölkerung alsbald deutlich kritischer in ihrer Beurteilung seiner Handlungen – vor allem nachdem Snowden ausgerechnet im Russland Wladimir Putins, des einstigen KGB-Manns, Asyl beantragt und auch gewährt bekommen hatte. In einer Umfrage von *Washington Post* und *ABC News* waren Ende November 2013, also drei Monate, nachdem Präsident Putin großmütig seine schützende Hand über den vor der eigenen Regierung geflüchteten US-Amerikaner gehalten hatte, 60 Prozent der Meinung, Snowdens Enthüllungen würden die Sicherheit der USA gefährden. 52 Prozent der Befragten forderten, dass er wegen eines Verbrechens angeklagt werden solle, und 55 Prozent waren der Meinung, dass seine Handlungsweise falsch gewesen sei. So dankbar waren viele Amerikaner ihrem Landsmann also nicht, wie er gehofft hatte. Das Schlimmste für ihn wäre es, wenn eines Tages die Menschen einfach vergessen hätten, was er über die Machenschaften der Geheimdienste enthüllt habe, erklärte Snowden in seinen Interviews kurz nach seiner Flucht aus den USA. Wie würde er sich eigentlich fühlen, wenn viele Menschen seine Handlungen sogar ablehnen würden?

David gegen Goliath

Dabei hat der Mann natürlich auch Befürworter, die toll finden, was er getan hat, aufklärerisch, aufrüttelnd, unbedingt notwendig. Ein Kleiner hatte sich mit den ganz Großen angelegt, er hatte Mut bewiesen, vielleicht sein Leben riskiert für die Sache der Freiheit. Und er hatte gezeigt, dass ein Einzelner ein ganzes System, zumal den mächtigsten Staat der Welt, herausfordern konnte. Zu seinen Anhängern gehören viele Journalisten, Wissenschaftler und Schriftsteller innerhalb der USA und außerhalb, vor allem in Deutschland.

Auch viele Politiker stimmten in diesen Chor ein. Der grüne Bundestagsabgeordnete Christian Ströbele wollte ihm sogar den Friedensnobelpreis verleihen. Auch US-Präsident Barack Obama, selbst Träger dieses Preises, hatte im Wahlkampf 2008 seine grundsätzliche Bewunderung für Whistleblower kundgetan. Es passte ja auch gut ins Bild des neuen, offenen und vermeintlich transparenten Regierungsstils, den der „Yes We Can"-Präsident leben wollte. Nur eines tat er nicht – dem in Bedrängnis geratenen Snowden helfen, ihm Straffreiheit gewähren und eine Rückkehr in seine Heimat erlauben. Es gab und gibt tatsächlich Snowden-Anhänger, die darauf hoffen, dass das eines Tages passieren wird. Aber das wäre wohl zu viel verlangt. Immerhin hatte dieser bis dahin völlig unbekannte und unscheinbare junge Mann nicht nur Obamas wichtigsten Geheimdienst nachhaltig und weltweit diskreditiert. Er hatte möglicherweise auch bewusst oder unbewusst dafür gesorgt, dass gegnerische Geheimdienste wie die chinesischen und russischen in den Besitz wichtiger geheimer Dokumente gelangten, die für die nationale Sicherheit der Vereinigten Staaten von Amerika von größter Bedeutung sind.

Die Glaubwürdigkeit in Person?

Was wir als staunende Öffentlichkeit heute über Edward Snowden zu wissen glauben, basiert zum allergrößten Teil auf seinen eigenen Angaben. Journalisten haben dafür gesorgt, dass dieses Bild, das Snowden von sich zeichnet, publik wurde. Autoren, die sich eingehender mit Snowden beschäftigt haben, zum Beispiel in Buchform, gelten als anerkannte investigative Journalisten, die im Normalfall alles hinterfragen und zweimal prüfen, *bevor* sie es publik machen. Umso mehr erstaunt, dass ein Teil dieser Journalisten bei ihren Recherchen zu Snowden weitgehend auf dieses kritische und doppelt abgesicherte Vorgehen verzichtet haben. Die Angaben, die er machte, übernahmen sie oftmals eins zu eins. Sie meldeten keine oder nur sehr selten Zweifel an und hinterfragten seine Aussagen nicht. Edward Snowden scheint für sie die Glaubwürdigkeit in Person zu sein.

Die weitgehende Distanzlosigkeit ihm gegenüber, die gerade solche Journalisten und Autoren an den Tag legen, die für sich in Anspruch nehmen, besonders kritisch zu sein, erschreckt. Immerhin hatte der Mann eine gehörige Portion Chuzpe an den Tag gelegt, als er zur Tat geschritten war und eine riesige und mächtige Geheimdienstbehörde übertölpelt hatte. Konnte man wirklich ausschließen, dass er nun, als es darum ging, das „richtige" Bild seiner selbst und seiner Tat in der Weltöffentlichkeit zu verbreiten, auf Verdrehungen, vielleicht Lügen, verzichtete? Musste man gerade als kritischer Journalist nicht darauf achten, sich nicht gemein zu machen mit ihm, sondern Abstand zu wahren? Wie hatte es einst Hanns Joachim Friedrichs, ein Doyen des deutschen Fernsehjournalismus, so schön formuliert: Ein Journalist muss immer dabei sein, aber nie dazugehören. Diesen Grundsatz haben Journalisten, die sich mit Snowden beschäftigen, nicht selten verletzt.

Ein besonders eklatantes Beispiel dafür, wie leichtgläubig Journalisten mit Snowden umgehen, steht ganz am Anfang der Enthüllungen. Der in Brasilien lebende US-Journalist Glenn Greenwald, der gemeinsam mit der amerikanischen Filmemacherin Laura Poitras der Erste war, der Einblick in Snowdens Material bekam, beschreibt es selbst in seinem Buch „Die globale Überwachung". Snowden hatte sich im Dezember 2012 zuerst an ihn, dann wenige Wochen später an Poitras gewandt. Nachdem er die ersten beiden anonym verschickten E-Mails Snowdens, in denen dieser ansatzweise davon berichtete, worum es ihm ging, gelesen hatte, sei ihm sofort klar gewesen, dass sie echt seien und der ihm zu diesem Zeitpunkt völlig unbekannte Absender kein Betrüger sei.

Wie kam Greenwald zu diesem raschen, aber endgültigen und weitreichenden Urteil? Er könne es nicht erklären, aber er habe einfach intuitiv gespürt, dass es dem Absender ernst sei und dass er wirklich derjenige sei, als der er sich ausgab. Rational betrachtet sei ihm durchaus klar gewesen, dass dieses Vertrauen vielleicht fehl am Platze war. Doch was zählte schon Vernunft? „Diese E-Mails strahlten etwas Nichtgreifbares, aber Energisches aus, was uns davon überzeugte, dass ihr Urheber es ehrlich meinte. Er schrieb aus einer tief empfundenen Haltung heraus, die seine Besorgnis gegenüber geheimdienstlichem Treiben und zunehmender Überwachung erkennen ließ. Intuitiv spürte ich, welche politische Leidenschaft in ihm brannte; ich fühlte mich ihm verwandt in seiner Weltsicht und der Dringlichkeit seines Anliegens."

Dabei ist Greenwald natürlich nicht vorzuwerfen, dass er dieser Spur nachging. Ein Journalist, der das nicht getan hätte, wäre dumm. Aber er beschreibt an dieser Stelle seines Buches, wie er Regeln und Vorsichtsmaßnahmen des investigativen Journalismus ignorierte, nachdem der erste anonyme Kontakt mit Snowden hergestellt war. Er glaubte dem

Absender, den er überhaupt nicht kannte, weil er ihm glauben wollte. Greenwald hatte sich seit Jahren sehr kritisch mit der Thematik der Geheimdienstüberwachung beschäftigt, zumeist ohne NSA und Co wirklich Verstöße nachweisen zu können. Nun legte ihm ein Unbekannter offenbar solche Nachweise auf dem silbernen Tablett vor – sollte er da nicht begeistert zugreifen?

Abscheulicher objektiver Journalismus

Man muss freilich Greenwalds Auffassung von Journalismus kennen, um ihn wirklich richtig einschätzen zu können. Dass Journalisten ihre eigenen Meinungen zugunsten einer objektiven Berichterstattung zurückstellen, hält er für eine schädliche Gewohnheit, die zu manch „abscheulichem Journalismus" geführt habe. Dazu gehöre beispielsweise, Ansichten, die wahr sind, mit solchen, die unwahr sind, gleichzusetzen. Was „wahr" und was „unwahr" ist, bestimmt dann allerdings der Journalist – und zwar ganz subjektiv. Das Problem bei dieser Art von „Journalismus" ist, dass es sehr schwer ist, sich von einer Ansicht, die man einmal vertreten hat, wieder zu verabschieden – selbst wenn sie sich als falsch erwiesen hat. Man bleibt bei seiner Meinung, was sich zwangsläufig negativ auf die eigene Berichterstattung auswirkt. Fakten, die nicht passen, fallen unter den Tisch oder werden so zurechtgebogen, dass sie passen. Schließlich geht es diesem „Journalismus" nicht darum, aufzuklären, sondern die eigene Meinung zu untermauern. Sicher ist Greenwald ein extremes Beispiel für diese Art von „Journalismus". Aber seien wir ehrlich: Derartige Tendenzen haben sich im Journalismus – gerade im deutschen – längst ausgebreitet. Man sollte im Hinterkopf haben, dass die Berichterstattung in Teilen der Medien durchaus von vorgefassten Meinungen geleitet ist, wenn man sich mit dem NSA-Untersuchungsausschuss des Bundestags befasst.

Doch wer nicht so leichtgläubig oder eben interessengeleitet ist und alles glaubt oder glauben will, was Snowden in den Wochen und Monaten nach seiner Flucht der Öffentlichkeit auftischte, wer Kritik an ihm wagt, gilt seinen zahlreichen Anhängern in Politik, Medien und Netzgemeinde schnell als Verschwörungstheoretiker. Es ist natürlich nicht alles falsch, was Snowden über sich, seinen Weg und seine Motive verbreitete. Aber sehr wahrscheinlich stimmen einige seiner Behauptungen nicht mit der Wahrheit überein. Es gibt zumindest eine Institution, die das behauptet: die NSA beziehungsweise die United States Intelligence Community (IC), der Zusammenschluss von 17 US-amerikanischen Geheimdiensten. Sie erstellte im September 2016 einen Bericht mit eigenen Erkenntnissen zu Snowden.[4]

Zur IC gehören unter anderem das Office of the Director of National Intelligence, die Behörde des Leiters der übrigen 16 Nachrichtendienste; dazu die Central Intelligence Agency (CIA), die Defense Intelligence Agency (DIA), die dem Verteidigungsministerium angeschlossen ist, das United States Intelligence Corps der US-Armee, das Federal Bureau of Investigations (FBI) und natürlich die National Security Agency (NSA). Die IC wurde 1981 von dem damaligen Präsidenten Ronald Reagan zum Zwecke einer besseren Zusammenarbeit und Koordinierung der Aktivitäten gegründet. In ihrem Bericht betonen die Ermittler, dass sie bei ihren Recherchen keine Personen befragt hätten, die vom US-Justizministerium ausgewählt werden könnten, um in einem eventuellen Gerichtsverfahren gegen Snowden auszusagen.

Ebenso seien sie vorsichtig darauf bedacht gewesen, keine kriminalistischen Ermittlungen zu stören. Befragt worden seien nur solche Personen, die Berichte mit Interviews mit Snowdens Kollegen gelesen und bewertet hätten. Der Bericht kommt auf 36 Seiten, von denen allerdings nur vier öffentlich zugänglich sind.[5]

Dieser Bericht für den Geheimdienstausschuss des Repräsentantenhauses war der offizielle Versuch der US-Geheimdienstbehörden, herauszubekommen, welchen Hintergrund Edward Snowden hat, was ihn zu seiner Tat veranlasst hatte, wie es ihm gelungen war, die riesige Zahl von rund 1,5 Millionen Geheimdienstdokumenten aus dem System der NSA zu stehlen, und was genau er eigentlich hatte mitgehen lassen. Der Ausschuss war im August 2014, 14 Monate nachdem Snowden von einem Hotelzimmer in Hongkong aus mithilfe dreier Journalisten erstmals Dokumente veröffentlicht hatte, eingesetzt worden. Seine Mitglieder waren Mitarbeiter verschiedener US-Geheimdienste, die in der IC zusammengeschlossen sind.

Die Frage ist: Welchen Wert haben Informationen, die im offiziellen Auftrag über Snowden, den Staatsfeind, zusammengetragen wurden? Kann es sich um den Versuch handeln, Snowden in der Öffentlichkeit zu kompromittieren? Ihn als Versager darzustellen, als Lügner, Spion anderer Mächte, als Verräter? Gerade wir Deutschen wissen, wie erfolgreich Denunziation von politischen Gegnern und Systemkritikern durch eine staatliche Behörde sein kann – die Stasi hat uns das zu DDR-Zeiten vorgemacht.[6] „Zersetzung" von Oppositionellen gehörte zu ihrem täglichen Metier und dazu gehörte unter anderem die systematische Diskreditierung des öffentlichen Rufs. Vielen Snowden-Anhängern wird das Bild, das der IC-Bericht von ihm zeichnet – und das wenig überraschend sehr kritisch ist –, „zersetzend" wirken, aber schon aus einem Grund als unglaubwürdig erscheinen: eben weil es von den Geheimdienstlern stammt. Doch damit macht man es sich erheblich zu einfach. Denn man muss nach dem Motiv fragen, aus dem heraus dieser in den allergrößten Teilen als geheim eingestufte Bericht verfasst wurde: Die Geheimdienste brauchten eine ehrliche Analyse der Person und des Handelns Snowdens, weil sie wissen wollten, welchen Schaden er angerichtet hat, welche Persönlichkeitsmerkmale er aufweist und wie er vorgegangen ist. Dahinter steckt letztlich ein Ziel: einen neuen Snowden zu verhindern. Da ist es wenig hilfreich, wenn man seiner Wut freien Raum lässt und Snowden möglichst schlecht darstellt. Im Gegenteil: Man braucht Fakten. Um zu einer möglichst weitgehenden Annäherung an Snowden zu kommen, ist es also unerlässlich, den IC-Bericht heranzuziehen und mit dem zu vergleichen, was die – gerade in Deutschland in den allergrößten Teilen positive, zum Teil den Status einer unkritischen Heldenverehrung erreichende – bisherige Berichterstattung über ihn hervorbrachte.

Am Anfang steht ein Scheitern

Edward Snowden wurde am 21. Juni 1983 als Sohn eines Offiziers des US-Küstenschutzes und einer Gerichtsangestellten in dem kleinen Ort Elizabeth City an der Küste North Carolinas geboren. Als Edward noch klein war, zog die Familie nach Maryland, in die Umgebung der Hauptstadt Washington. Mit seinen schulischen Leistungen ging es bergab, weil Edward an einer nicht genau definierten Krankheit litt, bei der es sich möglicherweise um das

Pfeiffer-Drüsenfieber handelte. Deswegen fehlte er mehrere Monate im Unterricht. Hinzu kamen Eheprobleme seiner Eltern, die sich bald scheiden ließen. Seine Eltern nahmen ihn schließlich 1999 von der Highschool. Er belegte anschließend Kurse auf dem Anne Arundel Community College in Crofton, dessen Abschluss, wie er später behauptete, mit dem einer High School gleichwertig sei. Vom IC-Komitee wird bestritten, dass dies zu der Zeit, als Snowden die Schule besuchte, den Tatsachen entsprach. Die Schule wirbt auf ihrer Website damit, dass ihre Schüler im Vergleich zu einer Highschool Zehntausende Dollar Schulkosten sparen können. Die Schülerschaft bestehe aus allen Altersgruppen zwischen zwei und 99. Die Kurse könnten tagsüber, abends, am Wochenende oder online belegt werden und böten sich für eine berufsbegleitende Ausbildung an.[7] Die Lehrkräfte an seiner Schule hielt Edward übrigens nicht für große Leuchten, wie er im Chat der Website Ars Technica, auf der er sich tummelte, schrieb.

Das Scheitern an der Highschool nagte lange tief an Edwards Selbstbewusstsein. Er empfand Scham darüber, obwohl seine Krankheit und die Scheidung der Eltern sicher dazu beigetragen hatten.[8] Dieses Gefühl des gekränkten Selbstbewusstseins scheint er nie losgeworden zu sein. Ein solches Gefühl kann durchaus zur Antriebskraft werden und Snowden wäre wahrlich nicht der Erste in der Geschichte, der aus diesem Gefühl heraus etwas Besonderes geleistet hätte, zu dem es sonst vielleicht nie gekommen wäre. Gerade in Agentenkreisen gehört ein gekränktes Selbstbewusstsein zu den bevorzugten Beweggründen, der gegnerischen Seite Informationen zuzuspielen – warum sollte es bei Whistleblowern anders sein? Trotzig schrieb Edward jedenfalls später in einem Internet-Chat: „Geistesgrößen brauchen keine Universität.

Sie bekommen, was sie brauchen, und bahnen sich still ihren Weg in die Geschichte."[9] Diese Formulierung ist – lange, bevor er sich tatsächlich still bis zum großen Knall den Weg in die Geschichte bahnte – interessant. Hatte der junge Mann sich bereits hier vorgenommen, eines Tages irgendetwas zu tun, mit dem er berühmt werden würde? Hatte das Versagen in der Schule seinen Ehrgeiz angestachelt, es allen zu zeigen?

Im Schatten von Fort Meade

Nach der unschönen Trennung seiner Eltern zog Edward mit seiner Mutter in eine andere kleine Stadt, nicht weit entfernt von seinem bisherigen Wohnort: Ellicott City, auf halbem Weg zwischen Washington und Baltimore gelegen. 15 Autominuten entfernt liegt ein geheimnisvolles, mit elektrischen Zäunen abgesperrtes Gelände mit einem großen grünen Gebäude, aus dessen Dach sich merkwürdige Antennen dem Himmel entgegenrecken, einem eigenen Kraftwerk und einer großen weißen, an einen überdimensionalen Golfball erinnernden Hülle, unter der sich Satellitenschüsseln verbergen. Trotz aller Geheimhaltungsbemühungen weiß jeder, der in der Umgebung wohnt, was sich hier befindet, denn viele der ortsansässigen Familienväter und -mütter verdienen hier ihre Brötchen: Fort Meade, die Zentrale der National Security Agency, der NSA, von vielen Anwohnern in der Region auch der „Palast der Rätsel" genannt. Tausende Menschen arbeiten in dieser Geheimdienst-Stadt, die sich über eine Fläche von fünf Quadratkilometern erstreckt. Auch der junge Edward wusste natürlich, was sich auf dem Gelände befindet.

Es erscheint heute wie eine Ironie der Geschichte, dass Snowden in den riesigen Vereinigten Staaten ausgerechnet hier, im Schatten des „Palasts der Rätsel“, aufwuchs. Edwards Welt war allerdings nicht die ländliche Umgebung seiner Heimatregion, sondern das Internet. Schon früh tummelte er sich hier. Als „Digital Native“ bewegte er sich ganz selbstverständlich in dieser virtuellen Welt. Nachbarn bekamen ihn meist nur zu sehen, wenn sie durchs Fenster schauten und der Blick auf seinen Platz vor dem Computer fiel. Zum Bild eines klassischen Nerds passt allerdings nicht seine Vorliebe für den Kampfsport Kung-Fu. Er brachte es durch ausdauerndes Training zu einer gewissen Fertigkeit in dieser Sportart, in der es unter anderem auf Selbstbeherrschung und auf die Fähigkeit ankommt, geduldig den richtigen Zeitpunkt für den Angriff abzuwarten.

"The TrueHooha"

Wichtige Erkenntnisse über die Einstellungen des jugendlichen Edward Snowden kann man aus seinen 753 Kommentaren gewinnen, die er zwischen 2001 und 2009 auf der Website Ars Technica schrieb. Dabei handelt es sich um eine beliebte Technologie-Seite, auf der die User, zumeist junge Männer, sich anonym bewegen und sich Nicknames zulegen. Schon die Wahl seines Namens macht deutlich, dass Edward Snowden wenig mit denen gemeinsam hatte, die heute zu seiner Fangemeinde zählen. Der 18-Jährige entschied sich für den Namen „The TrueHooha“, ein Begriff mit einer doppelten Bedeutung: Zum einen meint es im Deutschen Aufruhr, Aufstand oder Eklat; zum anderen ist ein nicht gerade vornehmer Ausdruck für das weibliche Geschlechtsorgan. Snowden postete Kommentare zu allen erdenklichen Themen und hinterließ ein ziemlich eindeutiges

Profil: jung, weiß und männlich; offensichtlicher Anhänger der Republikaner und des Mitbegründers der „Tea Party“, Ron Paul, für dessen Wahlkampf er sogar Geld spendete; politisch konservativ bis libertär (Hillary Clinton war für ihn eine „Seuche“, Barack Obamas Kampf für eine Sozialversicherung für jeden US-Bürger lehnte er strikt ab); ein leidenschaftlicher Anhänger von Kapitalismus und freien Märkten, der heftig an der Börse spekulierte; ein Waffennarr, der jegliches Verbot von Sturmgewehren für den Privatbesitz ablehnte; jemand, dem es sehr wichtig war, dass er nicht in den Verdacht geriet, homosexuell zu sein; ein fähiger IT-Selfmademan, der seit Mitte der 2000er-Jahre im Staatsdienst tätig war; einer, der ständig Worte wie „fuck“ und „shit“ in die Tasten haute, der offenbar leicht erregbar war und den man als besserwisserischen und beinahe notorischen Rechthaber bezeichnen kann; und einer, der Enthüllungen über staatliche Geheimdienstaktivitäten radikal ablehnte und Regierungsbeamte, die geheime Informationen an die Medien durchsickern ließen, scharf kritisierte. (Als die *New York Times* 2006 mit einer Enthüllungsgeschichte über offenbar illegale Machenschaften der NSA herauskam, hoffte er inständig, die Zeitung würde bald pleitegehen.)

Als Wachmann bei der NSA

Snowden fühlte sich als Patriot, war Anhänger des vom damaligen Präsidenten George Bush begonnenen Irakkriegs und fasste 2004 den Entschluss, selbst zur Armee zu gehen. Ob der Grund wirklich nur war, dass er seinem Land dienen wollte, wie es später dargestellt wurde, muss dahingestellt bleiben. Snowden war zu diesem Zeitpunkt nämlich wie viele junge Männer, die sich zur Army melden, in einer überaus perspektivlosen Situation: Er hatte keinen Highschool-Abschluss, keine Berufsausbildung und er war arbeitslos. Sein kurzes Gastspiel bei der Armee wurde allerdings zum Desaster. Obwohl durch sein Kung-Fu-Training ziemlich sportlich, habe er sich beim militärischen Training beide Beine gebrochen. So erzählte es zumindest Snowden selbst. Die IC-Ermittler kamen zu einem anderen Ergebnis: Es habe sich lediglich um eine Entzündung der Schienbein- und Zehenstreckmuskeln gehandelt.[10] Nach einer vierwöchigen Krankschreibung entschied sich die Army, ihn zu entlassen. Erneut war er – wie schon beim verpatzten Schulabschluss – mit einem wichtigen Vorhaben gescheitert. Sollte die Behauptung des IC-Berichts den Tatsachen entsprechen, sähe es sehr danach aus, als ob seine Vorgesetzten einen Weg gesucht hätten, ihn auf elegante Weise wieder loszuwerden.

Um Snowdens Karriere stand es also nicht zum Besten, als er 2005 einen Job als Wachmann bei einem Sprachenzentrum der Universität Maryland annahm. Doch Snowden hatte diesmal Glück, denn das Zentrum war eine verdeckte Außenstelle der NSA. An einen Zufall mag man eigentlich nicht recht glauben, aber es gibt keinerlei Belege dafür, dass es sich um mehr handelte, dass Snowden sich also bewusst bei der NSA beworben hatte. Er kam aber – auch hier ist unklar, wie – bald in die Abteilung für Informationstechnologie. Plötzlich hatte er den Einstieg in eine neue Welt geschafft: die der Geheimdienste – ganz unten zwar, auf einem völlig unbedeutenden Posten, aber immerhin.

Im Juli 2006 wechselte er auf einen ähnlichen Posten bei der CIA. Es ist erstaunlich, dass er diesen Sprung ohne jeden Bildungsabschluss in der Tasche schaffte. Er führt diesen

Erfolg auf seine außergewöhnlichen Computerfähigkeiten zurück und seine Biografen folgen ihm darin. Im Chat auf Ars Technica schrieb er dazu: „Erst mal vorneweg: Diese Abschlusssache ist Quatsch, zumindest bei Jobs daheim. Wenn man ‚wirklich' zehn Jahre nachweisbare Erfahrung hat … kann man eine sehr gut bezahlte IT-Stelle bekommen."[11] Wiederum ein Jahr später schien er es geschafft zu haben: Die CIA schickte ihn zu seinem ersten Auslandseinsatz nach Genf. Der Job des inzwischen 24-Jährigen war es, die Sicherheit der Computernetzwerke und die der Computer der amerikanischen Diplomaten zu gewährleisten, die in der Genfer Mission tätig waren.

In Genf, so behauptete er später, habe er begonnen, umzudenken. Immer wieder findet sich eine Geschichte in den Snowden-Biografien, die er selbst erzählte, weil sie ihn schockiert habe. Dabei ging es um eine Aktion von CIA-Leuten, die einen Schweizer Banker erpressten, um Informationen zu bekommen. Sie machten ihn betrunken, überredeten ihn, trotzdem mit dem Auto nach Hause zu fahren, und sorgten dafür, dass er von der Schweizer Polizei erwischt wurde. Anschließend versprachen sie ihm zu helfen und nutzten den Vorfall dafür aus, ihn für geheimdienstliche Aktivitäten anzuwerben.[12]

Über diesen Vorgang will Snowden also so entsetzt gewesen sein, dass er von nun an seinen Arbeitgeber, die CIA, kritisch gesehen habe? Man mag der Ansicht sein, dass das Agentengeschäft ein schmutziges ist, aber dann darf man nicht ausgerechnet bei der CIA anheuern. Dass Snowden ausgerechnet diese Geschichte, die eher harmlos wirkt im Vergleich zu dem, was die CIA und andere Geheimdienste sonst so treiben, zum Umdenken animiert haben soll, erscheint sehr unglaubwürdig. Unglaubwürdig erscheint es auch aus einem anderen Grund: Diese Episode hatte in keiner Weise irgendetwas mit den Abhörpraktiken und der Sammelwut der NSA zu tun, die Snowden später aufdeckte. Ein Zusammenhang erscheint schlicht zu weit hergeholt, um als glaubhaft gelten zu können. Gleichwohl gab er gegenüber einer Freundin am Ende seiner Genfer Zeit an, er befinde sich in einer Gewissenskrise, behauptete sie später. Snowden selbst sagte, vieles von dem, was er in Genf erlebt habe, „raubte mir die Illusionen darüber, wie meine Regierung funktioniert und welchen Einfluss sie auf die Welt ausübt. Ich erkannte, dass ich ein Teil von etwas war, das viel mehr schadete als nutzte." Abgesehen von der recht absurd wirkenden Geschichte um den Schweizer Banker hat er nicht klargemacht, was das gewesen sein könnte.

Frust im Job

Interessanter scheint der Streit, den er 2009 mit einem seiner Genfer Kollegen ausfocht. In einem Interview mit der *New York Times* erzählte Snowden vier Jahre später, es sei dabei um eine Beförderung gegangen, auf die er gehofft habe. Er habe sich jedoch in einen „kleinlichen E-Mail-Streit" mit einem Vorgesetzten verstrickt, dessen Urteil er infrage gestellt hatte. Zu der Beförderung kam es nicht. Die Sache liest sich also so: Snowden, den Kollegen immer wieder als „IT-Genie" bezeichnet hätten, sei eine Beförderung deshalb verwehrt worden, weil ein missgünstiger Vorgesetzter sie ihm verweigert habe. Zu Unrecht natürlich, wie zwischen den Zeilen überdeutlich zu lesen ist. Der IC-Bericht liest sich, was Snowdens Fähigkeiten betrifft, allerdings anders. Er sei durch die jährlichen Tests für NSA-Angestellte durchgefallen, bei denen es um den Schutz der Privatsphäre ging und die auf dem Foreign Intelligence Surveillance Act (FISA, Gesetz zur Überwachung in der Auslandsaufklärung) basierten. Er habe sich auch beschwert, dass das Training zu schwer sei. Dieses Versagen findet sich in keinem der Snowden-Porträts, die sein Bild in der Öffentlichkeit maßgeblich prägen. Auch habe, so behauptet der IC-Bericht, Snowden sich vor Tests, die er zu absolvieren hatte, die Antworten illegal besorgt.[13] Ob wahr oder unwahr: Snowden erkannte spätestens Ende 2008, dass seine Karriere bei der CIA stockte. Als er wegen einer Krankheit für einige Zeit in die USA zurückkehrte, klagte er: „Sie sind nicht zufrieden mit mir."[14] Genau diesen Eindruck erweckt auch der IC-Bericht – eine seltene Übereinstimmung zwischen beiden Seiten.

Dass dies der Grund für seinen Jobwechsel sein könnte, ist zumindest naheliegend. Dass Snowden, dessen kritische Haltung nun geweckt worden sein soll, 2009 ausgerechnet zu einem Unternehmen wechselte, dass direkt für die NSA arbeitete, von dort seine Aufträge bekam und damit viel Geld verdiente, ist die nächste Merkwürdigkeit. Handelt es sich bei der National Security Agency doch immerhin um den geheimsten der Geheimdienste, der Kritikern schon lange als der undurchsichtigste und gefährlichste ein Dorn im Auge ist. Offiziell wurde Snowden bei der Computerfirma Dell angestellt, er galt als eine Art Vertragsarbeiter der NSA. Viele Geheimdienstler wechselten nach dem 11. September 2001 zu privaten Unternehmen, die mit den Geheimdiensten eng zusammenarbeiteten. Ohne sie könnten die Geheimdienste vermutlich ihre nun zahlreicheren Aufgaben gar nicht bewältigen. Für die Angestellten hatte es einen schönen Nebeneffekt: Sie machten exakt die gleiche Arbeit wie vorher, verdienten aber erheblich mehr Geld.

Merkwürdig: Offenbar wurde seine Personalakte von der CIA nicht an die Kollegen in Fort Meade weitergereicht.[15] Das ist umso erstaunlicher, als in dieser Akte ein Vorgang vermerkt ist, der seinen Vorgesetzten in Genf böse aufgestoßen war und der sicher eine Rolle beim Jobwechsel spielte. Snowden hatte sich erneut mit einem Vorgesetzten angelegt, weil er in einer App für CIA-Mitarbeiter einen Fehler gefunden hatte, der es Außenstehenden ermöglichte, diese App zu verändern. Der Vorgesetzte erlaubte Snowden zunächst nicht, den Fehler zu beheben, doch schließlich gab er dem Drängen seines jungen Untergebenen nach. Snowden konnte tatsächlich nachweisen, dass es eine Sicherheitslücke gab. Doch dann bemerkte ein höherer Vorgesetzter, mit dem Snowden offenbar zuvor ebenfalls aneinandergeraten war, was dieser getan hatte, und schrieb einen negativen Bericht für Snowdens Akte. Vermutlich empörte sich dieser Vorgesetzte darüber, dass Snowden in seinen Augen selbstherrlich gehandelt hatte, ohne die eigentlich zuständigen Stellen einzuschalten. Offenbar passte dieses Verhalten in das Bild, das er sich bereits von Snowden gemacht hatte. Warum die Personalakte weder an Dell noch an die NSA weitergereicht wurde, ist unbekannt. Der IC-Bericht verschweigt die Sache. Für Snowden hatte dieses Versäumnis – oder was immer es war – einen großen Vorteil: Seine neuen Chefs hatten keine Kenntnis von der Kritik seiner früheren CIA-Vorgesetzten und bei den weiteren Jobwechseln spielte sie auch keine Rolle. Möglicherweise hat Snowden dies zu seinem Vorteil ausgenutzt, indem er nicht immer bei der Wahrheit blieb, wenn es um seine Ausbildung und seinen Berufsweg ging. Die IC-Ermittler jedenfalls behaupten das.

Mit dem Jobwechsel zur NSA beziehungsweise zu Dell wurde ein Traum wahr – Snowdens neuer Arbeitsplatz befand sich in Tokio. Seit seiner Jugend hatte er sich für Japan interessiert und schon acht Jahre, bevor er tatsächlich dorthin zog, hatte er geschrieben, dass er dort sehr gerne eines Tages arbeiten würde. In Tokio, so wird allgemein behauptet, sei Snowden noch kritischer geworden und habe sich vom desillusionierten Systemtechniker zum Whistleblower entwickelt. Das scheint den Tatsachen zu entsprechen, allerdings wird er auch in Japan noch nicht aktiv. Unbeantwortet bleibt aber die Frage, warum er überhaupt zum desillusionierten Systemtechniker wurde.

Leben im Paradies

Snowden blieb bis März 2012 in Tokio, dann wechselte er – nach drei Jahren – auf einen neuen Arbeitsplatz nach Hawaii. Er war weiterhin für Dell und damit faktisch für die NSA tätig. Er arbeitete für das regionale Kryptologiezentrum der NSA, den Central Security Service, der auf der Hauptinsel O'ahu ganz in der Nähe der Hauptstadt Honolulu gelegen ist. Im Zentrum seiner Arbeit stand nun China. Das Reich der Mitte hat sich in den vergangenen Jahrzehnten nicht nur zu einem wirtschaftlichen Konkurrenten der USA entwickelt. Auch auf militärischem Gebiet hat das Land, das von einem quasi staatskapitalistischen Regime mit harter Hand und rücksichtslos gegenüber jeder Opposition regiert wird, stark aufgeholt. Und dieser Befund gilt ebenso für den IT-Bereich. Dass die Behörden das Internet und die Fähigkeiten ihrer Spezialisten nutzen, um Regimegegner zu überwachen und andere Staaten auszuspionieren, ist allgemein bekannt und wird vor allem von Nichtregierungsorganisationen immer wieder scharf kritisiert. Natürlich haben auch die politischen und militärischen Behörden der Weltmacht USA ein Auge auf China gerichtet. Snowden oblag es auf Hawaii, chinesische Netzwerke auszuspionieren, also praktisch Gegenspionage zu betreiben. Außerdem gab er einen Kurs zum Thema chinesische Cyber-Spionageabwehr für Vorgesetzte und Mitarbeiter. Er war gut vertraut mit den gegen die Chinesen gerichteten Programmen der NSA. Später behauptete er, er habe aufgrund seiner hohen Sicherheitseinstufung „Zugang zu jedem Ziel" gehabt.[16] Er behauptete, er habe zu jedem E-Mail-Account Zugang gehabt, wenn er die Adresse kannte, selbst zu dem von US-Präsident Obama. Für die IC-Ermittler war das stark übertrieben, pure Wichtigtuerei.

Auf Hawaii entschloss Edward Snowden sich zum aktiven Handeln. Und so begann er im Juni, spätestens im Juli, 2012 mit dem massenhaften Herunterladen von geheimdienstlichem NSA-Material, so jedenfalls das Ergebnis des IC-Berichts. Für die Ermittler scheint indes nicht Snowdens kritische Einstellung gegenüber den Abschöpfungsaktivitäten der NSA ausschlaggebend gewesen sein, zumindest nicht ausschließlich. Auch Snowdens erneute persönliche Unzufriedenheit im Job könnte ein Grund gewesen sein – das wird im Bericht nicht ausdrücklich ausgesprochen, aber nahelegt.

Die Ermittler behaupten, es sei zwei Wochen, bevor Snowden mit dem Herunterladen der Dokumente begonnen habe, wieder einmal zu einem Streit mit Vorgesetzten gekommen. Diesmal soll es um sein Verhalten bei der Arbeit gegangen sein. Es habe einen heftigen Streit mit einem Vorgesetzten darüber gegeben, wie Computer-Updates durchzuführen seien. Snowden habe in den Verteiler seiner E-Mails einen Vorgesetzten aufgenommen, der einige Stufen über seinen direkten Chefs gestanden habe – eine Aktion, die ihm eine Maßregelung eingebracht habe, weil er nicht der formalen Befehlskette gefolgt sei. Dieses Verhalten lässt darauf schließen, dass Snowden sich seinem direkten Vorgesetzten überlegen fühlte und der Ansicht war, er habe das Recht, mit einer deutlich höheren Ebene zu kommunizieren. „Zwei Wochen später begann Snowden mit dem massenhaften Herunterladen von geheimen Informationen aus dem NSA-Netzwerk. Obwohl Snowden später behauptete, dass die Anhörung des Koordinators der US-Geheimdienste, James Clapper, im Kongress vom März 2013 ein ‚Wendepunkt' für ihn gewesen sei, gingen diese Massendownloads Direktor Clappers Aussage um acht Monate voraus", stellt der IC-Bericht fest.[17]

Snowdens "breaking point"

Tatsächlich hatte Snowden Clappers Auftritt nach eigenen Angaben als besonders empörend empfunden – mit Recht. Denn der Geheimdienstchef hatte behauptet, die NSA überwache keinerlei Telefongespräche innerhalb der USA. Ein geheimer Gerichtsbeschluss, den Snowden erst kurz vor seinen ersten Enthüllungen in dem Material entdeckt hatte, hatte den amerikanischen Telefonanbieter Verizon hingegen dazu verurteilt, sämtliche Telefonverbindungen an die NSA weiterzureichen, und zwar ohne dass die Öffentlichkeit oder die Kunden darüber informiert wurden. Clapper hatte vor dem Kongress also eindeutig gelogen. Der „breaking point" für Snowden konnten der Fund des Gerichtsbeschlusses und die Clapper-Anhörung aber trotzdem nicht gewesen sein – denn er hatte bereits mehr als ein halbes Jahr zuvor mit dem

Herunterladen der Dokumente begonnen, wenn man den Angaben des IC-Berichts vertrauen will. Allerdings scheint Edward Snowden den Startpunkt seiner illegalen Aktion immer im Dunkeln gelassen zu haben, vielleicht weil er wusste, dass es verdächtig wirken musste, wenn bekannt würde, dass er interne NSA-Daten zu einer Zeit heruntergeladen hatte, in der er den gegnerischen Geheimdienst Chinas ausspionierte – also genau das Land, in dessen Machtbereich er sich vor der eigenen Regierung flüchten würde.

Edward Snowden hatte ein gutes Gehalt bei Dell, vor allem für einen jungen, noch nicht einmal 30 Jahre alten Mann ohne echten Schul- oder gar Hochschulabschluss. Auch der Ort, an dem er lebte und arbeitete, war vom Feinsten – auf Hawaii zu arbeiten würde vielen Menschen wie das Paradies auf Erden vorkommen. Snowden und seine Freundin genossen den Ort. Als Snowden im März 2013 das letzte Mal den Job wechselte, blieb er auf Hawaii, aber nur noch für wenige Wochen. Seine letzte Stelle trat er bei Booz Allen Hamilton an, ebenfalls ein Vertragspartner der NSA wie Dell. Dabei handelt es sich um eines der führenden Unternehmen auf dem Gebiet der Technologieberatung für die US-Regierung. Sein Gehalt lag nun mit 122.000 Dollar auf deutlich niedrigerem Niveau. Den erneuten Jobwechsel begründete Snowden später erstmals strategisch: Er sei gezielt in das neue Unternehmen gewechselt, um die NSA-Daten abzusaugen: „Meine Position bei Booz Allen Hamilton erlaubte mir den Zugang zu Maschinen überall in der Welt, die die NSA gehackt hatte", erzählte er später in einem Interview mit der *Washington Post.*[18]

Bei Booz Allen Hamilton blieb er aber nur ein paar Wochen. Snowden hatte sich längst entschieden: Er wollte so viel belastendes geheimes Material wie möglich abgreifen, er wollte mit diesem Material an einen sicheren Ort verschwinden und er wollte das Material veröffentlichen und die Weltöffentlichkeit wachrütteln. Keine bescheidenen Ziele für einen jungen Mann ohne Verbindungen zu einer Organisation wie Wikileaks oder zu Journalisten, die sich mit solchen Dingen auskannten und sich trauten, mit ihm zusammenzuarbeiten. Snowden meldete sich nach wenigen Wochen krank, nahm unbezahlten Urlaub – und verschwand. Nicht einmal seine Freundin wusste, was passiert war.

Ein einsamer Held?

Der Rest ist in die Geschichte eingegangen und schnell erzählt. Snowden flog nach Hongkong, checkte dort im Mira-Hotel ein und empfing zwei Wochen später, am 3. Juni 2013, den freien Journalisten und Kolumnisten des *Guardian*, Glenn Greenwald, den *Guardian*-Reporter Ewan MacAskill und die amerikanische Dokumentarfilmerin Laura Poitras. Den Kontakt hatte er anonym hergestellt und schließlich das Treffen in Hongkong vereinbart. Dieser Teil der Geschichte hat viele Reporter fasziniert; er wurde häufig als eine Art Thriller oder Heldengeschichte nacherzählt.

Für Edward Snowden selbst sah die Sache ein bisschen anders aus. Wenn er wirklich ein Held war, dann jedenfalls ein sehr einsamer mit einer sehr unsicheren Zukunft. Er war in einem fremden Land, in dem er nicht bleiben wollte. Er hatte eine gesicherte Existenz, seine Freundin, seine Freunde und seinen Job hinter sich gelassen, ebenso ein Leben im paradiesischen Hawaii. Er war der meistgehasste Mann der Sicherheitsbehörden des mächtigsten Landes der

Welt. Da stellt sich die Frage: Hätte er all das nicht verhindern können? Gab es keinen anderen Weg, um die Öffentlichkeit über die Machenschaften der NSA und ihrer Partnerdienste aufzuklären – einen Weg, der weniger gravierende persönliche Konsequenzen nach sich gezogen hätte? Konkreter gefragt: Gab es keine Institution, an die Snowden sich mit seinem Anliegen und seinen Enthüllungen hätte wenden können? Immerhin sind die USA nicht China oder Russland, keine Einparteiendiktatur und keine Autokratie, sondern eine parlamentarische Demokratie, in der Gewaltenteilung herrscht.

Snowden gab später an, kein Vertrauen in seine Vorgesetzten gehabt zu haben. Als Beispiel dafür, warum er sich nicht an die Vorgesetzten gewandt habe, brachte er die triviale Episode des Streits um das Sicherheitsleck bei der Mitarbeiter-App während seiner CIA-Tätigkeit in Genf ins Spiel. Er sei der Überzeugung gewesen, dass seine Bedenken in der Versenkung verschwunden wären, wenn er sie gegenüber Vorgesetzten geäußert hätte, und dass sie ihm Ärger eingebracht hätten. „Das System funktioniert nicht. Du bist gezwungen, die Rechtsverletzungen denjenigen zu melden, die sie begehen", erklärte er später in einem Interview mit der *New York Times*.[19] Da dürfte tatsächlich einiges dran sein, schließlich stinkt der Fisch vom Kopf her. Das gilt ganz offensichtlich auch für die NSA. Die CIA-Geschichte war aber doch einige Nummern zu klein, um zu dieser Erkenntnis zu gelangen.

Und die Möglichkeit, sich als Whistleblower an eine interne Stelle zu wenden? In dem Interview mit der *New York Times* behauptete er, viele NSA-Mitarbeiter hätten so gedacht wie er selbst, aber keiner habe etwas getan. Snowden habe jegliches Vertrauen in die parlamentarische Kontrolle der Geheimdienste verloren, schreibt der *Guardian*-Journalist

Luke Harding.[20] Aber woher wollte er eigentlich wissen, dass er dieses Vertrauen nicht haben konnte? Es ist kein einziger Versuch Snowdens bekannt, sich an eine Kontrollinstanz oder an eine Institution zu wenden – nicht einmal er selbst behauptet das. Einen solchen Versuch habe es auch gar nicht gegeben, weil Snowden als Vertragsarbeiter eines NSA-Subunternehmens dazu nicht berechtigt gewesen sei, schreibt Harding weiter. Doch das ist falsch. Entsprechende Institutionen gab es 2013 sehr wohl.

Zunächst ist der Whistleblower Protection Act aus dem Jahr 1998 zu nennen. Er legt fest, dass Whistleblower sich an den Generalinspekteur der IC wenden können, wenn sie der Meinung sind, etwas Wichtiges melden zu müssen. Drei Bestimmungen sind im Zusammenhang mit Snowden besonders wichtig: Erstens werden unter den möglichen Vorwürfen ausdrücklich Gesetzesverstöße der Behörden genannt, zweitens wird Schutz vor Verfolgung zugesagt und drittens gelten die Bestimmungen auch für Vertragsarbeiter, die bei Firmen wie Dell, die für die NSA oder andere Geheimdienste tätig sind, arbeiten.[21] Das Gesetz legt auch fest, dass der Whistleblower sich sogar direkt an den Kongress wenden kann, wenn der Generalinspekteur nicht tätig wird – allerdings erst, nachdem er es bei diesem versucht hat. So heißt es im IC-Bericht auch: „Im Gegensatz zu Snowdens späterer öffentlichen Äußerung, dass er eine Strafe zu befürchten gehabt hätte, wenn er seine Sorgen über die Geheimdienst-Aktivitäten zum Ausdruck gebracht hätte, ist das Komitee der Meinung, dass die Gesetze und Regularien Snowden zu der Zeit seiner Handlungen tatsächlich Schutz geboten hätten." Das Komitee erlebe regelmäßig Enthüllungen von IC-Vertragsarbeitern nach dem Intelligence Community Whistleblower Act.[22]

Snowdens Behauptung, er habe gar keine Möglichkeit gehabt, intern seine Bedenken anzumelden, trifft also nicht zu. Allerdings darf man einen Punkt nicht vergessen: Er stellte nicht irgendeinen beliebigen Missstand infrage, sondern die Grundlage der NSA-Überwachung. Diese war der Spitze natürlich nicht nur bekannt – sie hatte sie sogar selbst in Gang gesetzt. Die Frage, ob es unter diesen Umständen sinnvoll gewesen wäre, sich innerhalb der Organisation zu äußern, ist durchaus zulässig. Es wäre aber immer noch der zweite Weg geblieben, der ihn direkt zum Kongress geführt hätte. Hier sitzen diejenigen Leute, die die NSA und die anderen Geheimdienste parlamentarisch zu kontrollieren haben. Und wie ihre Reaktion ausgesehen hätte, konnte Edward Snowden nicht wissen. Gerade die Existenz des NSA/BND-Untersuchungsausschusses des Bundestags zeigt, dass in funktionierenden Demokratien das Parlament wichtige Aufklärungsarbeit leisten kann. Es bleibt festzuhalten, dass Snowden diesen Versuch nicht unternommen hat. Seine Anhänger führen demgegenüber ins Feld, er habe seiner oppositionellen und kritischen Haltung Ausdruck verliehen, in dem er auf seinem Schreibtisch ein Exemplar der amerikanischen Verfassung stehen gehabt und mit ihr herumgewedelt habe, wenn er mit einer Maßnahme nicht einverstanden gewesen sei. Zudem habe er einen Hoodie mit einem Aufdruck getragen, der das NSA-Emblem auf ironische Art verfälscht habe. Als ernst zu nehmende Protesthandlungen kann man dies jedoch definitiv nicht gelten lassen.

Warum Hongkong?

Noch eine Frage wurde nie zufriedenstellend beantwortet – bis heute nicht. Warum eigentlich floh Edward Snowden

– ausgerechnet – nach Hongkong? Er selbst beantwortete diese Frage immer nur mit dem Hinweis, Hongkong genieße „einen Ruf der Freiheit, der Volksrepublik China zum Trotz", und eine Tradition der Meinungsfreiheit. Es sei tragisch, dass er als Amerikaner gezwungen sei, sich an einen solchen Ort zu begeben. Tatsächlich leben in der chinesischen Sonderwirtschaftszone, die sich gewisse demokratische Rechte bislang bewahren konnte, eine ganze Reihe politische Flüchtlinge aus anderen Ländern, die in Hongkong mit einem unsicheren Status geduldet werden. Wie erst im Herbst 2016 bekannt wurde, tauchte Snowden mithilfe eines Anwalts sogar bei einer dieser Flüchtlingsfamilien für einige Zeit unter, bevor ihm die Situation zu heikel wurde und er nach Moskau weiterflog.[23] Andererseits überwacht die chinesische Regierung streng das Internet. Verstöße gegen geltendes Recht werden drakonisch bestraft – Menschenrechtler können zahlreiche Beispiele dafür vorbringen. Von Rede- oder Meinungsfreiheit – gerade in der virtuellen Welt, die Snowden so wichtig ist – kann also keine Rede sein, wie beispielsweise ein Bericht der Organisation „Reporter ohne Grenzen" klarmacht.[24] Dort wird kritisiert, dass die chinesischen Behörden immer mehr Einfluss auf die Medien und die Politik Hongkongs nehmen. Diese Entwicklung habe sich besonders seit 2012 verstärkt, als Xi Jinping an die Spitze der Kommunistischen Partei aufstieg.

Snowden galt während seiner Dienstzeit auf Hawaii als China-Experte, der sich bestens mit den Fähigkeiten des chinesischen IT-Überwachungssystems auskannte. Er wusste also um die Fähigkeiten der Chinesen auf diesem Gebiet. Und er musste wissen, dass es zwischen China und den USA einen wesentlichen Unterschied gab, auch wenn er das massive Überwachungssystem durch die NSA sehr kritisch sah:

In China landen Kritiker der Kommunistischen Partei oftmals für Jahre oder Jahrzehnte im Gefängnis und ihre Aktivitäten im Internet sind häufig ein Grund dafür. In den USA wird zwar die Bevölkerung, wie wir durch Snowdens Enthüllungen wissen, ebenso überwacht wie in China. Fälle, in denen US-Bürger wegen ihrer politischen Meinung, die sie im Netz vertreten, verhaftet und verurteilt werden, sind jedoch nicht an der Tagesordnung.

Snowden verließ Hongkong schließlich am 23. Juni 2013. Er befürchtete, dass die Behörden ihn festhalten und an die USA ausliefern könnten – und das wollte er verständlicherweise unbedingt verhindern. Offenbar wollte er sich auf das Recht der freien Rede nicht mehr verlassen. Doch wohin sollte er gehen? Ländern, die mit den USA verbündet sind, misstraute er (was ihn kurze Zeit später aber nicht daran hinderte, in Ländern wie Deutschland Asyl zu beantragen). Dort war er ohnehin nicht erwünscht. Zu groß schien das Risiko, sich mit den mächtigen USA anzulegen. Island stand ganz oben auf seiner Liste, aber auch von dort erhielt er eine Absage. Es blieben Länder, die den USA gegenüber kritisch eingestellt waren. Er entschied sich – mithilfe von Wikileaks-Chef Julian Assange, der sich ungefragt einschaltete – für Ecuador. (Assange sitzt seit Juni 2012 in der Londoner Botschaft des Landes fest, weil er eine Auslieferung durch die britische Regierung an Schweden befürchtet, wo er wegen Vergewaltigungsvorwürfen vor Gericht gestellt oder an die USA ausgeliefert werden könnte. Ecuador hat ihm politisches Asyl gewährt.) Die Regierung Ecuadors stellte ihm sogar ein Reisedokument aus, denn die US-Behörden hatten seinen Reisepass für ungültig erklärt, sodass er eigentlich in kein anderes Land ausreisen konnte. Snowden, der von der Wikileaks-Journalistin Sarah Harrison begleitet wurde, reiste über Moskau, wo er umsteigen sollte. Doch der ecuadorianische Präsident Rafael Correa bekam, vermutlich durch den Druck, den sein US-Kollege Barack Obama auf ihn ausübte, schließlich kalte Füße und zog die Einreisegenehmigung wieder zurück. Plötzlich saß Snowden im Transitbereich des Moskauer Flughafens fest – über Wochen, bis Präsident Putin ihm schließlich vorläufiges Asyl gewährte. Snowden stellte in 30 Ländern, darunter Deutschland, Asylanträge, überall ohne Aussicht auf Erfolg. Die deutsche Bundesregierung führte formale Bedenken an.

Ein Treppenwitz der Geschichte

Dass Edward Snowden nun ausgerechnet in Russland festsaß, das ihm anschließend auch Schutz als Whistleblower gewährte, wirkt wie ein Treppenwitz der Geschichte. Während er sich noch im Transitbereich des Moskauer Flughafens aufhielt, wurde in einem absurden Prozess nur wenige Kilometer entfernt ein russischer Whistleblower verurteilt. Sergej Leonidowitsch Magnitski, ein russischer Wirtschaftsprüfer, der bei einem britischen Unternehmen angestellt war, hatte 2008 einen Korruptionsskandal russischer Beamter aufgedeckt. Um die Sache zu vertuschen, wurde er selbst wegen Steuerhinterziehung verdächtigt und ins Gefängnis geworfen. Nach Folter und Misshandlungen starb er ein Jahr später. Todesursache war eine Entzündung der Bauchspeicheldrüse. Eine Behandlung war von den Behörden bewusst verhindert worden. Im Juni und Juli 2013 kam es zu einem absurden Prozess – der verstorbene Whistleblower wurde vor Gericht gestellt und posthum verurteilt, ebenso sein einstiger Chef. Da dieser Engländer ist, führte die Angelegenheit zu erheblichen diplomatischen Verwerfungen zwischen London und Washington einerseits und Moskau andererseits. Menschenrechtler zweifeln nicht daran, dass Magnitskis Verhaftung auf das persönliche Betreiben Putins zurückzuführen ist. Wladimir Putin, der Magnitski und andere Whistleblower aus dem eigenen Land brutal verfolgen lässt, war nun der Mann, unter dessen Schutz sich der amerikanische Whistleblower Edward Snowden begab. Dies führte zu viel Misstrauen bei Beobachtern, die Snowden nicht distanzlos als Helden verehren.

Vorgeschichte und Ablauf von Snowdens Reise können im Hinblick auf die Vorwürfe gegen Snowden von Bedeutung sein, er sei ein Spion oder Überläufer oder er habe die NSA-Dokumente an die russische Regierung weitergegeben. Denn Moskau scheint nach allem, was wir wissen, anders als Hongkong kein Ziel zu sein, das er sich freiwillig ausgesucht hatte. Hier war er gestrandet. Dass er noch von Hawaii aus geplant habe, den russischen Behörden NSA-Dateien zu übergeben, wird man ihm daher nicht vorwerfen können. Erlaubt sein muss aber die Frage, welchen Preis er für Putins Hilfe zahlen musste. Dass der Mann im Kreml aus purer Nächstenliebe gehandelt hat, kann ganz ohne Zweifel ausgeschlossen werden. Dass die Angelegenheit für ihn ein schöner Propagandacoup war, der ihm zudem noch in den Schoß gefallen ist, wird für Putin eine Rolle gespielt haben. Dass er sich aber nicht dafür interessiert haben soll, was Snowden im Gepäck hatte, darf getrost ins Reich der Märchen verwiesen werden. Zwar war zunächst noch nicht bekannt, was Snowden alles hatte mitgehen lassen – dass es aber für den russischen Geheimdienst und den ehemaligen KGB-Mann an der Spitze des Staates von höchstem Interesse sein musste, liegt auf der Hand. Dass Putin sich diese Chance, das Material in die Hände zu bekommen, nicht entgehen lassen würde, muss für jeden klar denkenden Menschen auf der Hand liegen.

Für die Russen gab es eigentlich nur zwei Wege, um an das Material zu kommen, das sie in Snowdens Besitz wussten: Entweder sie übten Druck auf Snowden aus, der sich in einer verzweifelten Position befand, oder sie stahlen seine Daten ohne sein Wissen. Ob ihr Gast die vier Laptops, auf denen er das Material gespeichert hatte, tatsächlich nicht mehr bei sich trug, wie er selbst behauptete, ist völlig unerheblich. Snowden hatte mit Sicherheit für den Fall vorgesorgt, dass er Zugang zu den Dateien bräuchte. Andere Möglichkeiten hatten Putins Geheimdienstleute in diesem Fall nicht. Hätten sie Snowden verschwinden lassen, hätte sich das Augenmerk der Weltöffentlichkeit von den USA weg nach Moskau gewandt – ein Skandal, den Putin nicht gebrauchen konnte.

Hat Snowden Geheimnisse weitergegeben?

Konnten sich die Russen also – auf welchem Wege auch immer – das Material angeeignet und den USA, aber auch anderen Ländern wie Großbritannien und den übrigen Five-Eyes-Staaten (Neuseeland, Australien und Kanada), damit großen Schaden zugefügt haben? Vielen Snowden-Kritikern, die den Verdacht haben, er stecke mit dem russischen Geheimdienst FSB unter einer Decke, gilt eine Äußerung von Franz Klintsevich vom Juni 2016 als Beleg. Klintsevich gehört als stellvertretender Vorsitzender des Verteidigungs- und Sicherheitsausschusses des russischen Senats, dessen offizielle Aufgabe es ist, den Geheimdienst zu überwachen, zum engeren Machtzirkel Russlands. Wenn er etwas Wichtiges verlautbaren lässt, wird es wohl vorher von Putin abgesegnet worden sein. An jenem Tag erklärte er: „Seien wir ehrlich. Snowden hat Geheimnisse weitergegeben. Dafür sind Sicherheitsdienste ja da. Wenn es eine Möglichkeit gibt, an Informationen zu gelangen, dann werden sie es auch tun."[25] In diesem Zusammenhang irritiert, dass Snowden seinen 30. Geburtstag am 21. Juni 2013, also zwei Tage bevor er in das Flugzeug stieg, das ihn von Hongkong nach Moskau brachte, ausgerechnet im russischen Konsulat feierte. Eine befriedigende Antwort, wie es dazu kam, haben seine Kritiker nie bekommen. Putin selbst übrigens widersprach den Aussagen Klintsevichs öffentlich. Aber inwieweit man Äußerungen des russischen Präsidenten Glauben schenken möchte, muss jeder für sich selbst entscheiden.

In diesem Zusammenhang ist eine weitere Feststellung des IC-Berichts bedenkenswert. Die Ermittler werfen Snowden vor, die Privatsphäre Tausender Geheimdienstmitarbeiter und ihrer Vertragsfirmen verletzt und die Angaben zur ihrer Identifikation entwendet zu haben. Sollten die Dienste anderer Länder tatsächlich an das Material gelangt sein, wären sie auch im Besitz dieser Informationen.[26]

Auffallend war vor allem die Reaktion der Snowden-Anhänger auf Klintsevichs Äußerung: Sie blieb weitgehend aus. All die kritischen Journalisten, die sich intensiv mit der NSA sowie mit der Frage beschäftigt haben, inwieweit der BND sich an der massenhaften Überwachung von Bürgern beteiligt hat, blieben still. Als kurz darauf Hans-Georg Maaßen, Chef des Bundesamts für Verfassungsschutz, im NSA-Untersuchungsausschuss ebenfalls über eine Zusammenarbeit Snowdens mit den Russen spekulierte, fielen die Medien über ihn her, als habe er eine Art Majestätsbeleidigung begangen.

Vom Anspruch eines kritischen Journalismus war rein gar nichts übrig geblieben, sobald sich die Mutmaßungen über Snowdens Motive in eine andere Richtung bewegten als die bis dahin geäußerten.

Peinliche Deppen

Ähnlich erging es beispielsweise Journalisten, die sich als „Deppen" beschimpfen lassen mussten, als „peinlich" für den Berufsstand, weil sie Mutmaßungen der britischen Regierung wiedergaben.[27] Jeder, der sich kritisch mit Snowden beschäftigt, läuft Gefahr, in den deutschen Medien beschimpft, diskreditiert und persönlich herabgesetzt zu werden. So erging es beispielsweise dem amerikanischen Geheimdienstexperten und ehemaligen NSA-Mitarbeiter John R. Schindler, der nach dem Klintsevich-Interview in der *BILD-Zeitung* schrieb, nun sei erwiesen, dass Snowden ein Überläufer sei, der für den russischen FSB arbeite. So weit muss man gewiss nicht gehen – dass sich aber die *ZEIT* dazu veranlasst sah, Schindler persönlich herabzuwürdigen, weil dieser einst in einem Chat mit seiner Freundin sein Geschlechtsteil als Foto verschickt und diese das Foto später an die Presse weitergegeben hatte, zeigt das teilweise erschreckende Niveau der Berichterstattung in Deutschland. „Ein echter Spezialexperte für Geheimhaltung eben. Aber das verriet die *BILD* ihren Lesern natürlich nicht", freute sich die *ZEIT.* Bemerkenswert ist, dass die *ZEIT* ein intimes Detail aus dem Leben eines Menschen preisgab, während sie sich darüber aufregte, dass die von Snowden bloßgestellten Geheimdienste solche Details sammeln. Wenn es um Edward Snowden geht, urteilen deutsche Medien nach dem Motto: „Es kann nicht sein, was nicht sein darf."

Bleibt die Frage, was eigentlich die beiden direkt Betroffenen sagen: Snowden und die NSA. Für Snowden sind solche Vorwürfe „dümmlich". Der IC-Bericht für den Kongress wirft Snowden offenbar nicht vor, bewusst für Russland – oder eine andere Macht – spioniert zu haben. Aber er stellt fest: „Obwohl es Snowdens erklärtes Ziel war, die allgemeine Öffentlichkeit zu informieren, ist die Information, die er herausgegeben hat, auch für die russischen, chinesischen, iranischen und nordkoreanischen Geheimdienste verfügbar; für Terroristen mit Internetzugang; und für viele andere, die den Vereinigten Staaten schaden wollen." Allerdings sagt der Bericht im zugänglichen Teil nichts darüber aus, was nach Ansicht der Ermittler eigentlich aus den 1,5 Millionen Dokumenten geworden ist, die Snowden gestohlen hat. Eine andere Aussage könnte aber darauf hinweisen, dass es doch konkretere Erkenntnisse darüber gibt, dass sie in die falschen Hände geraten sind. Denn die US-Regierung, so heißt es weiter, habe konservativ geschätzt Hunderte Millionen Dollar dafür ausgegeben, den Schaden, den Snowden angerichtet habe, zu lindern, und werde möglicherweise noch weitere Milliarden für diesen Zweck ausgeben müssen.[28]

Ein Punkt ist klar, auch wenn das Ehrenpodest, auf das seine Anhänger Snowden gestellt haben, große Risse hat: Die Echtheit der Dokumente, die er der Weltöffentlichkeit 2013 präsentierte, sollte nicht angezweifelt werden. Es bleiben aber Fragen offen. Belegen sie tatsächlich immer all das, was seine Anhänger glauben? Sind alle Vorwürfe gegen die deutschen Sicherheitsbehörden, allen voran den Bundesnachrichtendienst, die NSA willfährig bei ihren Aktivitäten unterstützt zu haben beziehungsweise noch immer zu unterstützen, berechtigt? Die Beantwortung dieser Fragen war

Aufgabe des Untersuchungsausschusses des Bundestags, der am 20. März 2014 von den Fraktionen des Deutschen Bundestags eingesetzt wurde und der nach dreijähriger intensiver Arbeit bis zum Februar 2017 recherchierte. Außerdem stellt sich die Frage, welcher Schaden größer ist: der durch die von Edward Snowden aufgedeckten Aktivitäten der NSA oder der durch die bewusste oder unbewusste Weitergabe des riesigen Berges an geheimen Dokumenten an andere Staaten oder Terrorgruppen, die überhaupt nichts mit den Abhörmethoden der NSA zu tun haben?

KAPITEL 2

Nachrichtendienste im Drohnenkrieg

Tod von oben

Der Morgen brach gerade an, als sich am Himmel über London urplötzlich wie aus dem Nichts ein riesiges Ungetüm zeigte – ohne jede Vorwarnung, unbemerkt, fast lautlos. Dieses Ungetüm verbreitete Angst und Schrecken, Bomben fielen vom Himmel, sechs Menschen verloren ihr Leben. Was war passiert? Man schrieb den 31. Mai 1915, Deutschland hatte das kaiserliche Heeresluftschiff LZ 38 über den Ärmelkanal geschickt – im Volksmund nach seinem Erfinder „Zeppelin" genannt. Der Erste Weltkrieg war längst geprägt vom Stellungskrieg in den Schützengräben Frankreichs, da brauchte es neue Wege, um die Widerstandskraft des Feindes zu brechen. Man versuchte es aus der Luft und nahm bewusst den Tod von Zivilisten in Kauf. Der Angriff des LZ 38 gilt als der Beginn des strategischen Luftkriegs.

Dass die technische Entwicklung rasant verläuft, ist keine neue Erkenntnis, und Kriege bringen oftmals einen zusätzlichen Schub. Auch im Ersten Weltkrieg machten die Militärs diese Erfahrung. Der Zeppelin, der 1915 als neue Wunderwaffe galt, war im folgenden Jahr schon wieder überholt. Das neue Maß der Dinge am Himmel wurde das Kampfflugzeug. Es war effektiver, schneller, flexibler einsetzbar, weniger verwundbar … tödlicher.

Flugzeuge werden auch heute noch in Kriegen und im Kampf gegen den Terrorismus eingesetzt. Doch die Militärtechnik, vor allem die US-amerikanische, ist längst schon wieder weiter. Wenn heute islamistische Terroristen in den Bergen Afghanistans oder den Dörfern Somalias gejagt werden, knöpfen sich Drohnen die Zielpersonen vor. Sie haben martialische Namen wie „Predator" (Raubtier) oder „Reaper" (Sensenmann). Seit den Terroranschlägen vom 11. September 2001 haben die USA viel Mühe, Erfindungsgeist und Geld investiert, um dieses neue Waffensystem zu entwickeln und einzusetzen. Andere Länder wie Frankreich, Großbritannien oder Israel sind ihnen auf diesem Weg längst gefolgt und auch Deutschland will nicht länger zurückstehen und entwickelt mit Partnerländern eine eigene Drohne.

Die Drohnenbefürworter führen ins Feld, durch ihren Einsatz werde das Leben der eigenen Soldaten geschützt. Die Piloten sind fernab vom Kampfgeschehen und kommen wie normale Arbeitnehmer abends nach Hause zu ihren Familien. Doch gerade in dieser Gefahrlosigkeit sehen die Drohnengegner eine große Gefahr: Dadurch werde die Hemmschwelle für einen militärischen Einsatz bei den Soldatinnen und Soldaten stark herabgesetzt. Außerdem komme es beim Einsatz von Drohnen immer wieder zu sogenannten Kollateralschäden. Darunter versteht man den Tod unschuldiger Menschen, die sich gerade im Umfeld der Zielperson aufhalten, wenn diese beschossen wird. Zudem sei zumindest ein Teil der Einsätze, die die USA fliegen, völkerrechtlich umstritten oder eindeutig verboten.

Bewaffnete Drohnen sind nicht per se grausamer als der Angriff mit einem Kampfjet. Nur wer grundsätzlich gegen die Anwendung militärischer Mittel ist, kann auch grundsätzlich gegen den Einsatz von Drohnen sein. Die Frage, die hinter allem steht, ist also letztlich, ob man den Einsatz von Gewalt im äußersten Fall akzeptiert oder nicht. Was findet man verwerflicher: zum Schutze anderer oder von sich selbst militärisch einzugreifen oder danebenzustehen und dabei zuzusehen, wie Menschen in kriegerischen Auseinandersetzungen oder durch Terroranschläge getötet werden? Fakt ist: Drohnen sind eine unumkehrbare Realität.

Im NSA-Untersuchungsausschuss berichtete der ehemalige Drohnenkopilot Brandon Bryant, der 2011 den Dienst am Monitor quittierte, über seine Erfahrungen als Drohnenkrieger. Die Abgeordneten erfuhren bei der Gelegenheit unter anderem auch, dass der Job kein Zuckerschlecken ist, sondern psychisch und mental sehr belastend sein kann – auch wenn das Leben des Soldaten zu keiner Zeit in Gefahr ist. Mittlerweile verfügt das US-Militär über Systeme, die vollständig autonom arbeiten, ohne jede menschliche Unterstützung. Schon sehr bald wird die nächste Stufe erreicht sein: Dann wird ein System nicht nur autonom die Verfolgung einer Zielperson aufnehmen, sondern auch autonom entscheiden, ob diese getötet werden soll. Die künstliche Intelligenz lässt grüßen, der Mensch wird überflüssig oder gar zum Störfaktor.[1]

Die Bombe von Wilmersdorf

Im November 2013 erschien in der *Süddeutschen Zeitung* ein Artikel, der am Hohenzollerndamm im bürgerlichen Berliner Stadtteil Wilmersdorf wie eine Bombe einschlug, wenn sie auch keine Menschenleben kostete und Gebäude zerstörte. In dem Artikel wurde darüber berichtet, dass

Daten von Asylbewerbern, die deutsche BND-Mitarbeiter erheben, angeblich an die USA weitergereicht und von diesen für den völkerrechtlich umstrittenen Drohneneinsatz gegen Terrorverdächtige verwendet würden. Die Daten stammten dem Bericht nach von der Hauptstelle für Befragungswesen (HBW), einer Einrichtung des BND, deren Zentrale am Berliner Hohenzollerndamm residiert. Die Deutschen gäben an die US-Amerikaner angeblich systematisch Daten weiter, zu denen auch Handynummern und sonstige Geodaten gehörten. Aber auch ganz banale Informationen könnten die Amerikaner dafür verwenden, ein Ziel zu erfassen und es gegebenenfalls zu vernichten. Bei diesen Zielen handele es sich um Terrorverdächtige, die die US-Armee mithilfe von Drohnen ausschalte. Die Zeitung berief sich auf Angaben eines ehemaligen hochrangigen Mitarbeiters des US-Verteidigungsministeriums.[2]

Im Fokus der etwa 500 bis 1.000 Befragungen pro Jahr stünden Flüchtlinge aus Afghanistan, Somalia und Syrien. Dolmetscher und Anwälte, die offenbar bei solchen Befragungen anwesend waren, hätten berichtet, dass Flüchtlinge, die mit den Befragern kooperierten, auf eine schnelle Anerkennung als Asylbewerber hoffen dürften. Dafür gibt es jedoch bis heute keine stichhaltigen Beweise. Vielmehr haben die Mitarbeiter der HBW unterstrichen, dass eine Auskunft zu keinerlei Anspruch auf Gegenleistung führe.

Der Zeitungsbericht warf ein Schlaglicht auf eine der Öffentlichkeit sonst verborgene Schattenwelt. Im Raum stand die Frage, ob die Amerikaner mithilfe des Bundesnachrichtendienstes Ziele für ihre Drohnenangriffe ausfindig machten, markierten und liquidierten – ein Vorwurf, welcher der Beteiligung Deutschlands an tödlichen Drohneneinsätzen eine völlig neue Dimension verleiht. Welche Daten gab der

BND an die Defense Intelligence Agency (DIA) weiter? Fand neben der Weitergabe dieser Daten ein Austausch zwischen den Mitarbeitern der Nachrichtendienste statt? All das herauszufinden war eine der Aufgaben, die sich die Mitglieder des Untersuchungsausschusses gestellt hatten.

Zur falschen Zeit am falschen Ort

Der Tod in Form einer Rakete kam an diesem 24. Februar 2012 aus heiterem Himmel. Alles ging so schnell, dass Maxamed Abdullahi überhaupt keine Zeit hatte, wegzulaufen und sich zu verstecken. Der Kamelhirte, der gerade seine Tiere hütete, hatte nicht einmal die Möglichkeit, zu verstehen, was überhaupt passierte. Die Rakete zerteilte seinen Körper in zwei Hälften, das Gesicht aber blieb weitgehend unversehrt, sodass sein Sohn ihn später identifizieren konnte. Maxamed Abdullahi, ein etwa 50 Jahre alter Mann aus der Umgebung der somalischen Hauptstadt Mogadischu, war Opfer einer amerikanischen Rakete geworden, abgeschossen von einer US-Kampfdrohne. Das technische Signal für ihre Steuerung war möglicherweise über die US-Basis Ramstein in Deutschland gelaufen, ihre Daten hatten ihr die Amerikaner möglicherweise einprogrammieren können, weil sie bei der Erstellung der Daten der Zielperson Hilfe aus Deutschland hatten. Maxamed Abdullahi war nicht die Zielperson. Die eigentliche Zielperson hieß Mohammed Sakr, britischer Staatsbürger und Mitglied der militanten islamistischen Al-Shabaab-Miliz (der mit Blick auf den verhassten Westen gerne den Spruch „Wir lieben den Tod so wie ihr das Leben“ auf den Lippen trug). Auch Mohammed Sakr fand bei dem Drohnenangriff den Tod.

Ein Kind des Kalten Krieges

Am Berliner Hohenzollerndamm 150, in der Zentrale der Hauptstelle für das Befragungswesen, lasen die Mitarbeiter solche Nachrichten nicht gerne. Sie ahnten, dass sie möglicherweise eines Tages mit solchen Kollateralschäden in Verbindung gebracht werden könnten – und das wollten sie unbedingt vermeiden, denn als Mitarbeiter eines Geheimdienstes bleibt man eben gerne im Verborgenen.

Das war der HBW auch jahrzehntelang recht gut gelungen. Gegründet von den Amerikanern und den Briten zu Beginn des Kalten Krieges, war sie 1958 in die Zuständigkeit der Bundesregierung übergegangen. Der damalige Bundeskanzler Konrad Adenauer schlug die Hauptstelle organisatorisch dem zwei Jahre zuvor gegründeten BND zu, verantwortlich aber war das Kanzleramt selbst. Über viele Jahrzehnte hüllten sich die verschiedenen Bundesregierungen in Sachen HBW in Schweigen.

Im Mittelpunkt der Tätigkeit der Hauptstelle standen in den ersten Jahrzehnten ihres Bestehens zwei Aufgaben: Sie sollte Flüchtlinge aus dem Osten, Vertriebene und Übersiedler aus dem Ostblock nach deren Kenntnissen über militärische oder Geheimdienstaktivitäten aushorchen. Und sie sollte versuchen, Personen, die für östliche Geheimdienste wie die Stasi in die Bundesrepublik eingeschleust worden waren, zu enttarnen. Dies gelang aber keineswegs immer. Zu dieser Zeit hatte die Hauptstelle Hunderte Mitarbeiter, was die ihr zugemessene Bedeutung unterstreicht.

Mit dem Fall der Mauer, dem Ende des Ostblocks und der neuen Bedrohung durch den militanten, antiwestlichen Islamismus änderte sich der Fokus. Nunmehr interessierte sich die Stelle, die über verschiedene Außenstellen zum

Beispiel in Friedland, Gießen, Nürnberg und Hannover verfügte, für Flüchtlinge aus den Krisen- und Schurkenstaaten. Die Mitarbeiter befragten jetzt Asylbewerber über ihre Herkunftsländer. Herauszufinden, was genau dabei warum von Interesse war, wurde zu einer Aufgabe, an der sich die Ausschussmitglieder abarbeiten sollten.

Die Zahl der durch die HBW Befragten und damit auch deren Mitarbeiterzahl sank im Laufe der Jahre kontinuierlich. 2012 sollen es nach offiziellen Angaben der Bundesregierung noch 52 gewesen sein. Ende Juni 2014, also ein halbes Jahr, nachdem die HBW in den Fokus der Öffentlichkeit geraten war, wurde sie kurzerhand aufgelöst.

Dies war ein Schritt in die falsche Richtung, denn vor dem Hintergrund der Flüchtlingskrise in Europa im Allgemeinen und in Deutschland im Speziellen wäre es notwendig und sinnvoll gewesen, der HBW wieder zu ihrer alten Bedeutung zu verhelfen. Der nachrichtendienstliche Bedarf an authentischen Berichten aus den Kriegsgebieten im Nahen und Mittleren Osten ist größer denn je. Das gilt nicht nur für die Situation in Syrien und dem Irak, sondern auch im Hinblick auf Extremisten und Gefährder, die nach Deutschland eingesickert sind. Flüchtlinge könnten über relevante Informationen über sie verfügen und damit direkt zum Schutz unserer Sicherheit und unserer Interessen beitragen. Der Vorwurf der Kritiker, dass die Befragten gegen ihren Willen ausgehorcht würden, geht fehl, denn die Flüchtlinge sind gerade vor denen geflohen, die die Geheimdienste bekämpfen – den militanten Islamisten. Warum sollten sie nun, in Deutschland angekommen, nicht bei diesem Kampf helfen wollen?

Noch eine andere Frage sollte in den Mittelpunkt des Ausschusses rücken und bald alles andere dominieren:

Hatte die Hauptstelle – und damit der BND – eng mit den Amerikanern (und Briten) kooperiert? Ihnen Daten weitergegeben, darunter auch Handy- und sonstige Geodaten, die zum Aufspüren potenzieller Opfer von Drohnenangriffen verwendet werden können? Hatten Mitarbeiter von US- und britischen Geheimdiensten vielleicht sogar Asylbewerber befragt, ohne dass BND-Leute dabei waren? Oder die Daten dieser BND-Mitarbeiter abgeschöpft, ohne dass diese etwas davon bemerkten? Viel Stoff für den Ausschuss – und ein möglicherweise zentraler Punkt der gesamten Arbeit.

Frau K. weiß von nichts

Um 22:53 Uhr an diesem 15. Oktober 2015 war Frau K. am Ende ihrer Kräfte. Seit Stunden hatte sie dem Ausschuss Rede und Antwort gestanden. Ihr war mit Ordnungsgeld gedroht und sie war in die Enge getrieben worden, sie hatte sich gewunden, Schutz bei ihrem aggressiv auftretenden Rechtsbeistand gesucht, den die Abgeordneten teilweise als rüde pöbelnden Anwalt erlebten. Nun konnte sie nicht mehr. Sie stand einfach auf und ging, obwohl die Befragung offiziell noch gar nicht beendet war. Sicher war Frau K. selbst bewusst, dass sie an diesem Tag kein günstiges Bild abgegeben hatte. Was sie gesagt hatte, erschien in Teilen schlicht jenseits der Wahrheit, so wie die Abgeordneten sie aus als geheim eingestuften Unterlagen eigentlich schon kannten oder zu kennen glaubten. Frau K. wies die Vorwürfe zurück, nach denen die Hauptstelle für Befragungswesen sensible Daten an die Kollegen von der DIA weitergegeben oder diese gleich selbst unbeaufsichtigt Befragungen hatte durchführen lassen. Und wenn die Abgeordneten zu hartnäckig nachfragten, verließ Frau K. die Erinnerung – was erstaunlich ist, denn Frau K. war immerhin die letzte Leiterin der Hauptstelle vor ihrer Auflösung.

Auch mit zwei anderen Mitarbeitern der HBW erging es den Abgeordneten kaum besser. Herr U. P. und sein Ex-Kollege Herr R. C. traten zwar jovialer auf, erzählten auch mehr aus dem Alltag der Einrichtung, für die sie jahrelang gearbeitet hatten. Aber immer, wenn es kritisch und heikel wurde oder um den Bereich ging, den die Bundesregierung als sicherheitsrelevant einstufte, ging es ihnen wie Frau K.: Sie wussten nichts, erinnerten sich nicht oder verweigerten die Auskunft mit einem „nö“ und dem Hinweis „nicht öffentlich“.

Die ausgewählten Asylbewerber wurden den Befragern der HBW entweder vom Bundesamt für Migration und Flüchtlinge (BAMF) vorgeschlagen oder sie suchten sich selbst interessante Personen aus. Dabei interessierten sie solche Personen, die etwas über Politiker aus ihren Heimatländern, Terrororganisationen oder als deren Mitglieder verdächtigte Personen und von diesen begangene Verbrechen wissen könnten. Und sicherlich war zur Beurteilung der Gesamtlage auch die allgemeine Stimmung in einem Land oder einer Region von Interesse.

Die Kollegen von der DIA waren erstaunlich eng in die Befragungen eingebunden. Das gab der Zeuge R. C. unumwunden zu. R. C., der seinen vollen Namen wie U. P. und ihre Chefin Frau K. nicht nennen durfte, weil er noch immer im operativen Bereich des BND tätig ist, arbeitete nach einer zwölfjährigen Dienstzeit bei der Bundeswehr schon seit 1994 beim BND. Von 2003 bis 2013 war der 1953 Geborene als Befrager bei der Hauptstelle tätig. Er habe zwar, so sagte der Zeuge am 22. September 2016 aus, keine Ahnung, ob die

Interessen der DIA-Kollegen in den Fragenkatalog für die Befragten mit eingingen. Er ließ aber keinen Zweifel daran, dass sie die Befragten mit auswählen und sogar selbst Vorschläge machen konnten. In den Vernehmungen wurde klar, dass BND und DIA fast immer als Zweierteam auftraten, zudem war häufig noch ein Dolmetscher dabei, allerdings mit Ausnahmen.

Der Zeuge U. P., der von 2001 bis September 2012 als Befrager und anschließend ein Jahr lang als kommissarischer Befragerführer arbeitete, betonte, dass die deutsche Seite immer den Hut aufgehabt habe. „Wenn ich mit einem Partnerbefrager losmarschiert bin, hatte ich das Lead. Das heißt, ich habe das Gespräch geführt.“ Die Partnerbefrager hätten sich im Hintergrund gehalten und bestenfalls einen Hinweis gegeben, wo man noch nachfragen konnte. „Als ich Befrager war und auch eben befragt habe, war es in meinen Befragungen nie so, dass der Partner da den Lead übernommen hat oder eine führende Rolle gespielt hat.“

Aufgrund der engen Kooperation zwischen BND und DIA operierten beide in räumlicher Nähe. Zeitweise saßen die Kollegen sogar im selben Gebäude. Trotzdem habe es eine strikte Trennlinie gegeben, sagten die BND-Leute aus, denn einen persönlichen Kontakt zwischen den Deutschen und den Amerikanern habe es nicht gegeben.

"Ein in der Breite aufgestellter Universaldilettant"

Die entscheidende zu klärende Frage im Ausschuss lautete: Wurden bei den Befragungen Handynummern oder Geodaten aufgenommen, die die Amerikaner für ihren

Drohnenkampf nutzen konnten? Die Antwort scheint auf der Hand zu liegen: Wenn ein Geheimdienst eine Person befragt, dann will er geheime Informationen bekommen und nicht solche, die er in Medienberichten oder Lageanalysen nachlesen kann. Also handelt es sich um eine naheliegende Frage, wenn man eine Person vor sich sitzen hat, die darüber etwas wissen könnte. Oder etwa nicht?

Doch diese Vermutung konnte Frau K. bei ihrer Zeugenvernehmung im Ausschuss nicht nachvollziehen. An solchen Daten habe es doch gar kein Interesse gegeben. Und wenn sie in die Enge getrieben wurde, hatte sie plötzlich nach der Beratung mit ihrem Rechtsbeistand schlicht keine Ahnung mehr. Immer und immer wieder hakten die zunehmend genervten Abgeordneten nach. Doch Frau K. knickte nicht ein. Auch der Zeuge U. P. verneinte, jemals solche Daten erhoben zu haben. Schließlich sei der Befrager doch ein „in der Breite aufgestellter Universaldilettant" gewesen, der sich für die politische oder wirtschaftliche Lage in der Heimatregion des Befragten interessiert habe.

Der Auftritt vor dem Ausschuss war für Frau K. zweifellos eine schwierige, nervenaufreibende und heikle Angelegenheit. Dabei lag den Abgeordneten die Antwort auf die Frage, ob militärisch relevante Informationen an die Amerikaner weitergegeben worden waren, zum Zeitpunkt der Befragung längst vor. Die Antwort lautete „Ja" und sie kam von einer Institution, die es wissen musste: der Bundesregierung. Denn sie hatte bereits 2013 zwar erklärt, dass „Meldungen bei Bedarf bereinigt" und möglicherweise militärisch nutzbare Daten nicht weitergegeben würden. In einer regierungsinternen E-Mail vom 15. September des Jahres hieß es aber: „Das EAC [also die BND-Abteilung, der die HBW unterstand, d. Verf.] wird vor Hintergrund

Presseberichterstattung gebeten, vorerst keine Daten mit Relevanz für Angriffsziele an USA weiterzugeben." Das konnte im Umkehrschluss logischerweise nur eines bedeuten: dass bis dahin solche Daten weitergegeben worden waren. Dass die erhobenen Informationen bei der EAC ausgewertet wurden und dort auch entschieden wurde, was in welcher Form weitergereicht werde, gaben im Übrigen auch die Zeugen an.

R. C. seinerseits mochte immerhin während seiner Befragung ganz ausdrücklich nicht ausschließen, dass die DIA-Kollegen bei den Befragungen Informationen erhielten, die sie für den Drohnenkrieg verwenden konnten. Schon die Frage, was unter militärischen Zielen zu verstehen sei, kann sehr weit ausgelegt werden. Er habe keine Ahnung, wo die USA in Afghanistan operieren und was das mit den Befragungen zu tun gehabt habe könnte. Die Informationen, die die DIA dabei gewonnen habe, seien immer vollständig auch an den BND gegangen. Doch wie wollten die BND-Leute das kontrollieren, wenn sie nicht immer bei den Terminen dabei waren?

Nicht auszuschließen ist zudem, dass die Amerikaner ihre deutschen Freunde abgeschöpft haben, ohne dass diese etwas davon mitbekommen haben. R. C. wusste zu berichten, dass es diesbezüglich beim BND durchaus Misstrauen gab. U. P. behauptete zwar, dass kein Partnerbefrager Zugriff auf Rechner oder Telefone des BND, die in das BND-Netz verbunden waren, gehabt habe. Die Rechner der DIA-Kollegen seien gar nicht mit dem Internet verbunden gewesen. Aber auch der Zeuge U. P. konnte nicht wirklich ausschließen, dass die DIA-Kollegen Daten bei ihnen abgeschöpft hatten.

Entgegen der offiziellen Behauptung, bei den Befragungen seien nur Bleistift und Papier eingesetzt worden, musste

R. C. auf die bohrenden Fragen der Linken-Abgeordneten Martina Renner eingestehen, dass das DIA-Personal auch Laptops mitbrachte. Ob darauf Fotos von Personen oder Einrichtungen gezeigt wurden, ob Asylbewerber mit Karten konfrontiert wurden, auf denen sie Standorte zeigen sollten? „Nicht das ich wüsste", so R. C.

Im Netz von GILGAMESH

Eine ganz entscheidende Grundlage für die Behauptung oder Vermutung, dass über die US-Basis Ramstein in Rheinland-Pfalz oder das United States Africa Command (Africom) in Stuttgart Menschen per Drohnen getötet worden seien, ist die Frage, ob dies technisch überhaupt möglich ist. In Medienberichten wurde das seit 2014 behauptet. Damit wollte sich der Ausschuss aber nicht zufriedengeben. Um diese technischen Fragen zu beantworten, holte sich der NSA-Ausschuss Rat bei einem Fachmann. Die Wahl fiel auf Hannes Federrath, Informatikprofessor an der Universität Hamburg, der sich mit Themen wie Big Data und Datenschutz beschäftigt. Federrath hatte zwei klare Botschaften für die Politiker: Erstens stellt es technisch keine Schwierigkeit dar, ein Smartphone mithilfe einer Drohne zu überwachen und dann zu vernichten – wobei der Nutzer im Falle eines Abschusses durch eine Rakete ganz sicher auch deren Opfer wird. Zweitens konnte er keinerlei Erkenntnisse darüber vorlegen, dass es dazu im Untersuchungszeitraum tatsächlich gekommen ist.[3]

Federraths Gutachten bezieht sich auf den Zeitraum bis 2013, auf dessen Untersuchung sich ja auch der Ausschuss beschränkt. Die technische Entwicklung ist seither mit

Sicherheit weiter vorangeschritten. Der Professor beschreibt in seinem 20-seitigen Gutachten, wie die Lokalisierung eines Handys durch eine Drohne schrittweise funktioniert. Zunächst simuliert der auf der Drohne installierte GILGAMESH, ein IMSI-Catcher, eine Funkzelle eines Mobilfunknetzes. IMSI steht für „International Mobile Subscriber Identity", dabei handelt es sich um eine netzinterne Kennung, die üblicherweise auf der SIM-Karte gespeichert ist. Dadurch wird das Mobilfunkgerät einem bestimmten Besitzer zugeordnet. Das Gerät bucht sich in die simulierte Funkzelle ein und der GILGAMESH liest die IMSI und ebenso die IMEI-Nummer aus, die Seriennummer, die jedes Mobilfunkgerät identifiziert. Es ist auch möglich, GPS- oder andere Lokalisierungsdaten des Geräts abzufragen, wenn dieses über solche technischen Fähigkeiten verfügt. Während das Mobilgerät und der GILGAMESH kommunizieren, wird mittels spezieller Antennen auf der Drohne die Empfangsrichtung der Funkwellen bestimmt. Funkwellen breiten sich vom Smartphone in konzentrischen Kreisen aus. Die Position des Handys ergibt sich aus dem Schnittpunkt der Erdoberfläche mit der Empfangsausrichtung. Die Sendeleistung von GILGAMESH ist, so vermutet Experte Federrath, so groß, dass er ein Funknetz mit einem Radius von bis zu 15 Kilometern aufspannen kann. Innerhalb dieses Netzes senden nun alle Mobilgeräte ihre IMSI und ihre IMEI an GILGAMESH.

Ist das gesuchte Gerät geortet, könnte irgendwo, Tausende Kilometer entfernt in den USA, ein Soldat von seinem Desk aus einen Knopf drücken und den Abschuss einer Rakete auslösen. Dafür nutzt das US-Militär lasergelenkte Hellfire-Raketen, Luft-Boden-Raketen, die in der bei Drohnen eingesetzten radargelenkten Version auch

Fire-and-Forget-Raketen genannt werden. Bleibt die Frage, wie groß die Zielgenauigkeit des Verfahrens ist. Sie wirkt auf den ersten Blick beeindruckend: Fliegt die Drohne in einer Höhe von zwei Kilometern, kann der Kreis, in dem sich die gesuchte Zielperson aufhält, auf einen Radius von 35 Metern eingegrenzt werden. Ist die Flughöhe niedriger, wird der Radius kleiner. Genau hier liegt aber auch ein großes Potenzial für Kollateralschäden. Und das können in einem Umkreis von 35 Meter ziemlich viele unschuldige Menschen sein. Und doch bleibt festzuhalten, dass eine Drohne erheblich genauer ihr Ziel finden kann als ein Kampfjet. Ein weiteres Problem ist: Im Visier der Drohne befindet sich ein bestimmtes Mobilgerät, nicht eine bestimmte Person. Wenn der Besitzer das Gerät an jemand anderen weiterreicht, wird ebendieser zur Zielscheibe, nicht derjenige, der eigentlich gesucht wird.

Die zweite Feststellung von Professor Federrath lautet: Der Einsatz dieser Methoden durch militärische Drohnen erscheine technische plausibel, sei jedoch „nach unserem Kenntnisstand nicht belegt" – zumindest nicht für den Untersuchungszeitraum, also bis ins Jahr 2013.

Der Nintendo-Warrior

Brandon Bryant war nicht gut gelaunt: 19 Jahre jung und schon hoch verschuldet, die Highschool hinter und eine ungewisse Zukunft vor sich. Der junge Mann aus Montana hatte gerade das erste Semester Englische Pädagogik absolviert, doch ob es jemals für den Wunschberuf Journalist reichen würde, stand in den Sternen. Und ihm war nicht klar, wie er jemals seine Schulden abbezahlen sollte

– oder besser seine Mutter, die das für ihn übernommen hatte. Doch eines Tages besuchte ihn ein Freund, der bei einer Rekrutierungsstelle der Army arbeitete, und riet ihm, sich doch bei der Air Force zu melden. Der Staat übernehme die Ausbildung, man komme viel herum, ein regelmäßiges Gehalt gebe es auch. Das war im Jahr 2005. Für einen 19 Jahre alten jungen Mann klang das toll, erinnerte sich Brandon Bryant zehn Jahre später, als er den Abgeordneten des NSA-Ausschusses in Berlin gegenübersaß. Wer der Ansicht ist, dass Brandon Bryants Lebenslauf gewisse Ähnlichkeiten zu dem von Edward Snowden aufweist, liegt wohl nicht ganz falsch.

Bryant war ein Junge, der sich ausprobieren wollte, jugendlich-idealistisch. Er wollte Menschen helfen und an Sachen herumtüfteln. Er hatte auch einen Helden, allerdings nicht in der Realität, sondern in der Fantasie: Rand al'Thor. Diese Figur aus der Fantasy-Kultserie „Das Rad der Zeit" verkörpert den Wiedergeborenen Drachen, den Champion des Lichts im Kampf gegen den Dunklen König, den Retter der Welt. Bryant ist so fasziniert von dieser virtuellen Heldenfigur, dass er sich sogar das Tattoo, das diese am Arm trägt, ebenfalls stechen ließ.

In der Realität fühlte sich der 19-Jährige als amerikanischer Patriot. Die Ergebnisse seiner Eingangstests bei der Air Force waren gut. Sonstige Qualifikationen konnte er mit seinen 19 Jahren noch nicht vorweisen. Allerdings schaute die Air Force damals nicht so genau hin, wen sie da so alles einstellte. Ähnlich wie bei der NSA war auch bei den Luftstreitkräften der Bedarf an neuen Mitarbeitern immens. Während die Geheimdienstler die Aufgabe hatten, den Terroristen auf die Spur zu kommen und mit den neu entwickelten Programmen quasi nebenbei die totale

Kontrolle über den globalen Datenfluss im Internet zu erlangen, sollten die Luftkrieger den Feind mit Waffengewalt ausschalten. Und auch sie bekamen eine neue Waffe in die Hand: die Kampfdrohnen. Die Drohnenpiloten gingen aber nicht mehr in die Luft, sondern setzten sich irgendwo an einem abgelegenen Ort irgendwo in Amerika oder mitten in der Wüste von Nevada an einen Schreibtisch mit Monitoren. Aus den Fliegerhelden von „Top Gun" waren die Computer-Kids von „Big Bang Theory" geworden. Doch so lustig wie in der TV-Sitcom ging es in den Containern, in denen sie nun saßen, nicht zu. Es war eher langweilig, quälend langweilig.

Das Leben der Drohnenpiloten ist nämlich längst nicht immer so spannend wie an den Tagen, an denen sie einen Terrorverdächtigen aufgespürt haben. In 98 Prozent der Fälle, so berichtete Bryant, gehe es gar nicht darum, die Zielperson zu töten, sondern darum, sie zu überwachen, bis Bodentruppen vor Ort zugreifen und sie verhaften. Das kann ein monotoner Job sein. Man sitze sechs Tage die Woche zwölf Stunden am Tag in seinem Container und starre auf den Monitor, beschreibt Bryant seinen früheren Arbeitsalltag. Mary Cummings, ehemalige Kampfjetpilotin und inzwischen als Professorin am renommierten Massachusetts Institute of Technology (MIT) tätig, einer zentralen Stelle für die Erforschung künstlicher Intelligenz, hat im Auftrag des Pentagons ausgerechnet, dass 95 Prozent der Arbeitszeit von Drohnenpiloten aus nur einer Tätigkeit bestehen: aus Nichtstun. Die ferngesteuerten Flugzeuge finden ihren Weg selbst, verfolgen die Zielperson selbstständig. Nur wenn es ans Töten geht, steigt der Adrenalinspiegel urplötzlich rasant an, denn die Entscheidung muss oft in Windeseile getroffen werden.[4]

Eine Ahnung davon, was ihn in seinem Job erwartete, hatte Bryant nicht. Er machte eine Ausbildung zum Bilderanalysten. Diese Ausbildung war oberflächlich, alles musste schnell gehen, die Air Force brauchte einsatzfähige Leute. Schließlich warteten die islamistischen Terroristen ja nicht, bis ihre gottlosen Feinde nachgerüstet hatten im Kampf gegen den „Heiligen Krieg". „Ich war intelligent, nicht clever, sonst wäre ich nicht in die Situation gekommen", berichtete Bryant. „Die ganze Rekrutierung war eine Verarschung." Die Belange der neuen Kollegen interessierten niemanden, man sei angelogen und gesundheitliche Probleme der Drohnenkrieger seien ignoriert worden. Noch schlimmer erging es nur den altgedienten Kampfjetpiloten, die aus irgendeinem Grund zu den Drohnenkriegern strafversetzt worden waren – Männer mit vielen Jahren Flugerfahrung, die aus ihrem bisherigen Tätigkeitsbereich verbannt worden waren, weil sie Alkoholprobleme hatten, Befehle nicht befolgt oder Fehler gemacht hatten. Männer, die stolz gewesen waren auf ihren Job und die nun ganz unten auf der Skala gelandet waren. Das Ansehen von Drohnenpiloten ist in der Air Force nämlich nicht sehr hoch – ungeachtet der Tatsache, dass sie selbst ihre Aufgabe als sehr wichtig für das Vaterland empfinden. Doch ähnlich wie in der NSA wurde das Personal für sicherheitsrelevante, sehr verantwortungsvolle Posten in der Zeit nach dem Schock des 11. September auch in der Air Force offenbar ohne besonderes Ansehen der Personen, ihrer Fähigkeiten und Motivation, angeheuert. Die USA wähnten sich im Krieg gegen den Terror und wollten reagieren. Da musste man eben auch einmal ein Auge zudrücken – mindestens.

In einem Interview gab Bryant einmal zu: „Ich dachte niemals, dass ich in eine Situation käme, in der ich Waffen benutzen würde."[5] Das ist erstaunlich, wenn man bedenkt, dass er sich als Air-Force-Soldat beworben hatte. Eines Tages kam dann ein Sergeant zu Brandon Bryant und sagte: „Euer Job ist es, Menschen zu töten." „Ich glaube nicht, dass ich das kann", schilderte Bryant am 15. Oktober 2015 im Europasaal des Paul-Löbe-Hauses in Berlin seine damalige Reaktion. Doch sein Vorgesetzter sagte nur: „Du hast einen Eid geleistet, du wirst das machen." Ein unreifer junger Mann, ausgebildet zum anonymen Töten per Knopfdruck, von einem Container aus, der Tausende Kilometer entfernt von seinem Opfer sein kann – mit einem unbestrittenen Vorteil für die Drohnenkrieger und ihre Familien: Für sie selbst ist der Job völlig ungefährlich. Die Kinder müssen nicht um ihre Mama bangen, die Liebste nicht um ihren Mann.

Brandon Bryant tat, was ihm befohlen wurde. Er wurde Drohnenkopilot und flog Einsätze im Irak, in Afghanistan, Pakistan, Somalia und im Jemen. Das Wort „Pilot", das für ihn immer wieder verwendet wird, ist allerdings missverständlich. Bryant steuerte als „Sensor Operator" die Kamera der Drohne und markierte die ausgewählten Ziele. Neben ihm saß der eigentliche Pilot, dessen Aufgabe es ist, die Drohne zu fliegen und den Abzug zu betätigen. Er arbeitete auf dem US-Stützpunkt Creech, irgendwo am Highway 95 in der Wüste von Nevada in einem unscheinbaren Container, rund 12.000 Kilometer entfernt von den Orten, an denen die Drohnen ihre Raketen abschießen. Bryant steuerte seine Drohne immer vom Desk aus, blickte auf Monitore und chattete mit Kollegen. Der Job hinterließ seine Spuren. Er habe sich manchmal gefühlt, als sei er mit der Drohne verschmolzen, wenn er im Einsatz war; er habe sich wie ein Zombie gefühlt, ein Roboter oder die Drohne selbst.[6]

Ein tödlicher Job, der sich anfühlt wie das neueste angesagte Kriegsspiel auf der Konsole – und der nach Bryants Ansicht verfassungswidrig war. Warum er denn nicht aufgehört, sich verweigert habe, wurde er einmal in einem *BBC*-Interview gefragt. „Man hätte sich lustig gemacht über mich", so die Antwort.[7] Bryant fühlte sich wie ein „Nintendo Warrior". Doch nach einigen Jahren wollte er das nicht mehr sein. 2011 stieg er aus und bereist seitdem die Welt, um gegen den Drohnenkrieg zu Felde zu ziehen. Er gibt Interviews bei der *BBC*, auf *CNN*, *NBC* oder bei Markus Lanz. Er tritt bei Veranstaltungen linker Organisationen auf und wirkt dann wie ein Politiker, besser gesagt: wie ein Prediger.

Es gibt aber offenbar noch einen anderen Grund, warum Bryant die Air Force schließlich verließ. Obwohl ihn sein Job psychisch sehr belastete, hoffte er eine Weile darauf, Karriere im Drohnenprogramm machen zu können. Sein Ziel war es, Ausbilder zu werden, also anderen Frauen und Männern den Einsatz mit der Drohne beizubringen. Doch daraus wurde nichts, man lehnte seine Bewerbung an höherer Stelle ab. Das verbitterte ihn sehr und machte ihn unzufrieden mit dem Job.[8] Auch hier lassen sich gewisse Parallelen zu Edward Snowden erkennen.

Als Abschiedsgeschenk gaben ihm seine Vorgesetzten noch eine kleine, aber sehr beeindruckende Statistik mit auf den Weg: Er habe es während seiner fünfjährigen Dienstzeit auf 6.000 Flugstunden gebracht und sei an 1.626 Todesschüssen beteiligt gewesen. Das werde Brandon Bryant stolz machen, glaubten seine Vorgesetzten. Reden sollte er in der Öffentlichkeit darüber aber natürlich nicht.

"Homeland" in Berlin

Das tat Brandon Bryant dann aber doch, und zwar ziemlich extensiv. Dr. Konstantin von Notz, Bündnis 90/Die Grünen-Obmann im Untersuchungsausschuss, war ganz besorgt. Er habe jetzt so viel über Interna des US-Drohnenkriegs berichtet – ob Brandon Bryant da nicht befürchte, dass ihm am Pariser Platz mitten in Berlin vielleicht ein Tuch über den Kopf gestülpt und er entführt werden würde, fragte von Notz, als Bryant im Oktober 2015 vom Ausschuss vernommen wurde.

Mag sein, dass von Notz ein wenig zu viel die Fernsehserie „Homeland" geschaut hat. Dass aber die Amerikaner nicht pingelig umgehen mit denen, die sie als Verräter ansehen, zeigen ja die Schicksale von Edward Snowden oder Chelsea Manning. Als Bryant gehen wollte, hätten ihm seine Vorgesetzten zunächst 109.000 Dollar geboten, damit er bleibe. Als er darauf nicht eingegangen sei, sei ihm aufgetragen worden, dass er sieben Jahre lang absolut nichts über seinen früheren Job bei der Air Force erzählen dürfe. Er tut es trotzdem – so wie im Oktober 2015, als er in Berlin haltmachte. Eingeladen vom Untersuchungsausschuss, sollte er die Abgeordneten nicht nur in die Geheimnisse des Drohnenkriegs einführen, sondern vor allem brennende Fragen zur Rolle der US-Basis Ramstein und dazu beantworten, ob die Drohneneinsätze gegen Terrorverdächtige in fernen Ländern mit deutscher Unterstützung ablaufen.

Ramstein in Rheinland-Pfalz ist ein Militärflugplatz der United States Air Force und das Hauptquartier der United States Air Forces in Europe (USAFE); ebenso das der United States Air Forces Africa. Kritikern wie Pazifisten und Friedensbewegten ist Ramstein schon seit vielen Jahren ein Dorn im Auge. Neuen Auftrieb bekamen die Aversionen durch Medienberichte, nach denen die USA ihre umstrittenen Drohnenangriffe seit 2011 von Deutschland aus „steuern". Die gezielte Tötung mutmaßlicher Terroristen in Afrika durch Drohnen werde massiv von Ramstein (und auch vom Stützpunkt Africom bei Stuttgart) unterstützt, hieß es im Mai 2013. Eine 2011 eingerichtete Flugleitzentrale steuere Angriffe der US-Luftwaffe in Afrika, auch auf Ziele in Somalia. Bis zu 650 Mitarbeiter überwachen von hier den afrikanischen Luftraum und sorgen für das Funktionieren der Satellitentechnik. Ohne eine spezielle Satelliten-Relaisstation für unbemannte Flugobjekte in Ramstein könnten Drohnenangriffe in Afrika nicht durchgeführt werden, heißt es in einem internen Papier der US-Luftwaffe.[9]

Die Aufregung in Deutschland war groß, die USA standen einmal mehr am Pranger. Das Ganze wurde bald mit den ersten Enthüllungen, mit denen Edward Snowden nur wenige Tage später aufwartete, zu einem explosiven Gebräu vermischt. Und es dauerte noch ein halbes Jahr, bis der Verdacht aufkommen sollte, Deutschland liefere den USA die nötigen Handy- oder Geodaten, um die Zielpersonen zu orten. Die Fragen, die sich stellten, lauteten zunächst in erster Linie: Wird Ramstein tatsächlich von den USA genutzt, um von hier aus den Einsatz militärischer Drohnen in Afrika zu steuern? Spielt der Stützpunkt mitten in Deutschland wirklich eine Rolle als wichtige Relaisstation? Die Abgeordneten hofften auf Aufklärung durch Brandon Bryant. Ganz anders als bei anderen Zeugen, die die Ausschussmitglieder der Grünen und der Linken betont forsch angingen, behandelten sie Bryant wie ein rohes Ei. Der junge Mann aus Montana galt ihnen offenbar als eine Art Kronzeuge, dessen Glaubwürdigkeit man nicht infrage stellen darf. Die Linkspartei organisierte sogar eine Veranstaltung in Berlin mit ihm – ein publikumswirksamer Auftritt ganz nach dem Geschmack der Linken-Politikerin Sahra Wagenknecht, die sich nicht bitten ließ und die Einführung übernahm. Mit der notwendigen Distanz zum Zeugen hatte das nichts zu tun, aber es kam halt gut an bei der eigenen USA-kritischen Klientel.

Mit der Einschätzung, die sich schnell aus publicityträchtigen Schlagzeilen wie „US-Streitkräfte steuern Drohnen von Deutschland aus“ (so hatte es die *Süddeutsche Zeitung* geschrieben) speiste, räumte Bryant ganz klar auf. Von Ramstein aus würden keine US-Drohneneinsätze gesteuert, keine Entscheidungen über Zielpersonen oder Aktionen getroffen. Es gebe auch keinen direkten Zugriff auf die Aktivitäten, die lediglich von einem Monitor aus verfolgt werden könnten. Von der behaupteten Planung könne also gar nicht die Rede sein. Ramstein sei nur ein Bindeglied gewesen, vielleicht das schwächste.

Doch der Zeuge ließ auch keine Zweifel daran, dass Ramstein eine äußerst wichtige technische Rolle im Drohnenkrieg von US-Präsident Barack Obama spielt. Demnach arbeitet es als Relaisstation, über die die Daten an die Drohnenpiloten verstärkt und weitergeleitet werden. Die Signale würden in der Pfalz so verstärkt, dass die Piloten sie auch in der Wüste von Nevada in Echtzeit empfangen könnten, wenn sie auf der Jagd nach einer Zielperson irgendwo in Afghanistan seien. Nur Ramstein könne solch enorme Datenmengen abdecken, vor allem für den Livestream von einem Ort, der sehr weit entfernt ist. Man könne erkennen, dass jemand, der Tausende Kilometer entfernt ist, eine Zigarette in der Hand hält, so klar sei das Signal. Der Grund sei, dass es eine direkte Verbindung über ein Glasfaserkabel von Ramstein zum Pentagon gebe, die viel besser und sicherer sei als eine Verbindung über einen Satelliten. Deshalb würden alle Einsätze über Ramstein gesteuert.

Klar ist: Ramstein hat für die USA entscheidende Vorteile. Das Klima in Deutschland ist gemäßigt, sodass sich Wettereinflüsse praktisch nie auf die Übertragung von Signalen via Ramstein negativ auswirken. Vor allem aber ist Ramsteins geografische Lage von Bedeutung, denn von hier aus können die Signale, die die Piloten benötigen, um eine Zielperson zu verfolgen, in Echtzeit gesendet werden. Müsste ein zweiter Satellit eingeschaltet werden, würde sich die Latenzzeit verlängern. Die Folge: Ein schnelles Reagieren wäre unmöglich, präzise Manöver ebenso – die Piloten würden blind fliegen, zumindest gewissermaßen auf einem Auge.

Auftrag erfüllt, den Eid verraten?

Brandon Bryant hatte einen Auftrag und er erfüllte ihn gewissenhaft. Zehn Monate war er seiner Zielperson auf der Spur. Er und seine Kollegen verfolgten ihn per Drohne aus der Luft, überwachten ihn. Über den Mann, den sie verfolgten, wussten sie praktisch nichts, nur den Namen: Anwar al-Awlaki, und dass dieser Mann ein Imam war. Er sei ein besonderer Fall gewesen, habe man ihm gesagt, ein Verräter, der es verdiene, zu sterben. Man habe ihm und seinen Kollegen erklärt, der Präsident habe angeordnet, sie sollten ihn erschießen. Ein Befehl von ganz oben – da konnte es doch keine Zweifel für einen Soldaten geben, oder? Sein Kommandeur, so erzählte Bryant weiter, sei dennoch sehr aufgewühlt gewesen. Er habe gesagt, er verletze seinen Eid. Selbst ein Verräter habe das Recht auf ein Verfahren mit einer Jury.

Da kam auch Bryant ins Grübeln. Auch er hatte das Gefühl, „ich hätte meinen Eid verraten".

Anwar al-Awlaki war nicht der Anführer einer harmlosen Pfadfindertruppe. Er war der 1971 geborene Sohn gut situierter jemenitischer Einwanderer in die USA, die 1978 zurück in ihre Heimat zogen. Al-Awlaki kehrte später in die USA zurück, studierte und wurde Imam an einer Moschee in San Diego. Nach einem Aufenthalt in Großbritannien ging er schließlich 2004 wieder in den Jemen. Inzwischen hatte er sich radikalisiert, wurde eine Weile ins Gefängnis gesperrt und rief schließlich 2010 zum Dschihad gegen die USA auf. Er forderte die Muslime in den US-Streitkräften auf, ihre Kameraden zu töten, die auf dem Weg in den Irak oder nach Afghanistan waren. Anfang 2011 wurde er in Abwesenheit zu einer zehnjährigen Gefängnisstrafe verurteilt, doch er war in Freiheit und die US-Behörden sahen in ihm eine große Gefahr für das Leben ihrer Landsleute. Am 5. Mai 2011 scheiterte ein Versuch, ihn im Jemen mit einer Drohne zu töten – einer von ganz wenigen Fällen, in denen ein Tötungsversuch fehlschlug, wenn man den Worten Bryants Glauben schenken darf. Doch so leicht gaben seine Verfolger nicht auf. Knapp vier Monate später töteten sie ihn schließlich.[10] Bei dem Angriff kamen offenbar noch drei weitere Männer um. Kurze Zeit darauf wurde ebenfalls per Drohnenattacke al-Awlakis 16-jähriger Sohn getötet.

All you need to know

Alle Informationen, die Bryant dem Ausschuss gab, kannte er eigentlich nur aus zweiter Hand und aus Mutmaßungen. Aber er habe Briefings für hochrangige Vorgesetzte abgehalten und er habe einfach immer wieder nachgefragt, weil der Job so langweilig und eintönig war. Manche der älteren Piloten mit mehr Kenntnissen hätten seine Intelligenz geschätzt und ihm daher vielleicht mehr erzählt als anderen, gab Bryant im Ausschuss zu Protokoll. Man habe ihm vertraut, weil er seine Zukunft bei der Air Force geplant habe – bis zur Rente. Die Kommunikation innerhalb der Mannschaft sei über Chats im Netzwerk mirc gelaufen, geschrieben habe man unter einem Alias. Somit war letztlich für Bryant aber nicht ersichtlich, ob er tatsächlich nur mit Kameraden von der US-Armee kommuniziert hat. Auch konnte er keinen Beweis anbringen, dass er wirklich mit Ramstein Kontakt hatte, wenn er glaubte, mit der US-Basis in der fernen Pfalz zu telefonieren.

Dass Bryant aber grundsätzlich recht hat mit seiner Behauptung der großen Bedeutung Ramsteins als Relaisstation, macht die Antwort der Bundesregierung auf eine Kleine Anfrage der Linken-Fraktion vom 14. Juni 2013 sehr wahrscheinlich. Demnach teilten die US-Streitkräfte dem Bundesverteidigungsministerium in einem Schreiben vom 18. November 2011 zum geplanten Bau einer Satelliten-Relaisstation in Ramstein mit: „Mit Hilfe dieser Maßnahme wird ein einzigartiges Kontrollzentrum für den Einsatz der Predator, Reaper und Global Hawk zur Unterstützung der Operation Iraqi Freedom (OIF) und Operation Enduring Freedom (OEF) geschaffen. Dieses Vorhaben umfasst ebenfalls eine SCI (sicherheitsempfindliche/geheime Information) und der Zugang zu allen Dokumenten wird entsprechend kontrolliert und eingeschränkt, gemäß U.S. Sicherheitsstandards for SCIF nach dem Need-to-know-Prinzip." Dass über die neue Relaisstation der Einsatz von Drohnen unterstützt werden sollte, hatte Washington Berlin also ganz offiziell erklärt.[12]

Die Frage scheint also nicht mehr zu sein, ob Ramstein als Relaisstation fungiert, sondern bestenfalls noch, ob die USA die Signale über ihre Base in der Pfalz auch zum teilweise völkerrechtlich umstrittenen Einsatz ihrer Killerdrohnen jenseits der beiden genannten Missionen nutzen. Und daran schließt sich die Frage an: Weiß die Bundesregierung davon und leugnet dieses Wissen oder wurde sie von Washington hintergangen? Ein interessanter Hinweis im Antwortschreiben ist der Verweis auf das Need-to-know-Prinzip, ein bei den Geheimdiensten beliebtes Instrument, mit dem einer anderen Institution nur das mitgeteilt wird, was diese wissen muss. Für die US-Armee ist es eine bequeme Lösung, denn sie kann bestimmen, was ihrer Ansicht nach an Kenntnissen für die deutsche Seite ausreichend ist.

Geheimnisvolles Africom

Der Coup war gelungen. Um sechs Uhr rückten die Aktivisten an und blockierten ungehindert die vier Zufahrten der Kelley Barracks in Stuttgart-Möhringen. Offiziell angemeldet war die Demonstration erst für zehn Uhr, aber zu der Zeit würde die Polizei bereits vor Ort sein und die Blockade verhindern. Also gingen die rund 80 Friedensbewegten schon am frühen Morgen in Stellung. „Das machen wir immer so", klärte nicht ohne Stolz einer der Aktivisten den Berichterstatter einer örtlichen Zeitung auf.[13]

Um die etwas gemütlichen Stuttgarter Polizeibeamten auszutricksen, mag die Taktik des Frühaufstehens ausreichen. Um die Weltmacht USA herauszufordern, braucht es jedoch weit mehr. Denn niemand anderes als die US-Army hat sich hinter den Mauern der Kaserne eingerichtet. Seit dem Jahr 2007 residiert hier das United States Africa Command, kurz Africom. Rund 2.000 Männer und Frauen arbeiten hier. Seitdem die Vorwürfe im Raum stehen, dass die Amerikaner Deutschland als Basis für ihren Drohnenkrieg nutzen, würden viele Politiker, Journalisten und Bürger gerne etwas genauer wissen, was in den Kelley Barracks eigentlich vor sich geht.

Seit Ende 2013 gibt es Medienberichte, nach denen Africom für den US-Drohnenkrieg die entscheidende Rolle spielt. „Über jeden US-Drohnenangriff über Afrika, über jede einzelne dieser gezielten Tötungen, wird in Stuttgart entschieden", behauptete die *Süddeutsche Zeitung* damals.[14] Diese Behauptung ist das Resultat eines Umkehrschlusses. Denn, so berichtete die Zeitung weiter, sämtliche Aktionen von US-Militäreinheiten in Afrika unterstünden schließlich ihrer Kontrolle. Da schien es ganz einfach, zu einem apodiktischen Urteil zu kommen: „Fest steht: In Deutschland stationierte US-Einheiten lenken und steuern die routinemäßigen Exekutionen von mutmaßlichen Terroristen in Afrika, sie sind von Anfang bis zum Ende involviert, in jeden Schritt eines Ablaufs, den die Amerikaner ‚kill chain' nennen: Tötungskette." Als Beleg für diese Behauptung werden auch noch Stellenausschreibungen des Africom herangezogen, mit denen Spezialisten gesucht werden, zu dessen Aufgaben es ausdrücklich gehöre, „Ziele zu nominieren".

Allein: Als Beweis dafür, dass in Stuttgart die Drohneneinsätze geplant werden und darüber entschieden wird, wer das nächste Opfer sein soll, ist das erheblich zu dünn. Es sind Spekulationen, nicht mehr, nicht weniger. Und ein Argument gegen die eigene Behauptung liefert der Artikel auch gleich selbst mit: Der ganze Prozess werde in Washington abgeschlossen, am Schreibtisch des Präsidenten der

Vereinigten Staaten von Amerika. Jeden Dienstag bekomme Barack Obama eine Liste mit den Namen von Personen vorgelegt, die per Drohneneinsatz getötet werden sollten. Die Entscheidungen fallen demnach also im Oval Office, nicht in Ramstein.

Man kann das Vorgehen der Amerikaner abstoßend finden, als Verbrechen ansehen. Oder man kann es als wichtigen Beitrag zum Kampf einer herausgeforderten Supermacht gegen menschenverachtenden Terror betrachten. Einen echten Beleg dafür, dass Entscheidungen in Stuttgart getroffen werden, gibt es bislang jedoch nicht. Auch Brandon Bryant, der Drohnenkopilot, konnte keinen präsentieren – er wusste schlicht nichts über Africom zu sagen. Aber eine andere Behauptung des Berichts widerlegte er. Die Autoren hatten nämlich suggeriert, dass von Ramstein aus per Monitor und Joystick direkt in den Tötungsprozess eingegriffen werde. Bryant sagte dagegen knapp zwei Jahre später aus eigener Erfahrung aus, dass Ramstein bei den Aktionen nur passiv zugeschaltet sei.

Tue Gutes und rede darüber

Dass in Medienberichten der Beweis dafür fehlt, dass die US-Armee ihren Drohnenkrieg von Stuttgart aus „steuert" und „lenkt", muss nicht bedeuten, dass es nicht so sein kann. Nach den Erfahrungen, die die Deutschen mit den USA im Zuge der NSA-Affäre gemacht haben, gibt es durchaus berechtigte Zweifel an dem, was die Amerikaner verlautbaren lassen. Solange es aber den tatsächlichen Beweis nicht gibt, muss man es mit den *Stuttgarter Nachrichten* halten. Die Zeitung schrieb in einem langen Dossier über Africom und seine Einsätze in Afrika: „Nichts widerlegt grundsätzlich die Vermutung, dass auch die NSA den Militärstützpunkt in Stuttgart-Möhringen für ihre streng geheimen Operationen nutzt."[15] Das bedeutet aber eben auch: Diese Behauptung wird bislang durch nichts bewiesen. Tatsächlich sind die verschiedenen Geheimdienste, die als „Kunden" die Tötungen bei der Army „bestellen", stark vertreten in den Kelley Barracks. Rund drei Viertel der 2.000 Personen, die dort arbeiten, gehören nicht-militärischen Institutionen an, darunter dem Heimatschutzministerium und eben der NSA.

Das Aufgabenfeld von Africom ist zumindest offiziell sehr weit gefasst und klingt geradezu modern und fortschrittlich für eine Armee, zumal für die der einzigen verbliebenen Supermacht. Es geht hauptsächlich um humanitäre Hilfsoperationen, Bewältigung von Katastrophen und Krisenreaktionsoperationen. So behauptet es zumindest die schön aufgemachte offizielle Website,[16] ganz nach dem Motto: Tue Gutes und rede darüber. Dahinter steckt amerikanisches Eigeninteresse, denn auf diese Weise soll die Position der USA auf dem afrikanischen Kontinent verbessert werden. Militärische Operationen sind aber ganz offiziell nicht ausgeschlossen – 2011 wurde von hier aus der internationale Militäreinsatz in Libyen geleitet. Ein Grund, weshalb Africom nicht in Afrika aufgebaut wurde, sondern in Deutschland, ist neben der bereits vorhandenen Infrastruktur, dass sich offenbar kein afrikanischer Staat bereit erklärt hatte, die Einrichtung zu beherbergen. Zu groß war die Furcht, Ziel von Anschlägen terroristischer Organisationen zu werden.

Die Aussage Brandon Bryants konnte gleichwohl nicht im Sinne der Bundesregierung sein. Ob im Kanzleramt, im Verteidigungsministerium oder im Auswärtigen Amt:

Überall hegen sie den Wunsch, die Rolle Ramsteins beim US-Drohnenkrieg aus dem öffentlichen Interesse herauszuhalten.

Nichts wissen und nichts wissen wollen

Der Außenminister war durchaus redselig, als er am 17. März 2016 vom Ausschuss befragt wurde – zumindest solange er selbst bestimmen konnte, was er sagen wollte, also in seinem Eingangsstatement. Er sprach alle Themen an, mit denen sich die Abgeordneten seit vielen Monaten herumschlugen. Nur eines bleib außen vor: die Frage, ob US-Drohneneinsätze von Deutschland aus gesteuert würden oder die US-Basen Ramstein und Africom irgendeine unterstützende Funktion hatten. Ganz abwegig war es aufgrund seiner bisherigen politischen Laufbahn – Geheimdienstkoordinator der rot-grünen Bundesregierung, Gerhard Schröders Kanzleramtschef sowie Außenminister – ja nicht, dass er etwas über die diesbezüglichen Aktivitäten der amerikanischen Freunde wusste. Eigentlich war es sogar ziemlich wahrscheinlich. Und doch war das Ergebnis der Befragung vorhersehbar: Fehlanzeige. Für den Drohneneinsatz von Deutschland aus oder mit Deutschlands Hilfe gebe es keinerlei Belege, solche Behauptungen würden sich ausschließlich auf die Aussagen des Drohnenkopiloten Bryant stützen. Das Auswärtige Amt bemühe sich, Klarheit zu schaffen, welche Funktion Ramstein habe, das finde er auch gut so. Kein Wunder: Als Chef hatte er sicherlich selbst den Auftrag dazu erteilt.

Der Außenminister war ebenso wie schon Mitarbeiter seines Hauses zuvor überzeugt, dass aus Ramstein keine

Drohnen starten würden. Und schließlich habe ja auch der US-Präsident persönlich bei seinem Besuch in der deutschen Hauptstadt im Juni 2013 gesagt, dass es keine Drohnensteuerung aus Ramstein gebe. Deshalb gebe es für die Bundesregierung auch keinen Grund, dies anzuzweifeln. Was wolle man denn mehr als das Wort des US-Präsidenten, fragte Steinmeier in das Rund des Europasaals. Allerdings gebe es auch noch keine abschließende Antwort auf die Frage, welche Bedeutung Ramstein für den US-Drohnenkrieg habe. Das Hintertürchen ließ sich der heutige Bundespräsident offen.

Klar ist: Als NATO-Partner müssen sich die USA an die in Deutschland geltenden Gesetze halten. Gemäß Artikel II des NATO-Truppenstatuts haben Streitkräfte aus NATO-Staaten „das Recht des Aufnahmestaats zu beachten und sich jeder mit dem Geiste des NATO-Truppenstatuts nicht zu vereinbarenden Tätigkeit zu enthalten".[17]

Wie rücksichtsvoll die Deutschen mit dem Partner USA umgehen, zeigt die Vorgeschichte des Aufbaus von Africom. In einer Aufstellung des Verteidigungsministeriums heißt es, die US-Armee habe in Stuttgart an die vorhandene Infrastruktur anknüpfen können. Durch den Aufbau des neben Euracom zweiten Regionalkommandos sei die strategische Partnerschaft zwischen Deutschland und den USA unterstrichen worden. Eine deutsche Verbindungsorganisation zu Africom bestehe nicht. „Insofern erhält DEU auch nur sehr eingeschränkt Informationen, die das AOC betreffen." Immerhin wollte das Verteidigungsministerium, aufgeschreckt durch die Medienberichte und die kritischen Nachfragen, es dann doch ein wenig genauer wissen. Am 4. Juni 2013 besuchte eine Delegation des Ministeriums den damaligen Africom-Chef Major General Charles Hooper.

Der Anlass des Besuchs wurde in einem internen Vermerk, der nur für den Dienstgebrauch bestimmt war, festgehalten: „Verbesserung Koordination/Kooperation AFRICOM – BMVg." Für den Fall, dass die deutschen Freunde gar zu bohrende Fragen stellen würden, schickte die US-Botschaft aus Berlin Captain William H. Suggs, den Militärattaché, mit nach Stuttgart.

Was bleibt?

Was bleibt von den Behauptungen, von Ramstein und Stuttgart aus würden die Einsätze der US-Killerdrohnen „gesteuert" und „geplant"? Was bleibt von der These, ohne Ramstein sei der Drohnenkrieg gegen den islamistischen Terrorismus in Afrika, Nahost und Asien gar nicht möglich?

Dafür, dass Killerdrohnen aus Ramstein oder Stuttgart „gesteuert" oder ihre Einsätze dort „geplant" werden oder wurden, gibt es keinen ernst zu nehmenden Beleg. Auch der Kronzeuge der Anklage, der Drohnenkopilot Brandon Bryant, konnte dafür keine Hinweise liefern. Im Gegenteil, er verneinte, dass es so sei. Im Zweifel für den Angeklagten – das heißt in diesem Fall: im Zweifel für die Lesart der USA. Zweifel bleiben jedoch bestehen, das kann auch gar nicht anders sein vor dem Hintergrund des Auftretens der USA in der NSA-Affäre.

Anders sieht es mit der Behauptung aus, Ramstein diene der US-Army als Relaisstation für den Einsatz ihrer Drohnen in weit entfernten Regionen. Daran dürfte kaum noch ein Zweifel bestehen. Ebenso scheint klar zu sein, dass der BND über die Hauptstelle für das Befragungswesen Handy- und Geodaten an die Amerikaner geliefert hat.

KAPITEL 3

Aus dem Ruder gelaufen? Die NSA und der Traum von der digitalen Totalüberwachung

Spätestens seit den Enthüllungen Edward Snowdens steht die NSA weltweit am Pranger, und zwar außerhalb der USA mehr als in den Vereinigten Staaten. Die Vorwürfe wurden eingangs beschrieben. Zusammengefasst werfen die Kritiker dem größten Geheimdienst der USA vor, er wolle nichts weniger als die digitale Totalüberwachung der Welt. Die NSA wolle wissen, speichern und auswerten, wer wann was wo zu wem und warum sagt. Der Dienst ist aus dem Ruder gelaufen – zu diesem Ergebnis muss auch kommen, wer die eigentliche Aufgabe von Geheimdiensten, nämlich das eigene Volk vor Angriffen von innen und von außen zu schützen, gutheißt und ihnen nicht mit einem grundsätzlichen Misstrauen oder gar einer feindlichen Haltung entgegentritt.

Daten sind für die Geheimdienste im Kampf gegen Terrorismus und Verbrechen das A und O. Ohne Daten geht nichts. Daten hinterlässt in der modernen vernetzten Welt jeder Mensch, der sich bewegt oder in irgendeiner Weise kommuniziert, sei es im Internet, sei es beim Bezahlen mit einer Kreditkarte oder sei es auch nur, weil sein Smartphone in einer Funkzelle erfasst wird. Zusätzlich bleibt das Abhören von Telefongesprächen eine althergebrachte, aber nach wie vor effiziente Möglichkeit, einen Verdächtigen oder einen Täter zu überwachen.

Geheimdienste haben mannigfache Möglichkeiten, Daten von Personen oder Institutionen heimlich abzugreifen.

So können IT-Produkte und IT-Sicherheitsprodukte schon in der Entwicklungsphase, während der Herstellung oder bei der Auslieferung an den Kunden mit Schwachstellen infiziert werden. Im Visier stehen dabei sowohl herkömmliche Hard- und Software wie auch Spezialtechnologien wie Netzwerkkomponenten. Endsysteme können aber auch durch direkte oder indirekte Angriffe infiltriert werden. Direkte oder produktbasierte Angriffe können zudem bei jeder IT-Variante durchgeführt werden. Das gilt für simple PCs, Smart-TVs oder Handys ebenso wie für Spezialtechnologien wie Router. Auf diese Weise können auch bei Providern oder an Netzknoten Daten abgegriffen werden. Schließlich können Datenströme in Kabeln jeglicher Art – seien es Unterseekabel von Tausenden Kilometern Länge, seien es Kabel für Tastaturen oder Beamer – angezapft werden. Die NSA begnügt sich nicht mit einer oder einiger dieser Methoden. Sie nutzt alle – mit großem Erfindungsreichtum, Raffinesse und beeindruckenden technischen Fähigkeiten.

Maßgeschneiderte Zugriffe

2007 revolutionierte Apple mit dem ersten Modell des iPhone den Smartphone-Markt. Die Fans standen Schlange, um das neue Super-Spielzeug zu ergattern, sie campierten nachts vor den Apple Stores, um zu den ersten stolzen Besitzern zu gehören. Jeder hat die Fernsehbilder kreischender oder entrückt lächelnder junger Männer vor Augen, die ihr neues iPhone in der Hand hielten. Auch bei der NSA freute man sich, allerdings aus einem anderen Grund. Die Geheimdienstler nannten diese Leute hämisch „Zombies"

– denn sie wähnten sich zwar auf dem technisch neuesten Stand, hatten aber keine Ahnung davon, dass eine Spezialabteilung der NSA, die Tailored Access Operations (TAO), längst an einer geheimen Zugriffsmöglichkeit auf das Smartphone bastelte.

Die TAO verschafft sich Zugang zur Kommunikation unter anderem auf einem ganz anderen Weg: durch einen direkten Zugriff auf die Hard- oder Software technischer Geräte. Zum Teil macht sie das auf eine ganz altmodische, aber sehr perfide Art: Sie unterbricht die Lieferkette der Geräte vom Verkäufer zum Kunden. TAO-Mitarbeiter stehlen das Gerät während der Auslieferung, schaffen es in eine eigene Einrichtung und bauen einen geheimen Zugang, über den die NSA später die Kommunikation des Geräts überwachen kann, direkt in die Hardware ein. Dann verpacken die TAO-Leute das Gerät wieder schön säuberlich, sodass der Kunde von dem Eingriff nichts merkt. Von dem Moment an, wenn sich das Gerät mit dem Internet verbindet, ist die NSA direkt dabei. Der Kunde ahnt nichts davon, dass er ein infiziertes Gerät zuhause oder in seinem Unternehmen stehen hat. Und er kann es auch dem Produzenten oder Verkäufer nicht ankreiden, denn der ist genauso ahnungslos.

Doch die TAO entwickelt auch Hightech vom Feinsten. Und deshalb arbeiten in dieser Organisation mit ihren angeblich mehr als 1.000 Mitarbeitern die Besten der Besten. Sie tüfteln maßgeschneiderte Operationen (denn genau das bedeutet der Name) für Spähattacken aus. Sei es Spähsoftware für Rechner und Handys, Mobilfunk-Horchposten, manipulierte USB-Stecker oder unsichtbare Wanzen, die per Radarstrahlen senden – es gibt fast nichts, was die Experten nicht anbieten oder entwickeln können. Interessierte

NSA-Spione können ganz in Ruhe in einer Art Otto-Katalog schmökern und sich das Passende heraussuchen. Die Kostenspanne ist allerdings beträchtlich: Ist ein einfaches manipuliertes Monitorkabel schon für 30 Dollar zu haben, so muss man für eine „aktive GMS-Basisstation" (die sich als Handy-Funkmast ausgeben kann) 40.000 Dollar auf den Tisch legen. Und für 50 Computerwanzen, die unbemerkt über eine Funkverbindung Daten senden und empfangen können, werden eine Million Dollar fällig.[1]

Selbst für die NSA ist das viel Geld. Doch Qualität hat nun mal ihren Preis und die Gimmicks, die Major Boothroyd – besser bekannt unter dem Kürzel „Q" – dem MI5-Helden James Bond mit auf den Weg gibt, wenn dieser mal wieder die Welt retten soll, wirken gegen manche Erfindungen der TAO wie eine Pferdekutsche im Vergleich zu einem Porsche der neuesten Produktreihe. Die NSA sieht diese Attacken offenbar als eine Art chirurgischen Eingriff, denn hausintern werden sie Implantate genannt. Betroffen sind die Produkte von Unternehmen wie Cisco, Dell, Hewlett-Packard. Kritiker werfen der NSA vor, mithilfe dieser Implantate ein „globales Schattennetzwerk" errichtet zu haben. Auch die beiden NSA-Aussteiger William Binney und Thomas Drake wiesen die Abgeordneten im Untersuchungsausschuss speziell auf diese Implantate hin, von denen sie Hunderttausende über die ganze Welt verteilt vermuten. Laut *Washington Post* waren es Ende 2013 etwa 85.000 weltweit.[2] Nach Angaben der *New York Times* waren es Anfang 2014 100.000.[3] Auch für diesen Zugriff hat die NSA ein Programm mit dem Namen GENIE entwickelt. Mit seiner Hilfe sollen strategisch ausgewählte Ziele angegriffen und so ganze Netzwerke unter NSA-Kontrolle gebracht werden.

Rasante technische Entwicklung

Die technischen Möglichkeiten der NSA, aber auch anderer Geheimdienste wie dem britischen GCHQ und dem deutschen BND, auf Daten von Menschen in aller Welt zuzugreifen und sie zu analysieren, sind also vielfältig. Verblüffend viele Programme sind inzwischen bekannt geworden, viele andere (noch) nicht. Die Dunkelziffer dürfte um ein Vielfaches über den tatsächlich bekannten Maßnahmen liegen. Mit der Offenlegung des Massenüberwachungsprogramms PRISM fing alles an, sie war die erste Enthüllung Edward Snowdens. Schon bald zeigte sich, dass auch die Briten mitmischten. Sie entwickelten TEMPORA, ein Programm zum Absaugen von Daten aus Unterseekabeln. Die Entwicklung war technisch so hochstehend, dass selbst die NSA-Experten staunten und das Programm inzwischen nutzen.

Dabei sind die Geheimdienstler schon längst nicht mehr unbedingt auf die Inhalte von Telefongesprächen oder E-Mails angewiesen. Schon das Wissen, wer wann mit wem und von wo aus telefoniert oder geschrieben hat, kann äußerst wichtige Erkenntnisse bringen. Manche Experten sind sogar der Ansicht, sie seien aussagekräftiger als die Inhalte. Solche Metadaten liefern, so erklärt es Sandro Gaycken, Experte von der Freien Universität Berlin, grundlegende Informationen über Personen, Autoren von Dokumenten, soziale Netzwerke, genutzte Technologien, geografische Regionen, strategisch relevante Anomalien (wenn zum Beispiel ein religiöses Dokument im Iran ganz oder in Teilen auf Deutsch verfasst ist), Zeiten oder bestimmte Kommunikationsverhaltensweisen. Mithilfe solcher Daten können über Musteranalysen verdächtige

Kommunikationen und die dahintersteckenden Personen erkannt werden.[4]

Aber auch wenn Kritiker wie Bürgerrechtsorganisationen, Politiker oder NSA-Aussteiger wie Edward Snowden, Thomas Drake oder William Binney der NSA vorwerfen, die totale Herrschaft über das Internet anzustreben – perfekt scheint das System noch lange nicht zu funktionieren. Trotz all der vor wenigen Jahren noch undenkbar erscheinenden Fortschritte gehen den NSA-Saugern offenbar doch auch wichtige Daten und Erkenntnisse durch die Lappen. So war es zum Beispiel im Frühjahr 2013.

Das FBI bittet um Mithilfe

Die Stimmung war gut am 15. April 2013 in der Innenstadt von Boston. Man beging wie jedes Jahr den Patriots' Day mit einem Marathon, zu dem viele Sportler aus dem ganzen Land und aus dem Ausland anreisten. Die ersten Läufer hatten das Ziel bereits zwei Stunden vorher erreicht, als um 14:50 Uhr an der Zielgeraden binnen 13 Sekunden zwei Sprengsätze explodierten. Die Wirkung war verheerend. Drei junge Menschen verloren ihr Leben, der jüngste war ein achtjähriger Junge. 264 Sportbegeisterte, die sich das Spektakel am Straßenrand angesehen hatten, wurden verletzt, 14 davon so schwer, dass ihnen Gliedmaßen amputiert werden mussten. Die beiden Sprengsätze waren in abgestellten Rucksäcken explodiert und so war den Sicherheitsbehörden sehr schnell klar, dass es sich um eine terroristische Gewalttat handelte. Da es aber zunächst keine Hinweise auf die Täter gab, startete das FBI eine große Überwachungsaktion. Es bat die Menschen, die als Zuschauer in der Nähe des

Anschlagsortes gewesen waren, ihm ihre Handyfotos und -videos zur Verfügung zu stellen. Viele Menschen kamen dieser Bitte nach und tatsächlich gelang es binnen kurzer Zeit, die Tatverdächtigen auszumachen. Die Täter konnten schließlich gestellt werden. Es handelte sich dabei um die beiden Brüder Tamerlan und Dschochar Zarnajew. Der 26-jährige Tamerlan wurde auf der Flucht erschossen, sein sieben Jahre jüngerer Bruder gefasst und später zum Tode verurteilt. Beide waren radikale tschetschenische Islamisten, die in Kirgisistan aufgewachsen und zwölf Jahre zuvor mit ihrer Familie in die USA eingewandert waren. Diesem Land, das sie aufgenommen und ihnen geholfen hatte, ein neues Leben zu beginnen, hatten sie den Krieg angesagt.

Die große Überwachungsaktion des FBI, an der viele Menschen mitgewirkt hatten, indem sie ihre Fotos und Videos zur Verfügung gestellt hatten, hatte die Täter zur Strecke gebracht. Die Aktion war nicht ziel- und wahllos, sondern hatte einen konkreten Ausgangspunkt – anders als die Programme, mit denen die NSA auf Datenjagd geht.

PRISM

Eine andere Überwachungsaktion mit viel gigantischeren Ausmaßen als die Handy-Aktion des FBI hatte in diesem Fall völlig versagt: die Abhörmaßnahmen der NSA. Es war ein Zufall, dass der Bostoner Anschlag wenige Wochen vor den ersten Enthüllungen Edward Snowdens über das Programm PRISM stattgefunden hatte. Aber dieser Zufall verdeutlichte, dass die umfangreichen Abhörmaßnahmen der NSA den Anschlag nicht hatten verhindern können. Obwohl Dschochar und Tamerlan Zarnajew recht offen kommuniziert hatten, waren sie den Horchern der NSA durchs Netz gegangen. In diesem Fall war das sogar besonders tragisch, denn FBI und CIA waren vom russischen Geheimdienst FSB vor den Aktivitäten der Zarnajew-Brüder gewarnt worden. Ihre Recherchen hatten aber nichts Auffälliges ergeben.

PRISM befand sich im Jahr 2013 immerhin bereits seit mindestens sechs Jahren im Aufbau. Die Abkürzung steht für „Planning Tool for Resource Integration, Synchronization and Management". Mit diesem Programm, über das bis heute nur wenige technische Details bekannt sind, überwacht die NSA die Kommunikation über elektronische Medien umfassend. Dabei ist sowohl die live geführte als auch möglicherweise die gespeicherte Kommunikation betroffen. Zugriff darauf bekommen die Geheimdienstler über die Server von US-Unternehmen wie Google, Apple, Yahoo, Microsoft oder Facebook. Offizielles Ziel der NSA ist es, eine ausländische Person umfassend zu überwachen. Der Freigabe von Daten einer ausländischen Person durch ein amerikanisches Kommunikationsunternehmen muss das Foreign Intelligence Surveillance Court (FISC), ein 1978 geschaffenes elfköpfiges Richtergremium, zustimmen. Es tagt und entscheidet grundsätzlich geheim, kann aber seine Entscheidungen veröffentlichen. Das Gericht wird aber von der NSA anscheinend nicht für ganz voll genommen, jedenfalls gibt es offenbar eine Reihe von Überwachungsmaßnahmen, die an ihm vorbei gestartet wurden. Diese Geringschätzung kann nicht verwundern, denn das FISC hat selbst keinerlei Möglichkeiten, die Angaben der NSA zu überprüfen. Das Gericht selbst rügte mehrmals in den vergangenen rund zehn Jahren die Praxis der NSA. So war es nicht davon unterrichtet worden, als der Geheimdienst von 2006 bis 2009 eine große Menge von Telefonnummern mit den Verbindungsdaten aller in den USA geführten Gespräche verglichen hatte.[5] Außerdem monierte das FISC die hohe Zahl von Telefonverbindungsdaten amerikanischer Bürger, auf die die NSA verbotenerweise zugriff. Das brachte die NSA just zu Beginn der Snowden-Enthüllungen noch stärker unter Druck,[6] ebenso wie die zur selben Zeit durch deklassifizierte Dokumente bekannt gewordene Tatsache, dass das FISC schon zwei Jahre zuvor die seit 2008 festgestellte Überschreitung der Bestimmungen über das Abgreifen von Daten zur Internetkommunikation scharf kritisiert hatte.[7]

Hinzu kam wiederholt Fehlverhalten von Mitarbeitern der NSA, die ihre technischen Abhörmöglichkeiten dazu nutzten, die Lebensgefährtin oder den neuen Freund abzuhören oder ihn auszuspionieren. Eine verlockende Möglichkeit – schnell überprüfen, mit wem die Gattin telefoniert oder E-Mails schreibt –, die zu überraschenden und brisanten Erkenntnissen führen kann. Dieses LOVEINT genannte Verhalten bezeichnet also die Verwendung von nachrichtendienstlichen Kapazitäten für private Zwecke. Das ist natürlich auch in den USA nicht legal, aber allein die Tatsache, dass die Möglichkeit besteht, zeigt deutlich, dass die internen Strukturen keine Kontrolle gewährleisten. Die interne Führung ließ die eigenen Mitarbeiter und die Contractors, also die Vertragsarbeiter anderer Firmen, oftmals gewähren. Wer ständig die ganze Welt abhört, macht auch vor dem eigenen Partner oder dem Nachbarn nicht halt – vor allem, wenn man zum Ausspionieren den eigenen PC nutzen kann. Deutlich wird, dass auch der Schutz der amerikanischen Bürger vor der Sammelwut der NSA sehr zu wünschen übrig lässt.

Amerikaner und Sonstige

Es war eine merkwürdige Strategie, die Präsident Obama kurz nach Bekanntwerden der ersten Snowden-Enthüllungen wählte, um die NSA-Maßnahmen gegen Kritik zu verteidigen. In einem Interview sagte er am 18. Juni 2013: „Lassen Sie mich ganz deutlich sagen: Wenn Sie US-Bürger sind, dann kann die NSA nach geltendem Recht Ihre Telefongespräche nicht abhören … es sei denn, sie … wendet sich an ein Gericht und erwirkt eine entsprechende Genehmigung auf der Grundlage eines hinreichenden Verdachts, so wie es schon immer war."[8] Damit schloss Obama quasi aus, dass diese Beschränkung auch für Nicht-Amerikaner gilt. Seine Äußerung zeigt, dass ihm die Reaktionen innerhalb der USA wichtiger waren als die außerhalb des Landes. Möglicherweise war Obama gar nicht bewusst, wie seine Äußerung auf Nicht-Amerikaner wirken musste.

Richtig ist, dass aufgrund ihres ursprünglichen Auftrags die NSA tatsächlich nur in streng begrenzten Ausnahmefällen Bürger der Vereinigten Staaten überwachen darf. Zwischen 2002 und 2012 hat das FISC gut 20.000 Anfragen zur Überwachung von US-Bürgern positiv beschieden (in nur elf Fällen hat es diese Genehmigung verweigert). Das sind durchschnittlich etwa 2.000 pro Jahr – bei insgesamt 319 Millionen Einwohnern. Zur von Kritikern monierten zügellosen und unkontrollierten Massenüberwachung auch von Amerikanern wird das Ganze erst durch die Maßnahmen der NSA, bei denen der Geheimdienst gar kein Gericht um Erlaubnis fragt.

Rein juristisch wurden bis vor wenigen Jahren Ausländer vom US-Recht wie Rechtlose behandelt. Im Januar 2014 erließ US-Präsident Barack Obama jedoch aufgrund des öffentlichen Drucks nach den Snowden-Enthüllungen die Presidential

Policy Directive 28 (PPD 28). Die Direktive bestimmt die Leitlinien, an denen sich die Fernmeldeaufklärung durch die US-amerikanischen Behörden auszurichten hat. Section 2 trägt den Titel „Begrenzungen der Verwendung anlasslos gewonnener Fernmeldeinformationen". Sie dient dem Schutz bürgerlicher Freiheiten aller Personen – unabhängig von deren Staatsangehörigkeit und Aufenthaltsort. Zwar ist die anlasslose Informationsgewinnung den Nachrichtendiensten nicht untersagt. Jedoch ist eine Begrenzung der Verwendung der gesammelten Informationen für die Nachrichtendienste Pflicht, unabhängig von der Staatsbürgerschaft der Zielpersonen. Informationen dürfen nur für folgende Zwecke verwendet werden:

- Bedrohung der USA und deren Interessen durch Terrorismus
- Bedrohung der USA und deren Interessen durch Massenvernichtungswaffen
- Bedrohung der Cybersicherheit
- Bedrohung der Streitkräfte der USA und ihrer Verbündeten
- Grenzüberschreitende Bedrohungen krimineller Art, einschließlich verbotener Finanzierung und Vermeidung von Sanktionen im Zusammenhang mit den vorgenannten Zwecken

Durch Obamas Reform hat sich die Situation von Nicht-Amerikanern deutlich verbessert. Der Schutz ausländischer Bürger vor einer Überwachung durch die NSA ist heute sogar besser als der vor einer Überwachung durch den BND. Denn der deutsche Dienst bewegt sich bei der Überwachung von Ausländern im Ausland praktisch in einem rechtsfreien Raum, da der Schutz des Grundgesetzes nur für deutsche Staatsbürger gilt.

Da die großen Internetunternehmen von Google bis Facebook allesamt aus den USA kommen, ist eine Trennung der Daten von US-Amerikanern und Staatsbürgern anderer Länder nur sehr schwer möglich – und das war bis zu Obamas Reform ein großes Problem. Nach den Angaben eines NSA-Analysten aus dem Jahr 2013 war zum damaligen Zeitpunkt nur bei etwa 51 Prozent der abgeschöpften Daten sichergestellt, dass sie nicht von Amerikanern stammen.[9] Anders als die Bürger anderer Staaten sind die Bürger des eigenen Landes für die NSA keine Rechtlosen – das bedeutet aber noch lange nicht, dass der Geheimdienst diese Rechte auch tatsächlich respektiert.

Die betroffenen Unternehmen bestritten, dass sie von der Abschöpfung ihrer Daten durch die NSA wussten oder sie sogar genehmigt hatten. Dass das den Tatsachen entspricht, ist ziemlich unwahrscheinlich. Inzwischen wurden die vermutlichen Starttermine der Zusammenarbeit bekannt – sie lagen zwischen 2007 (Microsoft) und 2012 (Apple). Die Unternehmen können von den Behörden zur Teilnahme gezwungen werden. Sie können aber auch freiwillig teilnehmen. Allerdings scheint die Furcht vor einem Imageverlust sehr groß zu sein. Keines der Unternehmen möchte verständlicherweise, dass bekannt wird, dass es freiwillig der NSA Einblick in die Daten seiner Kunden gewährt hat.

Das Schweigekartell aus dem Silicon Valley

Das weltumspannende Internet ist keine rein amerikanische Erfindung, aber US-amerikanische Internetfirmen wie Facebook und Google beherrschen die virtuelle Welt. Auch in

Deutschland nutzen Millionen Menschen die Dienste der amerikanischen Unternehmen. Somit könnten viele Deutsche von den NSA-Überwachungsmaßnahmen alleine dadurch betroffen sein, dass sie ein Profil auf Facebook haben, einen Account bei Apple, Nachrichten über WhatsApp versenden oder regelmäßig bei Google Suchanfragen starten. Deshalb ist es legitim, erfahren zu wollen, inwieweit die betroffenen Unternehmen mit der NSA freiwillig oder gezwungenermaßen zusammenarbeiten. Daher hatte der NSA-Untersuchungsausschuss des Bundestages die CEOs von Facebook, Alphabet (Google), Apple und Microsoft mit Beschluss vom 22. Mai 2014 als Zeugen geladen. Der gemeinsame Auftritt von Mark Zuckerberg, Tim Cook, Eric Schmidt und Brad Smith im Paul-Löbe-Haus wäre sicher ein aufsehenerregendes Ereignis gewesen und hätte einiges zum Wissen der Abgeordneten und der Öffentlichkeit beitragen können. Nach Telefonaten des Ausschussvorsitzenden mit Unternehmensvertretern nahmen die Gespräche im Herbst 2016 wieder Fahrt auf. So unterstrich der Untersuchungsausschuss im Oktober mit einer erneuten Ladung der CEOs ihre Bedeutung für die Aufklärung von Fragen, die die deutsche Öffentlichkeit interessierten. Es wäre eine große Chance für die Unternehmen gewesen, verlorenes Vertrauen zurückzugewinnen, standen doch gerade Google und Facebook im Ruf, willige Helfer der NSA zu sein.

Erst sah es sogar so aus, als wollten die vier Unternehmen in Berlin erscheinen. Microsoft war zunächst offen für eine Aussage vor dem Untersuchungsausschuss. Das Unternehmen bemühte sich redlich, innerhalb der Abstimmungsrunden der großen vier Unternehmen untereinander zu einem möglichst konzertierten Auftreten gegenüber dem Untersuchungsausschuss zu gelangen. Schließlich teilte Apple dem

Ausschussvorsitzenden mit, eine „höherrangige Person" für die Zeugenanhörung benennen zu wollen. Vier Wochen später kommunizierten Apple und Microsoft, dass diese unternehmensinterne Diskussion nunmehr auf „oberster Ebene" der Konzerne stattfinde. Twitter, das ebenfalls in Verdacht geraten war, reagierte bis zum Ende der Verhandlungen nicht. Facebook hingegen verhielt sich von Anfang an passiv, wenn auch nicht vollkommen geräuschlos. Man wolle, so lässt sich aus einer Mitteilung entnehmen, einen Lobbyisten benennen. Die echten Entscheidungsträger, allen voran Mark Zuckerberg, sollten jedoch unbehelligt bleiben.

Klar ist: Unter den Unternehmen herrschte ganz offensichtlich Uneinigkeit über den Umgang mit der Ladung. In Dutzenden Telefonaten mit dem Ausschussvorsitzenden wurden immer wieder Rückfragen zum Format, zur Öffentlichkeitswirksamkeit der Anhörung und der Art der Befragung gestellt. Nach reichlichem Zögern schien ein Termin in greifbarer Nähe. Dann folgte jedoch eine Funkpause, während welcher die Unternehmen völlig abtauchten. Es rumorte ganz offensichtlich. Schließlich kündigten die Unternehmen an, General Counsels, die die Spitze der zweiten Reihe bilden, zur Zeugenanhörung zu schicken. Einige Wochen später stellten die Unternehmen dann plötzlich neue Bedingungen für die Teilnahme ihrer General Counsels. Sie sollten plötzlich nicht mehr als Zeugen, sondern als „Anhörpersonen" befragt werden, die Fragezeit sollte auf zwei Stunden begrenzt sein und es sollten alle zusammen befragt werden. Noch einmal zeigte sich der Untersuchungsausschuss auch hierzu bereit.

Doch dann waren die Unternehmen auch mit dieser Lösung nicht mehr zufrieden. Auf Drängen von Facebook zogen sich alle Unternehmen von ihren vorherigen Standpunkten zurück. Facebook wollte nicht kommen und überzeugte die anderen, sich solidarisch zu zeigen. Avisiert wurde nunmehr nur noch eine „informelle Beratungssitzung“ unter Ausschluss der Öffentlichkeit. Dies war für einen Untersuchungsausschuss, der unter dem Grundsatz der Öffentlichkeit verhandelt, untragbar. Nun hatten die Abgeordneten genug. Nur wenige Tage vor der geplanten Befragung einigten sich die Obleute darauf, die Sitzung abzusagen.

Die letztendliche Weigerung, vor dem Ausschuss öffentlich Rede und Antwort zu stehen, wirkte wie ein gemeinsam abgesprochenes Schweigekartell. Allerdings sollte auch eine andere Möglichkeit nicht ausgeschlossen werden – dass die Unternehmensbosse tatsächlich aussagen wollten, aber von der NSA oder der US-Regierung mit mehr oder weniger sanftem Druck daran gehindert oder daran erinnert wurden, dass ein solcher Schritt sich ungünstig auf die Beziehungen zur Regierung auswirken könne. Dass das Weiße Haus nicht daran interessiert war, dass die Firmenchefs in der Öffentlichkeit vielleicht das eine oder andere Geheimnis ausplaudern, liegt auf der Hand, obwohl es doch sogar der NSA dreieinhalb Jahre zuvor erlaubt hatte, an die Öffentlichkeit zu gehen … zumindest ein Stück weit.

Apple hatte von Anfang an eine Teilnahme vor dem Untersuchungsausschuss in Aussicht gestellt, war das Unternehmen doch der Meinung, dass es Hardware produziere und daher nicht unmittelbar als Datenlieferant der NSA dienen könne. Vorausgegangen war das neueste Kapitel des jahrzehntelangen Crypto War zwischen Technologiekonzernen im Silicon Valley und den US-Behörden. Im Zuge der Aufklärung des Terroranschlags vom Dezember 2015 in San Bernardino, bei dem 14 Menschen getötet wurden, wollte das FBI per Gerichtsbeschluss die Entschlüsselung des Zugangs zum iPhone des Attentäters Syed F. erzwingen. Selbst das mächtige FBI war offenbar technisch nicht in der Lage, den nutzerdefinierten Zugangscode unter Umgehung der Apple-Sicherheitsvorkehrungen im Betriebssystem iOS 8 zu knacken. Die früher gängige Brute-Force-Methode, bei der ein Computersystem schlicht sämtliche denkbaren Zahlenkombinationen bis zum Treffer testet, war zur Dechiffrierung nicht mehr geeignet. Bei der zehnmaligen Eingabe eines falschen Codes hätte sich nämlich der gesamte Inhalt des Smartphones gelöscht und das FBI wäre nie an die Informationen gelangt, die es zur Ermittlung der Hintermänner des Terroranschlags benötigte.

Apple wehrte sich in einem öffentlichkeitswirksamen Rechtsstreit gegen die Anordnung. Der Technologiekonzern befürchtete, dass mit einem Präzedenzfall Tür und Tor für das massenhafte Auslesen der Inhalte von iPhone-Nutzern geöffnet würden. Das FBI zog sein Gesuch schließlich zurück, da es mithilfe eines externen Anbieters angeblich gelang, den Code auch ohne Hilfe der Apple-Ingenieure zu knacken. Dieser Abwehrkampf gegen den Zugriff der Behörden steht exemplarisch für die Schwierigkeit, eine Balance zu finden zwischen Datenschutz und Mitteln zur Aufklärung von Terroranschlägen wie jenem in San Bernardino. Ob das FBI das Gesuch nur aus taktischen Erwägungen zurückzog oder tatsächlich die Sicherheitsvorkehrungen aushebeln konnte, bleibt ein Rätsel. Vielleicht war es auch politisch gesehen klüger, einfach zu behaupten, dass man den Code geknackt hatte und so eine Zuspitzung verhinderte. Und auf jeden Fall konnten die FBI-Experten auf diese Weise ihr Gesicht wahren. Nach der Absage des Termins boten insbesondere Google und Microsoft Einzelgespräche ihrer General Councils mit dem Ausschuss an. Darauf verzichteten die Ausschussmitglieder aber.

Am 7. Februar 2017 begann eine Anhörung vor dem höchsten Straf- und Zivilgericht Irlands, dem Irish High Court, in einem Verfahren des EU-Datenschutzbeauftragten gegen Facebook. Das Verfahren ist ein direktes Resultat der Snowden-Enthüllungen. Es geht dabei um die Frage, ob die NSA mit PRISM das Safe-Harbor-Abkommen mit der EU aus dem Jahr 2000 ausnutzte, um Inhalte und Datenströme europäischer Staatsbürger auszulesen. Das Abkommen regelt die Weitergabe von Daten durch Unternehmen aus der EU an die USA. Der Europäische Gerichtshof hatte in dieser Sache bereits im Oktober 2015 im Sinne der EU entschieden. Die Europäer vermuteten jedoch, dass die USA diese Praxis noch nicht abgeschaltet hatten. Die US-Regierung tritt als Amicus Curiae vor dem Irish High Court auf, also als Beteiligter, ohne selbst Partei zu sein – ein ungewöhnlicher Schritt.

Clappers Lüge

James Clapper war in der Bredouille. Am 12. März 2013 stand der Direktor der US-Nachrichtendienste im Kongress in Washington bei einer Anhörung Rede und Antwort. Der immer ein bisschen knurrig wirkende Glatzkopf mit dem Beatnik-Bärtchen wollte an diesem Tag nicht mit der Wahrheit herausrücken. Das in seinen Augen höchste Gut, nämlich die Geheimhaltung der NSA-Aktivitäten, stand auf dem Spiel, als ihn der demokratische Senator Ron Wyden fragte: „Sammelt die NSA überhaupt irgendeine Art von Daten über Millionen oder Hunderte Millionen von Amerikanern?“ Clapper antwortete: „Nein … nicht wissentlich.“ Gerne hätte man gewusst, wie eine Geheimdienstbehörde mit 40.000 Angestellten Milliarden von Datensätzen sammeln kann, ohne selbst davon zu wissen. Clappers Aussage war jedenfalls eine dreiste Lüge. Kurze Zeit später, als er öffentlich ertappt worden war, bezeichnete er sie als „die am wenigsten unwahre" Version der Realität.[10]

Glaubt man Edward Snowden, so hatte diese Lüge indes eine historische und sehr weitreichende Wirkung, die Clapper sicher nicht erahnen konnte. Denn weit entfernt von Washington, auf Hawaii, verfolgte Snowden Clappers Worte. Und er war wütend, sehr wütend, denn er wusste es ja besser, weil er interne NSA-Unterlagen gelesen hatte, die das Gegenteil besagten. Nach der Clapper-Anhörung sei er zur Tat geschritten und habe begonnen, die Dokumente über die NSA herunterzuladen, behauptete er später. Sollte Snowden noch einmal ins Grübeln gekommen sein, nachdem er mit dem Download der Daten bereits begonnen hatte, so war er nun wohl endgültig von seinem Handeln überzeugt.

Angriff ist die beste Verteidigung

Unmittelbar nach den ersten Enthüllungen im *Guardian* über PRISM, die auf Informationen Edward Snowdens basierten, wurde Clapper – und damit auch Präsident Obama – aber klar, dass ein Abstreiten der Erkenntnisse über das Horchprogramm nicht mehr möglich war. Clapper entschloss sich – sicher nicht ohne Genehmigung aus dem Weißen Haus –, in die Offensive zu gehen, getreu dem Motto: Angriff ist die beste Verteidigung. Am 6. Juni 2013 veröffentlichte er ein Statement, in dem er zwar eingestand, dass es ein solches Programm gebe (einen Namen erwähnte er nicht). Zugleich aber verteidigte er dieses Programm vehement und verband damit Attacken auf Snowden und die Medien, die dessen Aussagen verbreitet hatten. Ihm war klar, dass er die amerikanische Bevölkerung – wenn überhaupt – nur noch mit einem Teilgeständnis und der Warnung vor den Gefahren des internationalen Terrorismus auf seine Seite ziehen konnte.

Das Statement betonte, dass die Einhaltung der gesetzlichen Beschränkungen die höchste Priorität habe, wenn es darum gehe, die Informationen zur nationalen Sicherheit zu analysieren und zu verstehen. Es ließ keinen Zweifel daran, dass die Veröffentlichung des Artikels der eigenen Fähigkeit, Gefahren zu erkennen, einen lang andauernden und unumkehrbaren Schaden zugefügt habe. Der Artikel habe Schlüsselinformationen darüber weggelassen, wie ein geheimes Sammelprogramm genutzt werde, um terroristischen Attacken vorzubeugen und private und zivile Freiheiten zu schützen. Das Programm sei von der Regierung und Mitgliedern des Kongresses mehrfach abgesegnet worden, zuletzt 2011. Man halte sich an die vom Foreign Intelligence Surveillance Act (FISA) vorgesehenen Bestimmungen. Nur eine sehr kleine Zahl der Aufzeichnungen würde jemals genutzt, weil die große Mehrheit der Daten nichts mit irgendwelchen Terrorismus-bezogenen Anfragen zu tun habe. An dieser Stelle gab Clapper also eindeutig zu, dass die Zahl der aufgezeichneten Daten erheblich größer war als die Zahl der Daten, die wirklich etwas mit Terrorismus zu tun haben könnten. Clapper schloss sein Statement mit dem Bekenntnis, dass die Geheimdienste die zivilen Freiheiten und die Privatsphäre aller amerikanischen Bürger respektierten. Dieser letzte Satz des Statements ist höchst bedeutungsvoll, denn Clapper sprach an dieser Stelle ausdrücklich von amerikanischen Bürgern, nicht von denen anderer souveräner Staaten, wie beispielsweise uns Deutschen.[11]

Das gerade erst offensichtlich gewordene Versagen der NSA vor dem Anschlag auf den Boston-Marathon hinderte James Clapper nach Snowdens ersten Enthüllungen nicht daran, zu behaupten, dass durch die Aktivitäten seiner Behörde zahlreiche Anschläge verhindert worden seien. Es ist immer ein Dilemma der Sicherheitsbehörden, dass sie nicht mit der vollen Wahrheit über ihre tatsächlichen oder angeblichen Erfolge herausrücken können, wenn ihre Arbeit unter Beschuss gerät. Das geht dem Bundesnachrichtendienst genauso. Geheimdienste stehen für gewöhnlich nur dann im Rampenlicht der Öffentlichkeit, wenn sie versagt oder tatsächlich oder angeblich gegen gesetzliche Bestimmungen verstoßen haben. In diesem Zusammenhang ist auffällig, dass in jüngster Zeit immer häufiger auch von erfolgreichen Aktionen im Antiterrorkampf in den Medien berichtet wird. Normalerweise werden diese Erfolge allerdings als selbstverständlich hingenommen – und zwar sowohl von der Allgemeinheit als auch gerade von denjenigen politischen und gesellschaftlichen Gruppen, die den Geheimdiensten ein grundsätzliches Misstrauen entgegenbringen.

Doch für seine Argumentation, dass die Überwachung mithilfe von PRISM nicht nur legal, sondern auch sinnvoll sei, bekam Clapper ein Jahr nach Snowdens Enthüllungen Schützenhilfe vom Privacy and Civil Liberties Oversight Board (PCLOB), einer unabhängigen amerikanischen Datenschutzkommission. Sie befand in einer von Präsident Obama und vom Kongress gemeinsam in Auftrag gegebenen Untersuchung, dass das Spähprogramm rechtmäßig sei. Dass offenbar auch massenhaft Daten von US-Bürgern abgeschöpft wurden, sei allerdings „nah an der Grenze der verfassungsrechtlichen Angemessenheit". Vor allem aber sei PRISM eine sinnvolle Möglichkeit zum Schutz der USA und anderer Länder vor terroristischen Anschlägen. Mehr als ein Viertel der NSA-Berichte zu Terrorgefahren basierte zumindest teilweise auf Erkenntnissen aus dem Spähprogramm. Die US-Regierung habe „Prioritäten, Strategien und Taktiken" von Terrorgruppen verstehen gelernt und „zuvor unbekannte Individuen, die in den internationalen Terrorismus verwickelt sind", identifiziert. Beim Versuch, Terrorattacken in den USA und anderen Ländern zu verhindern, spiele PRISM eine Schlüsselrolle.[12]

Ein Datensauger der Extraklasse: XKeyscore

Doch PRISM wird sogar noch getoppt. Der erfolgreichste Datensauger der NSA nennt sich XKeyscore und ist seit 2007 in Betrieb. XKeyscore ist ein Werkzeug, mit dessen Hilfe die Daten auf angezapften Kommunikationswegen praktisch komplett ausgewertet werden können. Es handelt sich um ein Ausspäh- und Verwertungstool. Es sammelt neben Metadaten auch die Inhalte von E-Mails und Chats in sozialen Netzwerken wie Facebook oder Twitter einschließlich Username, Kontakten oder Cookies und speichert den Browserverlauf. Die Überwachung der sozialen Netzwerke steht bei der NSA besonders hoch im Kurs, weil die User dort besonders viele persönliche Dinge von sich preisgeben – und das auch noch ganz freiwillig. So lasse sich häufig ein gutes Persönlichkeitsbild erstellen, schwärmen die Verantwortlichen. XKeyscore ist in der Lage, jede extrahierte Datei, die bei einer Sitzung sichtbar wird, zu erfassen, ebenso sämtliche Telefonnummern, die bei einer Sitzung zum Beispiel über das Telefonbuch sichtbar werden. Ein NSA-Analyst kann angeblich ohne große Mühe auf die gespeicherten Daten, die ihn gerade interessieren, zugreifen und nach bestimmten Namen, E-Mail-Adressen, IP-Adressen oder Schlüsselwörtern in Suchmaschinen suchen. XKeyscore ist auch in der Lage, eigenständig Dateien nach Metadaten und verschiedenen Kriterien zu sortieren und ermöglich es somit Analysten, sie leichter zu handhaben. Die Daten können nach einem Index gespeichert werden.[13]

Das Programm kann tief in die erfassten Datenströme eintauchen, die Daten sammeln und verarbeiten. Zugleich sucht es nach neuen Webdiensten, die den Geheimdienstlern noch unbekannt sind, aber von Personen unbemerkt genutzt werden könnten. Die Masse der erfassten Daten ist schier unübersehbar. Schon im Startjahr von XKeyscore soll das Programm 850 Milliarden Telefonverbindungen und fast 150 Milliarden Internetverbindungen erfasst haben. Täglich sollen damals eine bis zwei Milliarden Datensätze hinzugekommen sein.[14] Innerhalb der vergangenen zehn Jahre dürfte deren Zahl noch einmal erheblich gewachsen sein. Unterstützt wird XKeyscore durch andere Programme wie BLARNEY, das bei der NSA ebenfalls sehr hoch im Kurs steht.

Laut NSA ist der Zugang zu XKeyscore „wie der zu allen anderen NSA-Analysewerkzeugen beschränkt auf Personal, das diese Zugänge braucht, um seine Aufgaben zu erfüllen". Zudem gebe es viele Kontrollinstanzen, technische wie menschliche, „um den absichtlichen Missbrauch des Systems zu verhindern", behauptet die NSA. Anschuldigungen, dass die NSA-Analysten in großem Umfang und unkontrolliert Zugang zu den Datensammlungen hätten, seien schlicht nicht wahr. Wenn das stimmen würde, dann müsste Edward Snowdens Angabe, er habe Zugang zu allen

Daten gehabt, die er nur habe einsehen wollen, falsch sein – was die NSA ja auch immer behauptet hat. Die Frage ist allerdings, inwieweit öffentlichen und offiziellen NSA-Angaben zu trauen ist.

Ob es nun den Tatsachen entspricht oder nicht – einen Punkt darf man nicht außer Acht lassen, wenn es um eine Gesamtbeurteilung geht: Allein bis 2008, also innerhalb eines Jahres, sollen sich in den riesigen Fangnetzen der NSA mithilfe von XKeyscore rund 300 Terroristen verfangen haben. In diesem Fall erscheint die Angabe durchaus glaubwürdig, denn sie wurde nicht im Zuge der offiziellen und öffentlichen NSA-Verteidigungsstrategie bekannt, sondern fand sich in als „streng geheim" klassifizierten Dokumenten.[15]

Mastering the Internet: TEMPORA und die "Special Sources Operations"

XKeyscore ist technisch gesehen fraglos eine Meisterleistung. Doch die NSA-Experten staunten nicht schlecht, als ihre engsten Partner, die Kollegen vom britischen Geheimdienst GCHQ, ihnen 2012 stolz ihre eigene Erfindung präsentierten: TEMPORA. Teile des Programms liefen bereits seit 2009, vollständig nahm es den Betrieb im Jahr 2011 auf. Das Ziel: „Das Internet beherrschen" (Mastering the Internet) und „Ausbeutung der globalen Telekommunikation" (Global Telecoms Exploitation). Die Briten gaben die gewonnenen Informationen an die Kollegen in Fort Meade weiter. Die wiederum unterstützten die Briten mit technischem Know-how und Manpower. Diese Zusammenarbeit hat Tradition, denn Daten aus Kabeln haben Amerikaner und Briten schon Jahrzehnte früher gemeinsam abgesaugt.

Eine alte Tradition

Kabel FK 150 reizte die Experten von der amerikanischen CIA und deren Kollegen vom britischen Auslandsgeheimdienst Secret Intelligence Service (SIS), besser bekannt unter dem Namen MI6. Es lag 70 Zentimeter unter der Erde, am heißesten Ort des Kalten Krieges, mitten in Berlin. 1953 lag das Telefonkabel schon seit Jahrzehnten unter der Erde und war schon recht marode; es verlief durch den sowjetischen Sektor der geteilten deutschen Hauptstadt und es barg einen Schatz: den Telefon- und Fernschreiberverkehr der sowjetischen Besatzungsbehörden. Diesen Schatz wollten die beiden eng verbundenen West-Alliierten gemeinsam heben – die Franzosen, eigentlich der Dritte im Bunde, ließen die beiden lieber außen vor. Zu heikel war die ganze Sache. Doch wie sollte man an das Kabel herankommen, um es anzuzapfen? Die Idee hatten schließlich die Engländer, die etwas Vergleichbares schon zuvor im ebenfalls geteilten Wien gemacht hatten, wenn auch in einem viel kleineren Rahmen: ein Tunnel, der unter der Zonengrenze von West nach Ost führte. Nach einjährigen Vorarbeiten begannen schließlich im Herbst 1954 die Grabungsarbeiten.

Am 28. Februar des folgenden Jahres war der Tunnel fertig. Er hatte eine Länge von 450 Metern, zwei Drittel davon befanden sich auf der östlichen Seite. Dann machten sich die britischen Experten daran, die eigentlichen Abhöranlagen zu bauen. Rund ein Jahr lang belauschten Briten und Amerikaner anschließend gemeinsam die Sowjets. Auf amerikanischer Seite war ein Mann namens Frank Rowlett federführend, der als einer der fähigsten Entschlüsselungsexperten des 20. Jahrhunderts gilt. Er wechselte einige Jahre später – zur NSA.

Am 22. April 1956 flog die Lauschaktion, an der insgesamt 600 Amerikaner und Briten mitgewirkt hatten, auf. Sowjetische Soldaten schlossen den Tunnel, der Informationsstrom versiegte. Doch zuvor hatten die beiden West-Alliierten zahllose wichtige Informationen erhalten, an die sie auf anderem Wege nie herangekommen wären. Die Beute war für damalige Verhältnisse gigantisch: Es wurden 368.000 Telefongespräche in russischer und 75.000 in deutscher Sprache abgefangen und zur Auswertung nach London geschickt, denn für die Telefongespräche waren die Briten zuständig. Doch auch die Amerikaner konnten sich über Arbeit nicht beschweren: Sie freuten sich über 29.000 Bänder mit Fernschreiben. Es dauerte noch mehr als zwei Jahre, bis alles gelesen und abgehört war. Die Aktion war für CIA und SIS ein voller Erfolg – während seiner Existenz war der Tunnel die wichtigste Nachrichtenquelle der West-Alliierten gewesen.[16]

Die Blutsauger aus Bude

Die alte Freundschaft von damals lebt. Die Kabel allerdings, um die es heutzutage geht, sind viel länger als das alte, marode Ostberliner FK 150. TAT 14 zum Beispiel, ein Glasfaser-Unterseekabel, erstreckt sich über 15.295 Kilometer und hat seinen Ausgangspunkt in dem kleinen ostfriesischen Städtchen Norden. Es verfügt über zwei Trassen, von denen die eine über Katwijk in den Niederlanden, Saint-Valery-en-Caux in Frankreich und die Widemouth Bay bei Bude in Großbritannien führt und dann weiter durch den Atlantik nach Tuckerton und Manasquan im US-Bundesstaat New Jersey. Diese Route macht es sehr interessant für den GCHQ und die NSA. Denn in Bude befindet sich ein gemeinsamer

Stützpunkt der zwei Geheimdienste. Schon seit vielen Jahren wird von hier aus auch Satellitenaufklärung betrieben, wovon die 29 großen Antennenanlagen auf dem Gelände zeugen. Doch die Gewichte haben sich längst in Richtung Unterseekabel verschoben. Und bei Bude verläuft nicht nur TAT 14, sondern auch weitere Unterseekabel streben hier vorbei. TAT 14 hat für Deutschland eine große Bedeutung, denn durch dieses Kabel werden praktisch die gesamten Internetaktivitäten des Landes geführt.

Die Unterseekabel sind wie die Adern des Internets und sie müssen angezapft werden, um überhaupt an Daten zu gelangen. Und genauso, wie ein Arzt Kanülen an menschliche Adern anlegt, um aus ihnen Blut abzusaugen, so legt der GCHQ Kanülen an, um die Daten aus den Kabeln zu saugen. Das Programm haben die Briten TEMPORA genannt – es ist eines der effektivsten Programme, das sich Geheimdienste jemals ausgedacht haben. „TEMPORA ist das Programm, mit dem sozusagen Daten vom Internet abgesaugt werden in großen Massen ... einfach zwischengespeichert, irgendwo hineingepumpt", berichtete der Experte Frank Rieger vom Chaos Computer Club im Untersuchungsausschuss. 2012 hatten die Briten offenbar bereits Zugriff auf 200 Unterseekabel mit einer Datenrate von jeweils zehn Gigabit, von denen sie 46 gleichzeitig anzapfen konnten. Pro Tag gingen schon damals auf diesem Weg 40 Milliarden Datenpakete bei ihnen ein. Die Zahlen dürften fünf Jahre später deutlich größer sein. Dabei handelt es sich nicht nur um Metadaten, sondern um die kompletten Kommunikationsinhalte – gigantische Zahlen und so ist es kein Wunder, dass die Experten von der NSA ins Schwärmen gerieten.

Die Briten können allerdings noch so gut sein beim Absaugen fremder Daten – nur auf ihre Freunde würden die Amerikaner sich nie verlassen. Schon vor TEMPORA hatte die NSA in ihrem Hauptquartier in Fort Meade die Abteilung „Special Sources Operations“ (SSO) gegründet. Mit verschiedenen Programmen überwacht die SSO die Telekommunikation kompletter Länder oder die von Ministerien anderer Staaten. Das funktioniert kurz gesagt so: US-Kommunikationsunternehmen, die mit Unternehmen anderer Länder Kooperationen eingegangen sind und dadurch auf deren Daten zurückgreifen können, leiten ebendiese Daten an die NSA weiter. Und auch die SSO zapft die Unterseekabel an. Das wird ihr durch eine Tatsache sehr leicht gemacht, die NSA-Aussteiger William Binney im Untersuchungsausschuss betonte: „Rund 80 Prozent der weltweiten Volumenkapazitäten von Glasfaserleitungen durchqueren die Vereinigten Staaten.“ Sowohl an der West- als auch an der Ostküste existierten Abfangpunkte, um an die Informationen zu kommen. Binney weiter: „Sie müssen die USA wirklich nicht verlassen, um an eine große Masse von Kommunikationen aus der ganzen Welt zu kommen.“ Nach eigenen Angaben hatten sie 2010 Zugriff auf rund 60 Prozent der Inhalte, die durch das Internet fließen, und 75 Prozent der Metadaten. Die Zahlen dürften sich seitdem zweifellos noch erhöht haben.

Verloren im Ozean der Daten

Die Möglichkeiten der NSA sind vielfältig, unübersichtlich und werden wohl niemals vollständig bekannt werden. Nur ein Problem bereitete den Schnüfflern gewaltige Sorgen: Das allermeiste Material, das sie absaugten, konnten sie gar nicht verwenden. Denn die Kapazitäten ihrer Speicher waren so gering, dass sie die große Masse an abgefangenen Daten häufig schon nach 24 Stunden wieder löschen mussten – zu kurz, um in diesem unübersehbaren Heuhaufen aus Informationen genau die eine Stecknadel zu finden, die man suchte. Selbst bei TEMPORA belief sich die Speicherdauer für komplette Informationspakete nur auf drei Tage und die für Metadaten auf 30 Tage – die Datenkraken versanken im Ozean der Informationen.[17] Ziel musste es sein, das zu ändern, und die rasant wachsenden technischen Möglichkeiten, Speicherkapazitäten in ganz neuen Dimensionen zu schaffen, ließen die NSA das Problem angehen.

Der Speichergigant im Dorf der Polygamisten

Der kleine Ort Bluffdale, mitten im Mormonenstaat Utah gelegen, ist ein Flecken, auf den manche Amerikaner schon immer geblickt haben, sei es aus moralischer Empörung, sei es aus Neid. In Bluffdale ist die Apostolic United Brethren beheimatet, eine Sekte von Polygamisten mit 9.000 Mitgliedern. Die Zahl der Mitglieder hat sich zwischen 1978 und 2013 verdoppelt, die der geschlossenen Ehen verdreifacht. Das Treiben auf dem Gelände der Sekte mögen die einen verurteilen, andere würden gerne dabei sein. Aber jeder wüsste gerne genauer, was in der Sekte vor sich geht.

So geht es noch viel mehr Amerikanern mit einem neuen Gebäudekomplex, der nur eine knappe Meile entfernt in den Sand von Utah gebaut wurde. Seine Dimensionen sind allerdings ganz andere als die der Polygamistensekte. Nach unterschiedlichen Medienberichten sollen Räumlichkeiten von bis zu 150.000 Quadratmetern geschaffen worden sein; das Technik-Magazin *Wired* schätzte, der Komplex sei mehr als fünf Mal so groß wie das Kapitol in Washington.[18] Die Kosten sollen sich auf rund zwei Milliarden US-Dollar belaufen, allein die kleine Festung, die als Pförtnerhaus diene, habe es auf 14 Millionen gebracht, vermutete *Spiegel Online*.[19] Das ganze Gelände ist natürlich militärisches Hochsicherheitsgebiet.

Dieser Gebäudekomplex soll gigantische Server beherbergen, auf denen die NSA alle ihre Schätze speichert, die sie aus dem Netz gefischt hat; alle Formen der Kommunikation, inklusive den kompletten Inhalten aller privaten E-Mails, Telefongespräche und Google-Sucheingaben und noch vieles mehr. Die NSA benötigt diese riesigen Kapazitäten, denn anders als der BND speichert sie alles, was sie sich aus dem Netz fischt, und wertet es dann bei Bedarf aus. Der BND dagegen filtert sofort, nachdem er Zugriff auf Daten hat, das heraus, was ihn aktuell interessiert. Der ganz große Rest wird sofort gelöscht. Seit Bluffdale in Betrieb gegangen ist, hat die NSA ein Problem weniger.

Five Eyes – fünf Augen sehen besser

Im August 1940 beschlossen Großbritannien, das sich schon seit einem Jahr im Krieg mit dem Dritten Reich befand, und die USA die gemeinsame Aufklärung der Kommunikation der Achsenmächte Deutschland, Italien und Japan sowie deren Verbündeter. Als ab 1946 der Gegner nicht mehr Deutschland hieß, sondern im heraufziehenden Kalten Krieg die Sowjetunion und der entstehende Ostblock an seine Stelle trat, hielten Washington und London an der Zusammenarbeit fest und intensivierten sie weiter. Beide Regierungen schlossen das UKUSA-Abkommen und verzahnten damit ihre Auslandsgeheimdienste – die Briten den GCHQ, die Amerikaner ab 1952 die NSA (die in diesem Jahr gegründet wurde). Sie erlaubten noch den Beitritt der drei britischen Dominions Kanada, Australien und Neuseeland – fertig war der exklusivste Geheimdienstklub der Welt. Kein anderes Land durfte in den folgenden Jahrzehnten diesem Klub, der bald die Five Eyes genannt wurde, beitreten, die fünf blieben unter sich. Auch Frankreich, das 2010 an die Tür klopfte, erhielt keinen Zutritt, ebenso wenig die deutsche Bundeskanzlerin, die angeblich nach den Snowden-Enthüllungen Interesse angemeldet hatte.

Die Zusammenarbeit innerhalb des 5-Augen-Klubs basiert auf Gemeinsamkeiten, die weder Frankreich noch Deutschland noch viele andere Länder mit den Mitgliedsländern haben. Alle sprechen dieselbe Sprache, habe sehr ähnliche Rechtssysteme und politische Überzeugungen, Wirtschaftssysteme und kulturelle Identitäten. Das schließt den vollständigen Beitritt anderer Staaten, die alle diese Gemeinsamkeiten nicht aufweisen können, eigentlich aus. Sollte Angel Merkel dennoch gehofft haben, dass nach einem Beitritt ihr Mobiltelefon vor dem Abhören durch die NSA sicher wäre, so musste der Auftritt von Eric King im NSA-Untersuchungsausschuss eine Enttäuschung für sie sein. Denn King, Direktor des britischen Bürgerrechtsbündnisses „Don't Spy on Us", räumte dort bei einer Anhörung mit einem ganz alten Vorurteil auf, nachdem sich die fünf Augen gegenseitig nicht bespitzeln. Es gebe in dem Bündnis kein absolutes No-Spy-Abkommen. Wenn es die nationale Sicherheit erfordere, spionierten die jeweiligen Geheimdienste auch Bürger oder Unternehmen der anderen Partnerländer aus, so King.[20] Wie praktisch, dass der Begriff „nationale Sicherheit" so dehnbar ist.

Gleichwohl ist die Zusammenarbeit der fünf Länder im Spionagesektor bemerkenswert eng. Schon im Gründungsdokument, das erst seit 2010 öffentlich zugänglich ist, ist vereinbart, dass alle fünf Geheimdienste die „Produkte" ihrer nachrichtendienstlichen Operationen gegen ausländische Regierungen austauschen. Das bedeutet, dass „die gesamte Kommunikation der Regierung und der militärischen Streitkräfte eines fremden Landes, einschließlich Luftwaffe und Marine, aller Fraktionen, Parteien, Ministerien, Behörden und Dienststellen sowie jeder Person und aller Personen, die für dieses Land handeln oder vorgeben zu handeln", unter die mögliche Überwachung fallen kann.[21]

Die Geheimdienste seien so eng verquickt, dass ein Mitarbeiter der NSA mit seiner Karte sogar in der Kantine des britischen GCHQ zahlen könne, berichtete Experte King im Untersuchungsausschuss. Sie seien sogar so stark verzahnt, dass teilweise gar nicht unterscheidbar sei, von welchem Dienst eine bestimmte Erkenntnis stamme. Der Vorteil liegt auf der Hand: Die enge Anbindung steigert nach dem althergebrachten Motto „Gemeinsam sind wir stark" die Effektivität der Arbeit und schont die Kapazitäten. So haben die fünf Geheimdienste auch die Welt in fünf Teile aufgegliedert. Die Amerikaner sind zuständig für Lateinamerika und den größten Teil Asiens, ebenso für das nördliche China und Russland. Großbritannien überwacht Afrika und die westlichen Nachfolgestaaten der Sowjetunion, die Kanadier die Polargebiete Russlands, Australien übernimmt seine Nachbarstaaten, dazu das südliche China und den südostasiatischen Raum. Neuseeland schließlich, dem kleinsten Partner, gehört der westliche Pazifik. Allzu starr darf man sich diese Aufteilung allerdings auch nicht vorstellen – sicher werden vor allem die beiden Großen, die USA und Großbritannien, auch in anderen Teilen der Welt aktiv, wenn sie das für wirklich notwendig erachten.

Kritiker wie die Aktivisten von „Don't Spy on Us" gehen davon aus, dass die fünf Geheimdienste einen Ringtausch veranstalten, das heißt sich von den Partnerdiensten die Daten holen, die sie selbst aus rechtlichen Gründen nicht erheben dürfen. Dem BND konnte dies bei den dreijährigen Untersuchungen über seine Zusammenarbeit mit der NSA nicht nachgewiesen werden, gleichwohl werfen auch ihm seine Kritiker diese – verbotene – Vorgehensweise vor. Ein Beispiel für die möglicherweise illegale Zusammenarbeit ist die Operation Muscular, mit der der GCHQ die Kabel zwischen den Datenzentren von Google und Yahoo anzapfte – nicht allerdings in den USA, sondern an Unterseeleitungen zwischen Großbritannien und Irland.

Auch wenn keine anderen Staaten in den exklusiven Klub der Five Eyes aufgenommen werden, heißt das nicht, dass diese nicht mit Drittstaaten zusammenarbeiten. Insgesamt sollen 40 Staaten, darunter 23 europäische, in eingeschränkter Weise am Austausch der Informationen beteiligt sein.

Mit Echelon gegen die eigenen Freunde

Ein berüchtigtes Projekt der Five Eyes ist Echelon. Vermutlich schon seit den 1970er-Jahren in Betrieb, flog Echelon im Jahr 2000 auf, wobei allerdings viele Informationen nicht gesichert sind. Mit Echelon wurde während des Kalten Krieges von verschiedenen Stützpunkten aus die Satellitenkommunikation der Sowjetunion und ihrer Verbündeten abgeschöpft. Nach dem Ende der Ost-West-Konfrontation richtete sich das Augenmerk auch auf „private und kommerzielle – und nichtmilitärische – Kommunikation", wie ein eigens gegründeter nichtständiger Ausschuss des Europäischen Parlaments in seinem Abschlussbericht feststellte.[22] Kurzum: Mit Echelon betrieben die fünf Länder knallharte Wirtschaftsspionage, und zwar unter anderem auch gegen befreundete Länder. Eine der daran beteiligten Stationen war Bad Aibling, von wo aus ab 2004 der BND für die NSA mit deren Technik Kommunikationsverkehre überwachen sollte. Allerdings stellte der Bericht auch fest, dass die geradezu sagenhaften technischen Fähigkeiten von Echelon in den Medien offenbar deutlich übertrieben dargestellt worden waren. Die Europa-Parlamentarier schlugen vor, Bad Aibling, von wo aus große Teile Europas erfasst werden konnten, abzuschalten. Der Bericht wurde im Parlament am 5. September 2001 vorgestellt – fünf Tage vor den Anschlägen des 11. September. Kein guter Zeitpunkt, um eine Überwachungsstation abzuschalten. Dazu kam es dann schließlich erst 2004.

Die CIA im deutschen Wohnzimmer

Die von Edward Snowden ausgelösten Debatten um die NSA hatten fast völlig in den Hintergrund treten lassen, dass es noch weitere US-Geheimdienste gibt. Dies änderte sich jedoch mit einem Schlag, als im März 2017 Wikileaks zu einem neuen Schlag ausholte. Diesmal stand die CIA im Mittelpunkt. Was aus den 8.761 geleakten geheimen Dokumenten hervorgeht, ist ein düsterer Gruß aus einer Zukunft, die schon begonnen hat. Aus deutscher Sicht gab es aber noch ein weiteres politisches Ärgernis. Aus den Unterlagen geht nämlich hervor, dass die CIA in Deutschland hochaktiv zu sein scheint. So sollen vom Gelände des US-Generalkonsulats in Frankfurt am Main Spähangriffe gegen Smartphones in europäischen, afrikanischen und asiatischen Ländern gerichtet werden. CIA-Mitarbeiter bewegten sich offenbar frei im Schengen-Raum, drangen in Wohnungen oder Büros ein und infizierten dort Computer mit Überwachungssoftware. Mehr noch, bis ins deutsche Wohnzimmer richtet sich die Überwachung der CIA, denn auch Fernseher sollen ausgespäht worden sein. Es handelt sich ganz offensichtlich um einen dreisten und massiven Cyberangriff.[23]

Aggressiver, rabiater, erfolgreicher

NSA-Skandal, weltweite Empörung, Verwunderung im Partnerland Deutschland – war da eigentlich etwas? Die CIA handelte jedenfalls, als habe es all das nicht gegeben. Nur in einem Punkt unterscheidet sie sich offenbar von der NSA: Sie ist noch aggressiver, rabiater, erfolgreicher. Für den IT-Experten Sandro Gaycken war die Veröffentlichung der dunkelsten CIA-Geheimnisse nichts weniger als eine „echte Explosion, vielleicht mit verzögerter Wirkung, aber im Megatonnen-Bereich und mit globalen Folgen". Mit Hunderten bislang unbekannten Programmen auf allerhöchstem technischen Niveau ist die CIA offenbar in der Lage, über jedes digitale Gerät, sei es ein Computer, ein Smartphone, ein Tablet, ein Router oder sogar ein Fernseher, die Kontrolle zu übernehmen. Auch das Internet der Dinge bietet vielfältige Möglichkeiten für eine Überwachung rund um die Uhr. Die schöne neue Welt versetzt die CIA sogar in die Lage, nicht nur zu überwachen, sondern auch geräuschlos und effektiv zu töten. Eine wirkungsvolle Methode ist die

Übernahme der Steuerung eines selbstfahrenden Autos – ein Szenario, das in den geleakten CIA-Unterlagen explizit aufgeführt sein soll.[24] Dass dies schon längst und auch ohne Spezialkenntnisse der CIA-Experten möglich ist, haben 2015 zwei Journalisten des Magazins *Wired* demonstriert, als sie über ihr iPad vom Sofa im heimischen Wohnzimmer aus die Steuerung über einen Jeep Cherokee, der gerade einen Highway entlangfuhr, übernahmen.[25] Das Gleiche ist grundsätzlich möglich für eingebettete Systeme wie Flugzeuge, Roboter oder ganze Kraftwerke.[26]

Die Wikileaks-Enthüllungen zeigen übrigens einen fundamentalen Unterschied zur Vorgehensweise Snowdens. Dieser hatte die Öffentlichkeit „nur" über die technischen Möglichkeiten der NSA informiert und sie damit bloßgestellt. Die Wikileaks-Enthüllungen zur CIA sind deutlich mehr – sie liefern gleich alle Informationen wie Codes mit, mit denen andere Nachrichtendienste, Terroristen oder Kriminelle die CIA-Programme verwenden können. „Jetzt kann jeder NSA", urteilte daraufhin Experte Gaycken.[27] Was das für Politik, Militärs, Wirtschaft, Einzelpersonen – kurz: für die ganze Menschheit – bedeutet, wird sich erst im Laufe der Zeit zeigen. Die Folgen für die CIA aber waren mit dem Tag der Veröffentlichung klar: Sie war auf einen Schlag impotent. Das Vorgehen der Plattform von Julian Assange zeigte auch noch einmal in aller Deutlichkeit, dass ein Bewusstsein für die große Verantwortung von Enthüllern vorhanden sein muss. Bei Wikileaks kann davon keine Rede sein.

KAPITEL 4

NSA und BND – alles zum Schutz der Bürger?

Der 11. September 2001 mit seinen 3.000 Toten markiert einen tiefen Einschnitt in der Geschichte der Vereinigten Staaten von Amerika und ist bis heute ein Trauma für die Amerikaner. Dass ihr Land erstmals seit dem japanischen Überfall auf den Flottenstützpunkt Pearl Harbor im Dezember 1941 wieder Ziel eines brutalen und heimtückischen Angriffs werden könnte, schien für viele Bürger des Landes, das seit Jahrzehnten als eine Art Weltpolizist auftritt, unvorstellbar. Die USA standen unter Schock, aber aus diesem Schock wurde schnell Wut. Präsident Bush zog in einen unüberlegten Krieg gegen den Irak, in dem es mindestens so sehr um Rache ging wie um kühl durchdachtes strategisches Handeln. Was die Amerikaner aber auch schockierte und erstaunte, war, dass ihre Geheimdienste diese Katastrophe nicht hatten verhindern können. Und das, obwohl es Hinweise auf einen oder mehrere Anschläge gegeben hatte, die aber nicht richtig gedeutet wurden. Die US-Geheimdienste standen in der Kritik und litten schwer an ihrem Versagen.

Aber nicht nur für die US-Geheimdienste war der 11. September ein einschneidender Tag – das gilt auch für den deutschen Bundesnachrichtendienst. Denn ebenso, wie die Anschläge schwere Mängel bei NSA und Co offenbarten, so zeigte sich alsbald, dass auch den Deutschen schlimme Fehler unterlaufen waren. Denn drei der Al-Qaida-Terroristen, die an der Planung der Anschläge beteiligt waren, hatten ebenso wie einige Unterstützer jahrelang unentdeckt im Hamburger Stadtteil Harburg gelebt. Sie hatten in Deutschland studiert und ganz unauffällig wie normale Menschen hier gewohnt. Das warf ein ganz schlechtes Licht auf die deutschen Sicherheitsbehörden. „Wir mussten mit Erschrecken feststellen, dass sich einige der Attentäter auch in Deutschland aufgehalten hatten und Deutschland zumindest als Ruheraum, wenn nicht sogar zur Vorbereitung der Anschläge benutzt haben. Das wiederum musste uns zu der Frage führen, wie wir solchen Attentätern künftig eher auf die Spur kommen können. Das war dann auch die Zielsetzung der Maßnahmen, die wir ergriffen haben: die Behörden zu verstärken, sowohl was ihre Kompetenzen als auch was ihre Ausrüstung betrifft" – so erläuterte Otto Schily, der 2001 deutscher Innenminister war, zehn Jahre später die Ausgangslage.[1]

Deutsche Mitschuld

Eine amerikanische Untersuchungskommission attestierte Deutschland später eine Mitschuld daran, dass die Anschläge nicht verhindert worden waren. Die rot-grüne Bundesregierung sah sich unter Druck gesetzt und wollte von nun an beim Kampf gegen den islamistischen Terrorismus ganz vorne dabei sein. Federführend waren drei SPD-Politiker: neben Schily natürlich Bundeskanzler Gerhard Schröder und dazu sein Kanzleramtsminister Frank-Walter Steinmeier, zugleich Koordinator für die Geheimdienste. Schröder versicherte US-Präsident George W. Bush öffentlich seine „uneingeschränkte Solidarität". Und die Geheimdienste auf beiden Seiten überlegten, wie sie vergleichbare Katastrophen in Zukunft verhindern könnten, am besten gemeinsam. Es rächte sich nun, dass es ein Bewusstsein für die islamistische Bedrohung bei den Diensten beiderseits des Atlantiks kaum gegeben hatte. Allerdings bastelten die Amerikaner bereits an effektiven Instrumenten herum, um die sich gerade rasant entwickelnden Kommunikationsmöglichkeiten über das Internet zu überwachen. Die Deutschen waren auf diesem Gebiet noch ziemlich unbeleckt und hinkten der NSA hinterher. Dass sich mit dem Aufkommen des Internets die digitale Revolution ankündigte, hatten sie noch kaum begriffen. Ebenso wenig, dass sich mit der neuen Technik auch ihre Arbeit radikal ändern würde. So begab sich der BND geradezu zwangsläufig in eine Abhängigkeit, wollte er nicht völlig den Anschluss verlieren.

Der damalige BND-Präsident August Hanning war ein Mann, der die Kooperation mit den Freunden schätzte und sie förderte, wo er nur konnte. Die Deutschen waren willfährige Partner, sie hatten nichts dagegen einzuwenden, dass sich amerikanische Spione in Hundertschaften in ihrem Land tummelten, um Jagd auf Islamisten zu machen. „Deutschland wurde zum Aufklärungsziel Nummer eins in Europa", berichtete NSA-Aussteiger Thomas Drake. Die BND-Leute staunten und lernten. Im Bundeskanzleramt hatte man viel Verständnis für all die Aktivitäten; was genau die US-Dienste oder die eigenen Leute vom BND so trieben, wollten Schröder und Steinmeier lieber gar nicht immer so genau wissen. Der Dienst entwickelte seit dieser Zeit ein bemerkenswertes Eigenleben am Kanzleramt vorbei.

Steinbruch BND

Daran, dass der BND die neue Zeit verschlafen hatte, war er nicht allein schuld. Das hatte auch einen Grund in der stiefmütterlichen Behandlung, die er durch die Politik erfuhr. Es war mehr als das übliche Beklagen, man habe zu wenig Geld, als Ex-BND-Präsident Gerhard Schindler im Untersuchungsausschuss darauf hinwies, der BND sei lange Zeit ein Steinbruch für Haushaltsgewinne gewesen. Die finanziellen Mittel seien gekürzt, Personal abgebaut worden. Man habe jahrzehntelang nicht genug Geld gehabt, um einen eigenen wirklich funktionierenden Apparat aufzubauen. Die Folge: Der BND war gezwungen, mit anderen, technisch überlegenen Diensten nicht nur zusammenzuarbeiten, sondern ihnen auch die Führung zu überlassen, um Schritt halten zu können. Die anderen – das waren natürlich in allererster Linie die US-Geheimdienste. Man müsse den USA für ihre Unterstützung dankbar sein, fand Schindler. Dass Geheimdienste demokratischer Staaten zusammenarbeiten, um die Feinde der Demokratie und eines freiheitlichen Lebensstils abzuwehren, sollte eigentlich ganz natürlich sein; oft genug wird es skandalisiert. Dass sie dabei rechtlich vorgegebene Schranken beachten müssen, sollte unstrittig sein. Das wird unter anderem durch eine Kooperation möglichst auf Augenhöhe gewährleistet, bei der kein Dienst von einem anderen abhängig wird. Genau das ist aber im Verhältnis von NSA und BND nicht der Fall; in den Jahren nach dem Schock des 11. September ganz gewiss nicht – und dieser Befund gilt auch heute noch. An dieser gefährlichen Abhängigkeit tragen auch diejenigen eine Mitschuld, die dem BND viele Jahre die notwendigen Mittel verweigert haben und nun ein mangelndes Selbstvertrauen gegenüber dem großen Bruder jenseits des Atlantiks beklagen.

Die NSA setzte den BND nach dem 11. September gewissermaßen auf die Schiene und befeuerte ihn mit Kohle. In der Zwischenzeit hat der deutsche Geheimdienst längst aus eigener Kraft wieder Geschwindigkeit aufgenommen. Dass die deutsche Seite von der Unterstützung aus Fort Meade nicht nur auf technischem Gebiet profitierte, sondern auch in ganz konkreten Fällen, steht außer Zweifel. Wann und wo und wie häufig, das wird wohl im Dunkeln bleiben, denn Geheimdienste können nicht häufig mit ihren Erfolgen prahlen, weil zu viel Licht dem Gegner zu viel über ihre Aktivitäten und Fähigkeiten verraten würde. Aber es gibt natürlich Ausnahmen.

Operation Alberich

Die Sache hätte ganz schlimm ausgehen können, wenn sie nicht rechtzeitig aufgeflogen wäre. Aber im Fall der Sauerland-Gruppe klappte die Zusammenarbeit zwischen den US-amerikanischen und den deutschen Sicherheitsbehörden. Und es war die NSA, die aufgepasst hatte und der Deutschland möglicherweise die Verhinderung eines Terroranschlags mit zahlreichen Toten und Verletzten zu verdanken hatte. Den NSA-Leuten war 2006 ein intensiver E-Mail-Verkehr zwischen Deutschland und Pakistan aufgefallen. Es gelang den Analysten, die Teilnehmer zu identifizieren – in Pakistan handelte es sich um die Islamische Jihad-Union (IJU), eine terroristische Vereinigung, die sich im Grenzgebiet von Pakistan und Afghanistan eingenistet hatte; sie hielt Kontakt zu einer Zelle in Deutschland, deren Mitglieder im Sauerland lebten – daher wurde dieser Zelle allgemein der Name „Sauerland-Gruppe“ verpasst. Im Oktober 2006 schließlich leitete die NSA ihre Beobachtungen über den Auslandsnachrichtendienst CIA an den BND weiter. Es gab Erkenntnisse, dass die Zelle einen Bombenanschlag plante. Nach den USA,

Spanien und England sollte nun also Deutschland an der Reihe sein. In Madrid waren bei Bombenexplosionen am 11. März 2004 auf dem Bahnhof Atocha und in Zügen 191 Menschen getötet und 2.051 verletzt worden; in London hatte es am 7. Juli 2005 bei einem Anschlag auf die U-Bahn 56 Tote und mehr als 700 Verletzte gegeben.

Doch der Anschlag in Deutschland konnte verhindert werden. Der BND schaltete das Bundesamt für den Verfassungsschutz ein, das Gemeinsame Terrorabwehrzentrum in Berlin wurde hinzugezogen. Mehr als 500 Beamte verwanzten die Wohnungen der Verdächtigen und hörten ihre Telefone ab. Die Aktion wurde als so bedeutend angesehen, dass sie selbst auf höchster Ebene Gesprächsthema war: So sollen US-Präsident Bush und Bundeskanzlerin Merkel während des G8-Gipfels von Heiligendamm im Sommer 2007 darüber gesprochen haben. Im Mittelpunkt stand der ägyptische Arzt Yehia Yousif, der als Scheich Abu Omar im Islamischen Informationszentrum Ulm predigte und offenbar für die Radikalisierung vieler junger Männer sorgte. Schließlich wurden im September 2007 drei Hauptverdächtigte und ein vierter Mann als Helfer verhaftet und 2010 nach umfassenden Geständnissen zu Haftstrafen zwischen fünf und zwölf Jahren verurteilt. Im größeren Einflussbereich der Sauerland-Gruppe standen möglicherweise bis zu 50 junge Männer und Frauen. Die Geheimdienste hatten funktioniert und niemand fragte nach, ob die NSA ihre Erkenntnisse im Zuge einer unspezifischen Massenüberwachung aus dem Internet gefischt oder die IJU in Pakistan und ihre Zelle in Deutschland von Beginn an gezielt überwacht hatte. Ein Schatten fiel dann allerdings doch noch auf die erfolgreiche Aktion: Es wurde behauptet, Mevlüt Kar, der als Verbindungsmann der Gruppe zum

Terrornetzwerk al-Qaida agiert hatte, sei Kontaktmann der CIA und des türkischen Geheimdienstes MIT gewesen. Die Vorwürfe sind bis heute nicht endgültig geklärt, auch wenn Yehia Yousif das Ganze dementierte.

Deutsche und Amerikaner jubelten über die enge und erfolgreiche Zusammenarbeit. Die Kooperation sei „so eng wie nie“ gewesen, freute sich US-Heimatschutzminister Michael Chertoff.[2] Sie galt beiden Seiten als schönes Beispiel für das, was man gemeinsam stemmen könne, wenn man nur möglichst eng und ungestört von äußeren Einflüssen zusammenarbeite.

Rechtlicher Rahmen mit Spielräumen

In einem demokratisch verfassten Rechtsstaat sind einem Geheimdienst gesetzliche Rahmen für seine Tätigkeit gezogen. Das gilt auch für einen Auslandsgeheimdienst, der außerhalb der Grenzen des Landes tätig ist. Die Arbeit des Bundesnachrichtendienstes wird im BND-Gesetz geregelt und durch viele Verweise in das Verfassungsschutzgesetz konkretisiert. Die im Untersuchungszeitraum geltende Fassung des BND-Gesetzes unterschied zwischen den Aufgaben des BND und den Befugnissen. In Paragraf 1 Absatz 2 Satz 1 BND-Gesetz hieß es: „Der Bundesnachrichtendienst sammelt zur Gewinnung von Erkenntnissen über das Ausland, die von außen- und sicherheitspolitischer Bedeutung für die Bundesrepublik Deutschland sind, die erforderlichen Informationen und wertet sie aus.“[3] Ziel ist es, der Bundesregierung zeitgerecht belastbare Informationen zu wichtigen politischen, wirtschaftlichen, aber auch technischen Entwicklungen, militärischen Fragestellungen und abstrakten oder konkreten Bedrohungen für die Sicherheit Deutschlands zu verschaffen. Im Mittelpunkt steht die sogenannte strategische Fernmeldeaufklärung. Unter diesem Begriff versteht man die Aufklärung von Kommunikation, die nicht unter den Schutz des Brief-, Post- und Fernmeldegeheimnisses im Sinne von Artikel 10 GG fällt. Regelungen zur Überwachung von Personen, die unter den Schutz von Artikel 10 GG fallen, finden sich im sogenannten G10-Gesetz und haben viel strengere Voraussetzungen für die Überwachung.[4] Das G10-Gesetz gilt vorrangig zu anderen Gesetzen wie dem Bundesdatenschutzgesetz, dem Bundesverfassungsschutzgesetz und dem Bundesnachrichtendienstgesetz. Die rechtliche Grundlage für die Aktivitäten des BND außerhalb des Anwendungsbereiches des G10-Gesetzes bei natürlichen Personen wie auch bei juristischen Personen des öffentlichen und privaten Rechts war im Untersuchungszeitraum ausschließlich der erwähnte Paragraf 1 Absatz 2 Satz 1 des BNDG, der viele Fragen offenließ. Nach der sogenannten „Weltraumtheorie“ war rechtlich umstritten, ob Daten, die aus der Erfassung von Satellitenkommunikation gewonnen wurden, überhaupt unter den Schutz des G10-Gesetzes fallen konnten, da sie ja „aus dem Weltraum“ abgegriffen wurden. Immerhin wurden auch hierbei zumindest deutsche Staatsangehörige und deutsche juristische Personen geschützt, soweit sie erkannt wurden. Strittig war aber demgegenüber, ob dies auch für deutsche Staatsangehörige gelten sollte, die in einer internationalen Organisation arbeiteten. Hier wendete der BND die sogenannte Funktionsträgertheorie an. Wenn also ein Deutscher in einer ausländischen Firma im Ausland arbeitete und für diese kommunizierte, wurde nicht ihm die Kommunikation zugerechnet, sondern der ausländischen Firma, und konnte abgehört werden.

Ebenso herrschten aufgrund der schlanken gesetzlichen Regelungen im BND-Gesetz Unklarheiten über die Frage, wann überhaupt eine Datenübermittlung an einen ausländischen Nachrichtendienst im Sinne von § 9 BND-Gesetz vorlag und wann diese zulässig sei. Insbesondere mit der Bundesbeauftragten für den Datenschutz und die Informationsfreiheit (BfDI) gab es bezüglich des Datenschutzniveaus im Empfängerland – gemeint sind die USA – erhebliche Meinungsverschiedenheiten, da die BfDI eine Datenübermittlung nur bei vergleichbarem Datenschutzniveau für rechtlich zulässig erachtete, das die USA nicht erfüllen würden.

Alles in allem stellte der Untersuchungsausschuss schnell fest, dass das BND-Gesetz in der damaligen Fassung eine zu unkonkrete Ausformulierung der Kompetenzen des BND darstellte. Als Reaktion auf die NSA/BND-Affäre verabschiedete der Bundestag im Herbst 2016 eine heftig umstrittene Reform des Gesetzes, die diese Defizite korrigieren sollte.

Konkretisiert wird das BND-Gesetz durch das Auftragsprofil der Bundesregierung (APB). Es setzt dem BND einen Rahmen, innerhalb dessen er allerdings eigene Spielräume hatte – die er weidlich ausnutzte, wie die Arbeit des NSA-Untersuchungsausschusses deutlich machen sollte. So gab das APB dem BND keine Beschränkungen auf, wenn es sich bei dem anderen Land um ein Mitglied von NATO und EU handelt und es damit als befreundeter Staat gilt. Nach den klaren Aussagen von Kanzleramtsminister Peter Altmeier und Bundeskanzlerin Angela Merkel wird sich unter dem neuen BND-Präsidenten Bruno Kahl wohl einiges ändern (müssen).

"Beachtliche Beschränkungen in der Aufklärung" - theoretisch

Er habe nicht wie ein Besatzer auftreten wollen, beschrieb NSA-Chef Michael Hayden das gegenseitige Verhältnis von NSA und BND einmal – das musste er auch gar nicht, so kooperationsbereit traten der BND und die Spitze des Kanzleramts auf. Die Amerikaner gaben aber auch gerne. So ließen sie beispielsweise die deutschen Freunde vom BND das Programm „ThinThread" testen, den ersten Versuch, das Internet umfänglich zu überwachen. Das Programm wurde dann eingestellt, aber es sollten andere folgen. Die Hilfe sollte natürlich nicht in eine Einbahnstraße münden. Die NSA erhoffte sich im Tausch gegen ihre Hilfe und ihre Technik Informationen von den Deutschen – die Abhörstation im bayerischen Bad Aibling sollte ein schlagendes Beispiel für diese Kooperation werden. Über die Zusammenarbeit wurde im April 2002, nur sieben Monate nach dem 11. September, sogar ein *Memorandum of Agreement* (MoA) zwischen NSA und BND geschlossen. Der eigentliche Text besteht nur aus sechs Seiten, der Anhang ist allerdings noch einmal 70 Seiten lang. Darin werden Details der gemeinsamen Arbeit besprochen, aber auch Grenzen.

Das Problem bei einem zwischenstaatlichen Abkommen wie dem MoA ist grundsätzlich, dass sich unterschiedliche Rechtskreise und ihre Schutzgüter verschränken. Beide Seiten sind im Rahmen der Zusammenarbeit verpflichtet, sich weiterhin an ihre nationalen Gesetze zu halten. Die eine Seite darf auch der anderen nicht einfach Maßnahmen zubilligen, die ihr selbst verwehrt sind. Der Text des MoA berücksichtigt all dies. Das Gebiet, auf das es sich erstreckte, waren Deutschland und die USA mit ihren jeweiligen

Rechtsordnungen. In den EU-Mitgliedstaaten war die Aufklärung der beiden Auslandsdienste stark eingeschränkt, aber nicht völlig ausgeschlossen.[5]

Um die gemeinsame Arbeit durchzuführen, gründeten NSA und BND in Bad Aibling eine gemeinsame Einheit, die Joint Sigint Activity (JSA). Mit dem Memorandum of Agreement sollte ausgeschlossen werden, dass auf deutschem Boden Deutsche oder US-Amerikaner abgehört würden. Daten aus Europa sollten nur dann verwendet werden, wenn eine konkrete Bedrohung durch Terrorismus vorliege. Beide Seiten wollten sich gegenseitig in die Erteilung und Erfassung ihrer Aufträge gucken lassen. Dieses einst unter der rot-grünen Bundesregierung und dem damaligen Kanzleramtsminister Steinmeier vom BND ausgehandelte Memorandum wird auch von der Bundesregierung aus Union und SPD bis heute als geheim behandelt. Im NSA-Ausschuss durfte daraus nicht zitiert werden. Auch weigerten sich alle Eingeweihten, Auskunft über den Inhalt über das hinaus zu geben, was ohnehin schon bekannt ist beziehungsweise als bekannt angenommen wird. Nach der Aussage Steinmeiers vom 17. März 2016 ist das MoA noch immer bindend. Der damalige Außenminister sah in der Sitzung keinen Grund, sich von dem Memorandum zu distanzieren oder es gar als Fehler zu bezeichnen. Alle deutschen Vorgaben, so behauptete er, seien bei den Verhandlungen akzeptiert worden.

Das mag stimmen. Die Frage ist aber, ob die NSA jemals beabsichtigte, sich an das Abkommen dann tatsächlich auch zu halten. Unzweifelhaft ist jedenfalls, dass sie das nicht tat. Das stellte der von der Bundesregierung eingesetzte Sonderermittler Kurt Graulich, ein ehemaliger Richter am Bundesverwaltungsgericht, unmissverständlich fest. In seinem

Schlussbericht – genauer: in der für die Öffentlichkeit gedachten Fassung – schreibt er: „Die beachtlichen Beschränkungen in der Aufklärung wurden offensichtlich von den Kooperationspartnern unterschiedlich ernst genommen. Die NSA missachtete die vereinbarten Beschränkungen im europäischen Bereich außerhalb der Bundesrepublik erheblich."[6] Das bedeutet: Zwar hielt sich die NSA mit Blick auf deutsche Grundrechtsträger nach Graulichs Einschätzung an das Verbot. Mit Blick auf die europäische Ebene aber nicht. Und eine weitere Frage ist, ob sie dabei stillschweigend auf die Komplizenschaft der deutschen Partner hoffte beziehungsweise davon ganz einfach ausging. Oder ob sie eben von Anfang an vorhatte, den BND ganz unpartnerschaftlich zu hintergehen – was auch bedeuten würde, dass die NSA-Spitze von den Fähigkeiten der Deutschen nicht viel hielt. War es also Arroganz gepaart mit einer Portion krimineller Energie oder doch eher die Hoffnung, die Deutschen würden bei den Mauscheleien stillschweigend mitmachen? Der gemeinsame Stab von NSA und BND, die JSA, stellte laut Sonderermittler Graulich den Betrieb im Oktober 2012 ein. Seitdem arbeiten für die JSA nur noch BND-Mitarbeiter.

Ein Kronjuwel namens Eikonal

Man muss die Situation nach den Anschlägen vom 11. September, von Madrid und von London vor Augen haben, wenn man das Vorgehen der NSA und in ihrem Schlepptau des BND durchleuchtet. Die weltweite Sicherheitslage war nach dem Ende des Ost-West-Konflikts und dem Aufkommen des islamistischen Terrorismus unübersichtlicher geworden – und viele meinen auch gefährlicher. Dass Regierungen und ihre Geheimdienste sich Gedanken machten, was sie dagegen tun und wie sie ihre Bürger schützen können, verstößt nicht gegen Recht und Gesetz. Ganz im Gegenteil: Als Bürger muss man auf den Schutz vertrauen können. Die Frage ist, wann der notwendige Schutz, der immer mit Überwachung einhergeht, hinter ebendieser in den Hintergrund tritt; wann aus der Überwachung ein Selbstzweck wird und die Rechte der Bürger von zwei Seiten bedrängt werden.

Große Hoffnungen setzte die NSA vor allem in ein gemeinsames Projekt, das sie mit ihren deutschen Partnern plante: Eikonal. Mit diesem neuen Programm sollte der Telefon- und Internetverkehr über den Internetknotenpunkt DE-CIX in Frankfurt am Main angezapft werden. Das Ziel: das Aufspüren von Taliban-, Al-Qaida- und sonstigen islamistischen Kämpfern in Afghanistan und verschiedenen Ländern Nordafrikas. Der NSA galt das gemeinsame Projekt als „Kronjuwel der strategischen Kooperation mit dem BND“. So steht es in einem internen NSA-Papier.[7]

Auch hier war der Grundgedanke pragmatisch: technisches Know-how gegen Datenzugang. Die haben, was wir wollen, und wir besitzen, was sie brauchen – das sagten sich die Amerikaner und schlugen den Deutschen einen Deal vor. Sie brachten sogar noch ein Geschenk mit: 3 D 30 – besser bekannt als Abhöranlage von Bad Aibling. Die BND-Spitze in Pullach schlug ein. Wahrscheinlich 2003 begannen die Vorarbeiten, 2004 übergaben die Amerikaner Bad Aibling an den BND und im selben Jahr begann der Bundesnachrichtendienst, von dort aus den Telefonverkehr zu überwachen. 2005 kam schließlich der Internetverkehr dazu.

Knoten in der Datenautobahn

Deutschland ist das Land der Autobahnen und das gilt auch für den Datenverkehr. Viele Stränge ziehen sich durch das Land in der Mitte Europas und so ist es nicht verwunderlich, dass sich DE-CIX zum größten Internetknoten der Welt gemausert hat. Die Leitungen der verschiedenen Provider kommen von allen Richtungen nach Frankfurt und verbinden sich dort zu einer Art Kreisverkehr, der wiederum zahlreiche Ausfahrten hat. An diesen Ausfahrten verlassen die Daten den Kreisverkehr wieder und bewegen sich nun in die für sie vorgesehene Richtung – nach Afghanistan zum Beispiel oder nach Nordafrika. Aber auch überall anders hin. Eine Ausfahrt bekam nun eine ganz besondere Funktion: An ihr wurde eine komplette Kopie des Verkehrs der Telekom abgeleitet und direkt zum BND gelenkt. Anschließend wurden die riesigen Datenmassen nach bestimmten juristischen Kriterien gefiltert und nach sogenannten Selektoren – bestimmten Begriffen, die eine Terrorverbindung der Kommunikationspartner als möglich erscheinen lassen sollten – ausgewählt. Da die NSA die Technik zur Verfügung stellte, war es Aufgabe des BND, auf die Daten in Frankfurt zuzugreifen und sie abzuleiten, zu filtern und an die NSA weiterzugeben. Scheinbar eine Win-win-Situation, denn beide Seiten schienen davon gleichermaßen zu profitieren.

Ein widerspenstiger Helfer

Für den schönen Deal der Geheimdienste brauchte es aber noch einen dritten Partner: die Telekom. Denn sie musste dem BND den Abgriff der Daten ermöglichen. In der Bonner

Telekom-Zentrale gab es allerdings gewisse Vorbehalte, ob der Wunsch des BND eigentlich den rechtlichen Grundlagen entspreche. In dieser Situation brauchte der Geheimdienst Unterstützung von oben – das Kanzleramt musste einschreiten. Der damalige Geheimdienstkoordinator im Kanzleramt, Ernst Uhrlau, der später selbst an die Spitze des Auslandsgeheimdienstes treten sollte, schrieb einen Brief an den Vorstandsvorsitzenden der Telekom, Kai-Uwe Ricke, in dem er diese Bedenken mit der ganzen Überzeugungskraft einer Regierungszentrale auszuräumen versuchte. Am 30. Dezember 2003 faxte Uhrlau an Ricke ein Schreiben, in dem er darauf hinwies, dass das Bundeskanzleramt sehr interessiert daran sei, „dass der Bundesnachrichtendienst im Rahmen seines gesetzlichen Auftrags kabelgestützte Transitverkehre aufklärt. Der vom Bundesnachrichtendienst in Ihrem Unternehmen geplante Aufklärungsansatz steht aus hiesiger Sicht in Einklang mit geltendem Recht." Er gab „die Anregung des Bundesnachrichtendienstes" weiter, die entsprechende Stelle der Telekom mit der Durchführung der aufseiten der Telekom erforderlichen Maßnahmen zu beauftragen. Drei Monate später schlossen beide Seiten einen Vertrag ab. Uhrlau hatte BND und Telekom einen juristischen Persilschein gegeben – und beide konnten mit der Arbeit beginnen. Bei seiner Vernehmung im Ausschuss erinnerte sich Uhrlau daran, dass er sich die Rückendeckung seines Vorgesetzten besorgt hatte: Frank-Walter Steinmeier, Chef des Bundeskanzleramts, sei „inhaltlich unterrichtet" gewesen.[8] Merkwürdig: Als Uhrlau später vom Kanzleramt zum BND wechselte und dessen Präsident wurde, änderte sich sein Blickwinkel. Nun brachte er erheblich mehr Verständnis für die juristischen Vorbehalte gegenüber Eikonal auf, die aufseiten des Partners Telekom bestanden. Vielleicht lag das daran, dass er nicht mehr den politischen Druck wie noch im Kanzleramt – die Bundesregierung wollte die Amerikaner nicht vergraulen – verspürte. Und mehr als wahrscheinlich wurde er mit den juristischen Bedenken gegen die Zusammenarbeit mit der NSA konfrontiert, die es selbst im BND gab, und zwar von Anfang an.

Nur der Chef des dritten Partners hatte offenbar überhaupt keine Ahnung von dem gesamten Projekt.

Wie in der Steinzeit

Als Chef der Telekom ist man ein sehr gefragter Mann. Ständig wird man gezwungen, sich die Zeit mit irgendwelchen Gesprächspartnern um die Ohren zu schlagen. Kai-Uwe Ricke konnte davon ein Lied singen, als er den Mitgliedern des NSA-Untersuchungsausschusses gegenübersaß. Er habe eben viele Leute kennenlernen müssen. „Fragen Sie mich nicht, ob das irgendeinen Sinn und Zweck gehabt hat", erinnerte er sich an dieserart Verpflichtungen. So war er auch gar nicht begeistert, als er sich nach seinem Amtsantritt eines Tages mit BND-Chef August Hanning zum Abendessen treffen sollte. Man speiste gemeinsam im Restaurant, daran konnte Ricke sich mehr als zehn Jahre später immerhin noch gut erinnern. Nicht erinnern konnte er sich dagegen, den persönlich an ihn gerichteten Brief aus dem Kanzleramt bekommen zu haben, in dem es um die juristischen Bedenken gegen die Zurverfügungstellung der Daten für Eikonal ging. Der Chef war zu jener Zeit schwer beschäftigt, es ging um das Überleben des Unternehmens, nachdem es eine Unmenge Geld für den Kauf von UMTS-Lizenzen verpulvert hatte. „Die Telekom stand mit dem Rücken zur

Wand, das war die Hauptaufgabe", so Ricke. Irgendwelche Daten der Telekom-Kunden interessierten vor diesem Hintergrund den Chef überhaupt nicht. Das möge absurd und nach Steinzeit klingen, so Ricke, aber im Vorstand sei das damals schlicht kein Thema gewesen. Seine Untergebenen wussten, was sie zu tun hatten: dem Chef solche Lappalien vom Hals halten. So habe ihn der Brief Uhrlaus auch nie erreicht. Mehr noch: Er habe überhaupt nie etwas von der Zusammenarbeit seines Unternehmens mit BND und NSA erfahren. Das Thema Datensicherheit sei überhaupt erst im Jahre 2008 hochgekocht. Damals ploppte *Telekomgate* hoch – die von der Telekom veranlasste Überwachung von Aufsichtsräten, einem Vorstandsmitglied des Unternehmens, Angehörigen und Mitarbeitern sowie von Journalisten und Gewerkschaftsfunktionären.

6.000 Euro für 48 Quadratmeter

Von Pullach, wo zur damaligen Zeit noch der BND residierte, nach Frankfurt am Main, wo sich der DE-CIX-Knoten befindet und natürlich auch die Telekom über Büros verfügt, sind es rund 450 Kilometer. Diese Strecke musste S.L. zwischen 2003 und 2008 regelmäßig zurücklegen, denn als Eikonal-Projektleiter hatte er immer mal wieder bei der Telekom zu tun. Der BND mietete dort zwei vier mal sechs Meter große Räume, die S.L. mit modernster Technik – 19-Zoll-Racks, Multiplexer und einem Server – vollstopfte. Denn hierher hatten die Kollegen von der Telekom ein Kabel gelegt, auf dem die abgegriffenen Datenverkehre in die Fänge des BND geleitet wurden. Da die Telekom als Gegenleistung für ihr Engagement vom BND monatlich mit

6.000 Euro entlohnt wurde, kann man diese Summe quasi als Miete für die zwei Räume sehen. Zugang hatten ausschließlich BND-Mitarbeiter. Die Telekom erhielt einen versiegelten Schlüssel – so sollte verhindert werden, dass der Raum von BND-fremden Personen außer in einem Notfall betreten werden konnte.

Chaos in der Apotheke

Einen direkten Zugang verwehrte der BND auch den Kollegen von der NSA: DE-CIX sollte ausschließlich Territorium der Deutschen sein. Alles andere wäre rechtlich gar nicht zulässig gewesen. Der rechtliche Rahmen wurde auch so schon stark ausgereizt – viele BND-Kritiker meinen: überreizt. Denn als Auslandsnachrichtendienst darf der BND Ausländer im Ausland ausspionieren; das Absaugen von Daten des Auslandsverkehrs vom Inland aus fällt darunter nur, wenn sichergestellt ist, dass keine Daten von Deutschen betroffen sind – und laut dem Memorandum of Agreement von 2002 wohl auch keine Daten von US-Amerikanern.

Bei reinen Telefonverbindungen oder Faxen ist diese Trennung einfach. Der Zeuge S.L. erklärte das im Ausschuss anschaulich mit seiner Apothekenmethode. Wenn man sich eine Datenleitung als Apotheke vorstelle, dann sei eine einzelne Pille ein Telefongespräch. Jede Pille stecke in einem Blister, also einer durchsichtigen Verpackung, jede Verpackung in einer Schublade. Der Apotheker wisse auf Anhieb, wo er welche Pille finden könne. Telefonate von Deutschen aus Deutschland ließen sich auf diese Weise schnell herausfiltern. Anders sei dies dagegen mit den sogenannten paketvermittelten Daten, wie zum Beispiel E-Mails, die in kleine Datenpakete zerstückelt werden, die sich wiederum die schnellsten Wege durchs Internet suchen und sich erst im Rechner des Empfängers wieder zu einer lesbaren E-Mail zusammenbauen. Für den Apotheker bedeute dies Chaos: Alle Pillen lägen wild durcheinander auf dem Boden herum. Er müsse nun die Pillen heraussuchen, die Deutsche darstellen – eine kaum lösbare Aufgabe.

"Ich hätte gesagt, das geht nicht"

Dass mit Eikonal nicht alles nach Vorschrift verlief, ahnte die BND-Spitze. Wohl weil sie sich aber auch die schöne neue Zusammenarbeit mit der NSA nicht kaputtmachen lassen wollte, hielt sie sich ein anderes, ganz entscheidendes Gremium auf Distanz: die G10-Kommission des Bundestages. Auf den ersten Blick schien das Vorgehen ganz in Ordnung, denn der BND wandte sich an die Kommission, berichtete ihr von dem mit der NSA geplanten gemeinsamen Projekt und holte sich so per Anordnung die Lizenz zum Lauschen und Saugen in Frankfurt. Allerdings unterrichtete er die Mitglieder der Kommission nicht darüber, dass der gesamte Transitverkehr, der aus dem Ausland über den Frankfurter Knoten lief, abgeleitet werden sollte. Ein klarer Regelverstoß, urteilte im NSA-Untersuchungsausschuss der damalige Vorsitzende der G10-Kommission, Hans de With. Der Sozialdemokrat war ehrlich erstaunt, als er vom vollen Umfang von Eikonal später aus der Presse erfuhr. Eine solche Verquickung hätte dem Gremium mitgeteilt werden müssen, fand de With. Da der Kommission dieser volle Umfang vorenthalten worden sei, habe sie die Verhältnismäßigkeit der Operation nicht überprüfen können. Und was diesen

Punkt betraf, hatte de With im Nachhinein eine klare Meinung: „Ich hätte gesagt, das geht nicht." Insgesamt war de Withs Urteil vernichtend: „Eikonal war in höchstem Maße unredlich."[9] Die G10-Kommission forderte von der Bundesregierung, ihr Einblick in die Liste zu geben, doch die Regierung weigerte sich. Eine Klage der Kommission vor dem Bundesverfassungsgericht auf Einsichtnahme scheiterte im Oktober 2016 schon im Ansatz, weil Karlsruhe beschied, dass die Kommission gar nicht klageberechtigt sei.[10]

Einen anderen Knackpunkt sah de With im mangelhaften G10-Filter DAFIS. Der BND habe dem Gremium seine Filter nie vorgestellt – daher hätten diese bei der Entscheidung über die Zulässigkeit von Eikonal auch keine Rolle gespielt. Das Ganze offenbart ein Problem der deutschen Geheimdienstkontrolleure, das auch in den USA bekannt ist: Sie können zumeist nur das überprüfen, was ihnen von den zu Überprüfenden vorgelegt wird. Schweigen diese sich über eine Maßnahme aus, dann erfahren die Kontrolleure auch nichts davon – und können sie nicht auf ihre Rechtmäßigkeit kontrollieren.

Kein Ringtausch

Während die Snowden-Affäre hochkochte, kam ein Verdacht auf, der den BND tatsächlich tief in den Strudel des Skandals gerissen hätte – wenn er sich bewahrheitet hätte. Demnach sollten BND und NSA sich gegenseitig mit Daten versorgen, die sie selbst nicht erheben dürfen, also solche über die eigenen Landsleute. Ringtausch wurde dieses angebliche Geschäft auf Gegenseitigkeit genannt. Allein: Es gibt keinen Beweis dafür, dass es jemals dazu kam.

„Diese Ringtauschthese erschien mir zwar in gewisser Weise plausibel ... aber das war nie richtig plausibel zu machen, das war nie mehr als eine plausible Annahme", bekannte im Untersuchungsausschuss Peter Schaar, der damalige Bundesbeauftragte für Datenschutz und damit qua Amt einer der schärfsten BND-Kritiker. Dafür, dass in massenhafter Manier Daten ausgetauscht worden seien, habe er keine Hinweise gefunden. Es sei ja auch „grundsätzlich" so gewesen, „dass zwei Nationalitäten ausgeschlossen waren, und das waren immer die beteiligten", beteuerte Dieter Urmann, von 2004 bis 2006 Unterabteilungsleiter im Bereich der Nachrichtengewinnung im BND. Auch andere BND-Zeugen wiesen auf die Unzulässigkeit einer solchen Art der Zusammenarbeit hin und widersprachen strikt dem Verdacht, es sei dennoch dazu gekommen.

Das Kronjuwel verliert seinen Glanz

Die im Ausschuss befragten BND-Mitarbeiter gaben unisono an, dass sich die Zahl der an die NSA letztlich weitergeleiteten Meldungen auf 600 bis 700 oder nur wenig mehr belief – pro Jahr. Falls diese Angaben stimmen, bedeuten sie noch etwas: dass der BND bei Eikonal keine hemmungs- oder schrankenlose Massenüberwachung startete. Die allermeisten in Frankfurt abgesaugten Daten seien direkt hinter der „Ausfahrt" wieder aussortiert und gelöscht worden, so die BND-Zeugen. Und es habe technisch keine Möglichkeit gegeben, einmal gelöschte Daten wieder zurückzuholen. Das Gleiche habe für die verschiedenen Filterstufen gegolten.

Der Verdacht, dass die NSA sich heimlich, still und leise am BND vorbei selbst Zugang zu den Daten zu verschaffen versuchte, erhärtete sich während der Zeugenbefragungen im Untersuchungsausschuss nicht. Aber selbst in Pullach hatte man befürchtet, dass die technische Überlegenheit der NSA den BND daran hinderte, die Aktivitäten der NSA wirksam zu überprüfen. Das stellte der Abteilungsleiter Technische Aufklärung im Juni 2008 in einem schriftlichen Resümee ausdrücklich fest.

Der Mann hatte dieses Resümee zu Eikonal geschrieben, weil die Amerikaner zu dieser Zeit das gemeinsame Projekt Eikonal beendeten. Erstaunlich: Obwohl es doch beim BND intern ständig wachsende Vorbehalte gegeben hatte, begrub nicht die deutsche Seite Eikonal, sondern die amerikanische. Das Kronjuwel, von dem man bei der NSA fünf Jahre zuvor geschwärmt hatte, hatte zu diesem Zeitpunkt schon lange seinen Glanz verloren. Die Kollegen in Fort Meade waren ziemlich genervt von den Deutschen, denn sie hatten große Hoffnungen in die vielen erwarteten Informationen durch Eikonal gesetzt – und bekamen fast nichts. Das lag an diesen retardierenden Deutschen mit all ihren datenschutzrechtlichen Vorbehalten, die sich in den Ausfilterungen ausdrückten. „Seit Ende des Probebetriebs waren die Meldungszahlen nicht wie erwartet und es wurde immer mehr Enttäuschung geäußert –‚Da müsste doch mehr bei rauskommen'", erinnerte sich Zeuge S.L., der Eikonal-Projektleiter. Verschiedentlich drückte die US-Seite ihren Unmut darüber aus, dass nur so wenige Daten bei ihr ankamen. Beim BND dachte man darüber nach, wie man die Amerikaner besser befriedigen konnte. Aber man kam zu keinem Ergebnis. „Im Zweifel sei eben nichts weitergegeben worden", so S.L. Schließlich hatte die NSA genug – sie stoppte Eikonal. Beim BND dürfte eine Mischung aus Ärger und Aufatmen geherrscht haben. Das Begräbnis von Eikonal brachte aber keineswegs das Ende der Kooperation von NSA und BND – denn daran hatten beide Seiten überhaupt kein Interesse. Ganz im Gegenteil. Die weitere gemeinsame Arbeit sorgte dafür, dass das Meer an Daten größer und größer wurde.

Selektoren – Anker im Datenmeer

Um aus dieser rasant wachsenden Datenmenge die Nadel im Heuhaufen herausfischen zu können, haben die Geheimdienste eine Methode entwickelt: Sie steuern sogenannte Selektoren in die angezapften Datenströme ein, die wie Anker im Datenmeer des ständig wachsenden Volumens der weltweiten Telekommunikation wirken. Dabei kann es sich um Adressen, E-Mail-Adressen, Telefonnummern, IP-Adressen und bestimmte Stichwörter handeln, die beispielsweise im Zusammenhang mit einer bestimmten Person oder Organisation stehen. Von einer Totalüberwachung kann indes keine Rede sein: Selbst die mächtige NSA kann nur einen Bruchteil der weltweiten Kommunikation mit Selektoren durchsuchen. Auch riesige Investitionen in Daten- und Rechenzentren im Nirgendwo des US-Bundesstaats Utah können nichts daran ändern, dass nur ein Teil der Daten kurzzeitig erfasst und dann mit Selektoren „gelesen" werden kann. Während die USA mächtige Instrumente zur Auswertung von Datenströmen entwickelt haben, ist die vollständige Erfassung dieser Volumina weit außerhalb ihrer technischen Möglichkeiten. Trotzdem versucht die NSA, möglichst gigantische Datenmengen zu speichern, wie noch zu zeigen sein wird.

Solche Selektoren zur Überwachung der Kommunikationsverkehre sind keine Erfindung der Jahre nach dem 11. September 2001. Der BND beispielsweise benutzte sie nach Aussagen von Zeugen im Untersuchungsausschuss seit Jahrzehnten (wenn auch damals nur für den Telefonverkehr). Selektoren sind ein effektives Mittel, um Telefongespräche, E-Mails und Nutzerprofile in den sozialen Netzwerken zu durchforsten. Den Begriff „Selektoren" allerdings kannten vom Untersuchungsausschuss vernommene BND-Mitarbeiter erst seit wenigen Jahren, zum Teil erst seit 2015. BND-intern wurde der Begriff „Telekommunikationsmerkmale" gebraucht.

Da die NSA dem BND und dem Bundesamt für Verfassungsschutz moderne Datenanalysetechnik zur Verfügung gestellt hatte, war es die Aufgabe der Deutschen, diese auch zielführend und effektiv einzusetzen. Auch wenn die NSA sich keine konkrete Gegenleistung für die Lieferung der Technik versprechen ließ, sollten auch die US-amerikanischen Dienste von der neuen Qualität deutscher SIGINT-Fähigkeiten profitieren. Die NSA stellte regelmäßig neue Selektorenlisten zusammen, die der BND in Bad Aibling nach Prüfung auf Betroffenheit von deutschen Personen oder deutschen Organisationen in den Datenstrom einsteuerte. Neue Selektoren kommen oft durch den Erkenntnisgewinn von bereits in die Kommunikationswege eingesteuerten Selektoren zustande, wenn die Auswertung eines Dienstes einer heißen Spur nachgeht. Wie viele Selektoren die NSA insgesamt mit Unterstützung des BND steuerte, ist nicht bekannt. Die Zahl muss allerdings gigantisch sein. Die Schätzungen in Medien und Politik belaufen sich im Allgemeinen auf über 14 Millionen. Diese Zahlen an sich sind bemerkenswert hoch und eignen sich gut dazu, das Bild einer sehr engen BND-NSA-Kooperation zu zeichnen. Tatsächlich kann kein Zweifel daran bestehen, dass sie große Mengen abgeschöpfter Datenmengen durchleuchten.

Doch Vorsicht: Sie geben nicht die Zahl der Selektoren wieder, die tatsächlich aktiv arbeiten oder Informationen liefern. Denn alte Selektoren wurde erst nach 2015 deaktiviert – darunter auch solche, die überhaupt keine Erkenntnisse gebracht hatten. Zum Beispiel kann eine Mobilnummer eines Terroristen oder IS-Kämpfers, die im Jahr 2003 als Selektor aufgenommen wurde, schon seit Jahren gar nicht mehr existieren, sei es, weil es die Nummer gar nicht mehr gibt oder weil der Terrorist oder IS-Kämpfer vielleicht an einem Kriegsschauplatz schon vor Jahren umgekommen ist. Das Gleiche gilt für E-Mail-Adressen oder Profile in sozialen Netzwerken. So wuchs die Zahl der Selektoren kontinuierlich – im wahrsten Sinne des Wortes täglich – an, es entwickelte sich im Laufe der Jahre ein unüberschaubarer Wildwuchs mit einem dichten quasi abgestorbenen Unterholz aus nicht mehr genutzten oder ineffektiven Selektoren. Doch all diese Selektoren tauchen in den beachtlichen Zahlen auf, die immer wieder genannt werden.

Dieser Mangel an Pflege des eigenen Werkzeugkastens fiel dem BND schließlich, als es um die Zahl der NSA-Selektoren ging, vor die Füße. Dass der Bestand keine Pflege erhalten hatte, musste auch Ex-BND-Präsident Gerhard Schindler im Januar 2017 im Untersuchungsausschuss eingestehen. Wenn 1980 eine Nummer eingestellt worden sei, sei es wahrscheinlich, dass sie heute, Jahrzehnte später, immer noch in der Liste stehe. Auch wenn sie nie ein Ergebnis gebracht habe. Technisch habe das nicht geschadet, aber in der Masse sei das eben zweifelhaft. Er sagte aus, intern sei schon kurz vor den Snowden-Enthüllungen im Mai 2013 erstmals darüber nachgedacht worden, wie man diesen riesigen Datenhaufen ausmisten könne. Selbst eine Unternehmensberatung sei darauf angesprochen worden.

Der BND stellte der NSA keine Rohdaten zu Verfügung, sondern filterte das aufgrund deutscher Gesetze gesperrte Material vorher aus. Dafür entwickelte man in Pullach einen eigenen Filter mit Namen DAFIS. Er sollte sicherstellen, dass alles nach Recht und Gesetz zuging bei der Beschaffung von Daten. Doch es gab Probleme.

Ein löchriger Filter

Etwas kann man ohne Zweifel behaupten, nämlich dass DAFIS niemals zu 100 Prozent funktioniert hat. Wie groß allerdings die Fehlerquote ist, darüber gehen die Angaben auseinander: fünf Prozent, ein Prozent oder 0,1 Prozent? Vorstellen kann man sich die Sache etwa so wie einen Kaffeefilter, der fast den ganzen Kaffee aus dem Brühwasser siebt. Aber eben nur fast, denn einige der Poren des Filters sind aufgrund eines Produktionsfehlers groß genug, dass ein paar der Körnchen Kaffee doch hindurch in die Tasse schlüpfen. Da bleibt die Frage, ob dieser Kaffee mit den Körnchen noch genießbar ist oder ob er weggeschüttet werden muss.

Die Mängel von DAFIS fielen bereits in einem Testlauf auf, der allerdings mit „scharfem Material", also echten Daten von echten Personen, durchgeführt wurde. Der Zeuge B., von 2002 bis 2007 am Aufbau der Dienststelle Bad Aibling beteiligt, bemühte sich, Medienberichte, nach denen DAFIS lediglich 95 Prozent der Daten von G10-geschützter Kommunikation ausfiltert, geradezurücken. Diese Quote habe es lediglich gegeben, als DAFIS für das Projekt Eikonal getestet wurde, so B. Offenbar legten die Tüftler vom BND dann noch einmal Hand an. Als der Filter schließlich in Betrieb war, habe es schon nach der ersten Filterstufe eine

Sicherheit von 99 Prozent gegeben; nach der zweiten Stufe habe sie bei mehr als 99 Prozent gelegen. Wenn es dann Unsicherheiten gegeben habe, gab es eine Überprüfung durch einen Mitarbeiter. Rohdaten seien überhaupt nicht an die NSA gegangen. Von einer Massenüberwachung wollte B. auch in keiner Weise sprechen. Er bezifferte die gesamte Zahl der von Mitarbeitern des BND geprüften E-Mails auf etwa 3.000 pro Woche.

Treffen B.s Angaben zu, kann man auch nicht von einer rein automatisierten Überprüfung sprechen. Das automatisierte System könne nun mal nicht zu 100 Prozent funktionieren, gestand B. ein, daher habe es zu seiner Zeit in Bad Aibling auch keine automatisierte Weiterleitung der Daten an die NSA gegeben. „Also durfte nur wenig weitergeleitet werden." Auch der Zeuge R.U., ehemaliger Leiter von Bad Aibling, gab zu, man habe erkannt, dass beim G10-Schutz kein hundertprozentiger Schutz möglich sei. Aber man habe alles getan, um sicherzustellen, dass Selektoren einwandfrei waren, so R.U. im Untersuchungsausschuss. Ansgar Heuser, ehemaliger Leiter der Technischen Abteilung des BND, formulierte es sinngemäß so: Es könne eben sein, dass mal was durchgerutscht sei.

So flapsig sah das die Datenschutzbeauftragte der Bundesregierung, Andrea Voßhoff, nicht. Sie sprach in ihrem „Geheimen Prüfbericht" über die „Erhebung und Verwendung personenbezogener Daten in bzw. in Zusammenhang mit der Dienststelle des BND in Bad Aibling" vom März 2016 von gravierenden Mängeln und attestierte aus ihrer Sicht „systemische Defizite" beim DAFIS-Filter.

MoA-widrig, aber kein MoA-Verstoß

DAFIS dient dazu, den Schutz der deutschen Rechtsordnung sicherzustellen, also deutsche Staatsbürger aus der Überwachung auszusortieren – bevor diese Überwachung beginnt; der Filter soll aber auch dafür sorgen, dass alle Beschränkungen – zum Beispiel EU-Ziele – aus dem MoA zwischen BND und NSA von 2002 außerhalb der Steuerung bleiben. DAFIS besteht aus drei Filterstufen. Bei der ersten handelt es sich um eine allgemeine G10-Filterung. Hier sollen zunächst ganz allgemein alle Ziele herausgefiltert werden, die unter den G10-Schutz fallen. Diese Filterung wird in der zweiten Stufe erweitert auf die sogenannte G10-Positivliste. In der dritten Stufe kommt die Wortdatenbank „deutsche Interessen" hinzu, ein allerdings ziemlich unspezifischer Begriff.

So oder so, die meisten Selektoren werden bereits bei dieser ersten Filterung herausgenommen – und damit, bevor sie überhaupt gesteuert werden. Für NSA-Selektoren bedeutet dieses Verfahren, dass sie bereits in der ersten Stufe aus dem System herausfliegen, wenn sie formale Merkmale wie beispielsweise eine deutsche Vorwahl 0049 aufweisen. Die NSA kennt diese Ausschlusskriterien und darf eigentlich solche Selektoren der deutschen Seite gar nicht andienen. Bei den nächsten beiden Stufen sieht das anders aus: Hier kennen die NSA-Mitarbeiter die Kriterien der Deutschen nicht und können sie daher auch nicht von Anfang an berücksichtigen. Zu Verstößen des BND haben sie nicht geführt, wenn sie rechtzeitig vor der Einsteuerung in JSA erkannt und herausgenommen worden sind. Die Selektoren waren in diesem Fall also MoA-widrig, ohne aber gegen das MoA verstoßen zu haben; die NSA-Mitarbeiter brechen Recht, ohne es zu wissen.

Die G10-Positivliste der Stufe zwei setzt sich aus den Erfahrungen der BND-Experten zusammen, daher wächst diese Liste permanent. Das kann zur Folge haben, dass ein Selektor, der zunächst für die Überwachung eingesteuert wurde, später wieder herausgenommen werden muss. Das ist zum Beispiel der Fall, wenn er sich als ausländische Telefonnummer eines deutschen Staatsbürgers entpuppt. Da zur Zeit der Einsteuerung dem BND nicht bekannt war, dass es sich um die Nummer eines Deutschen handelte, sieht der Sonderermittler der Bundesregierung, Kurt Graulich, auch an dieser Stelle zwar eine MoA-Widrigkeit, aber keinen Verstoß gegen das Agreement.[11] Genauso sieht es schließlich mit Filterstufe drei aus, in der mit der Wortdatenbank „deutsche Interessen" gearbeitet wird. Hierbei handelt es sich – wie BND-Zeugen im Ausschuss zu Recht sagten – um einen schwammigen Begriff. Für die NSA sei es unmöglich, Selektoren nach dieser Datenbank von Anfang an auszusondern – denn sie kennt die dort aufgeführten Begriffe überhaupt nicht. Ganz naiv oder blind können die NSA-Experten aber sicher nicht sein, denn was „deutsche Interessen" sind, ist ihnen selbst bei der Schwammigkeit des Begriffs in vielen Fällen sicher klar. In wie vielen Fällen sie es einfach mal versuchten und schauten, was beim BND so alles durchflutscht, ist unbekannt. Auf jeden Fall sind Selektoren durchgerutscht, weil DAFIS nicht richtig funktionierte oder unzureichend programmiert war.

Streit um den Sonderermittler

Bei Bekanntwerden des Graulich-Berichts offenbarte sich bei einem Teil der BND-Kritiker und der Medien ein merkwürdiges Verständnis von unabhängiger Recherchearbeit.

Für sie konnte ganz offenbar der Bericht nur „unabhängig“ sein, wenn er das gewünschte Ergebnis brachte: ein vernichtendes Urteil über den BND. Jeder Verstoß gegen diese Maßgabe machte den Bericht in ihren Augen verdächtig als „bestellte Auftragsarbeit der Bundesregierung“, die in wichtigen Fragen die Rechtsauffassung des Bundesnachrichtendienstes übernehme, schimpfte beispielsweise Ausschussmitglied Martina Renner (Die Linke).[12] Tatsächlich hatte Graulich in kurzer Zeit recherchiert und sein Ergebnis vorgelegt. Wäre der Ausschuss dem Willen der Opposition gefolgt und hätte auf das Urteil des Bundesverfassungsgerichts zur Selektorenfreigabe gewartet, wäre wertvolle Zeit verstrichen – und das am Ende auch noch völlig umsonst, da das Gericht die Freigabe untersagte. Trotz der Kürze der Zeit legte Graulich einen umfassenden Bericht vor. Er befragte die mit den Selektoren befassten BND-Mitarbeiter, prüfte eine Liste mit fast 40.000 deaktivierten Selektoren und nahm als echter Experte, der er ist, eine umfassende juristische Prüfung vor. Dass BND-Mitarbeiter Zahlenmaterial lieferten, kann man kritisch sehen, aber eine andere Möglichkeit hätte es überhaupt nicht gegeben. Und es gibt keinerlei Hinweise, dass sie mauschelten oder manipulierten. Am Ende kommt Graulich zu Resultaten, die eine Basis für eine ergebnisorientierte Bewertung sind. Vielleicht war es gerade das, was manchen Kritikern an seinem Bericht nicht gefiel.

Scharfe Kritik von der obersten Datenschützerin

Das Ergebnis ihrer Untersuchungen schien eindeutig. Durch die DAFIS-Filterung würden nach Artikel 10 des Grundgesetzes geschützte Personen „zumindest nicht vollumfänglich ausgesondert", schrieb Voßhoff, die von 1998 bis 2013 für die CDU im Bundestag saß, in ihrem Bericht. Infolgedessen habe der BND – entgegen den Vorgaben des G10-Gesetzes – auch personenbezogene Daten dieser nicht ausgesonderten Personen verwendet und damit rechtswidrig in die durch Artikel 10 des Grundgesetzes geschützte Kommunikation dieser Personen eingegriffen.[13] Kommunikationsverkehre von Personen, die geschützt durch diesen Artikel im Ausland ohne die Verwendung einer deutschen Anschlussbeziehungsweise Kommunikationskennung erfolgten (wenn also zum Beispiel ein deutscher Staatsbürger in Frankreich E-Mails mit einer Adresse, die auf die Kennung „fr" für Frankreich endet), sowie Kommunikationsverkehre im Ausland, die durch einen ausländischen Provider vermittelt werden und an denen diese Grundrechtsträger beteiligt sind, könnten durch die DAFIS-Filterung nicht ausgesondert werden. Eine Aussonderung auf der ersten Filterstufe sei nicht möglich, da die für die Aussonderung notwendigen spezifischen Filterkriterien (wie beispielsweise die deutsche Ländervorwahl) in diesen Konstellationen nicht gegeben seien. Das war ein klarer Widerspruch zu den Aussagen von B. im Ausschuss und den Behauptungen des BND allgemein, nach denen doch in der ersten Filterstufe schon 99 Prozent der Daten gefiltert würden.

Eine Aussonderung auf der zweiten Filterstufe entfalle ebenfalls. Hierfür müsste dem BND das jeweilige Telekommunikationsmerkmal dieser grundgesetzlich geschützten Personen vorab bekannt sein und dieses Datum in der G10-Positivliste zulässigerweise gespeichert werden dürfen. Das gehe aber nicht, denn derartige Speicherungen sind nach geltendem Recht nicht zulässig. Auf der zweiten Ebene scheint damit mehr oder weniger jede weitere Filterung zu entfallen. Auch auf der dritten Filterstufe erfolgt keine Aussonderung derartiger Fälle. Dies nämlich würde voraussetzen, so Voßhoff, dass der BND die Daten der betroffenen Grundrechtsträger vorab gekannt hätte und unter der Rubrik „Wahrung deutscher Interessen" hätte speichern dürfen. Dies aber ist nach geltendem Recht nicht der Fall.

Das Urteil des Geheimen Prüfberichts ist in diesem Punkt deutlich. Beim BND ahnte man sicherlich, was drohte. So erlaubte die Geheimdienstspitze der Datenschutzbeauftragten Voßhoff nicht, nach dem Kontrollbesuch in Bad Aibling auch in die Zentrale nach Pullach zu fahren, wo die DAFIS-Datei geführt wurde. Diese Weigerung wirft kein gutes Licht auf den BND. Denn was hätte er zu verbergen gehabt, wenn tatsächlich die Ausfilterung rechtlich geschützter Daten durch DAFIS problemlos laufen würde? Doch beim BND versteifte man sich auf die nicht sehr stichhaltige Position, Voßhoffs Kontrollbefugnis erstrecke sich nicht auch auf DAFIS. Kontrollbefugt sei lediglich die G10-Kommission des Bundestags. Einen Mangel hat der Bericht der Datenschutzbeauftragten an dieser Stelle allerdings. Voßhoff konnte keine Aussage über den Umfang der nicht herausgefilterten Daten machen. Auf den ersten Blick – vor allem durch die Behauptung, in der zweiten und dritten Stufe sei praktisch keine Filterung von G10-Daten mehr möglich – liest der Bericht sich so, als habe es sich um Daten in großen Massen gehandelt. Doch einen Beleg dafür gibt es nicht. Am Ende hat Voßhoff nichts anderes festgestellt, als was der BND ohnehin zugegeben hatte – dass eine hundertprozentige automatische Ausfilterung nicht möglich sei. Die Größenordnung der Fehlerquote und damit der Grundrechtsverletzungen bleibt im Dunkeln. Die Frage, ob tatsächlich anschließend per Menschenhand der letzte Rest kritischer Daten in der dritten Filterstufe herausgeholt wurde, ehe das Material an die NSA ging, konnte die Datenschutzbeauftragte kaum nachprüfen. Sie kritisierte allerdings, dass die BND-Mitarbeiter in dieser dritten Stufe ohne einheitliche Vorgaben oder inhaltliche Konkretisierungen beziehungsweise Leitlinien arbeiteten, wie sie zum Beispiel durch Dienstanweisungen oder Vorgaben der Fachaufsicht festgelegt werden könnten.

Die Mutter aller Probleme

Darin war sie sich einig mit Gerhard Schindler, in einem Teil des Untersuchungszeitraums immerhin Präsident des BND. Die „Mutter aller Probleme" habe darin gelegen, dass das Memorandum of Agreement vom April 2002 mit der NSA beim BND schlicht niemand gekannt habe. Die Grundvereinbarung sei nicht in eine Handlungsanweisung heruntergebrochen worden. Schindler fand das erstaunlich, denn es gebe doch für alles Mögliche eine Dienstvorschrift, nur ausgerechnet mit Bezug auf das MoA nicht. Das bedeute nicht, so Schindler auf Nachfrage, dass vieles entgegen den Bestimmungen des MoA abgelaufen sei, aber die Hereinnahme der NSA-Selektoren sei eben nicht geregelt gewesen. Er kritisierte auch die maschinelle Prüfung der Selektoren. Sie sei ein Grund, dass EU-Ziele bei der Filterung durchgerutscht seien. Die Maschine sei nur auf deutsche Staatsbürger, Firmen und Interessen zugeschnitten gewesen; die EU sei da einfach durchgelaufen. Für Schindler war das eine der Sollbruchstellen des ganzen Systems. Bleibt die Frage, warum Schindler das Problem nicht angegangen ist, als er an der Spitze des BND stand.

Ahnungsloser BND

Und es gab noch ein anderes Problem: Der BND konnte die Begründungen der NSA für die Anträge auf Steuerung der Selektoren nicht lesen. Daher konnten die Leute beim BND nicht beurteilen, welchen Hintergrund die jeweilige Andienung hatte. Der BND war also praktisch blind und das machte die Kontrolle deutlich schwieriger. Begründet wurde dieser Missstand mit technischen Problemen, denn die beiden Seiten arbeiteten mit unterschiedlichen Datenbanksystemen, die an dieser Stelle nicht kompatibel waren. Das hätten die NSA-Experten sicher korrigieren können, aber das wollten sie vermutlich gar nicht. Durch diesen Mangel sei es dem BND „in erheblichem Maße unmöglich" gewesen, die vertragsmäßige Durchführung des MoA eigenständig zu überprüfen, urteilte Sonderermittler Graulich. Es bestehe keine realistische Möglichkeit, das Aufklärungsverhalten des Kooperationspartners zu verstehen, wenn dessen Gründe für die gewünschte Einsteuerung eines Selektors nicht bekannt seien.[14] Es stellt sich natürlich auch die Frage, warum beim BND niemand auf den Gedanken gekommen ist, den Missstand abzustellen. Oder war es einfach ganz bequem so, wie es war, weil man sich Ärger und Arbeit ersparte und die NSA nicht reizen wollte?

Einfach mal die NSA fragen? "Nicht opportun"

Warum der BND die Kollegen von der NSA nicht einfach mal über die Selektoren befragt hat, versuchte der ehemalige Leiter der Technischen Abteilung des BND, Ansgar Heuser, im Ausschuss zu erklären. In seine Amtszeit zwischen 2009 und 2012 sei der Höhepunkt des Afghanistan-Einsatzes der Bundeswehr gefallen. Die Zusammenarbeit mit den USA war dabei von grundlegender Bedeutung. Wäre er damals auf den Gedanken gekommen, die NSA zu bitten, ihm ihre Selektorenlisten vorzulegen, hätten die ihn nach seinem Geisteszustand gefragt. Später, ja, da habe er sich mal die Frage gestellt. Trotzdem blieb Heuser bei seiner Auffassung, man habe damals Besseres zu tun gehabt, als einen Gedanken zu formulieren, der mit enormem Arbeitsaufwand verbunden gewesen wäre und das Verhältnis zu den USA gefährdet hätte. Es wäre ein „massives Misstrauen in einer Situation gewesen, in der man aufeinander angewiesen war". Es wäre nicht einmal opportun gewesen, von der NSA gesteuerte Telefonnummern zu überprüfen. Es habe sich ja nur um Einzelfälle gehandelt. Man müsse sich in die damalige Situation des BND versetzen – er habe die Unterstützung der NSA in Afghanistan gebraucht. Jede Maßnahme wäre auf größtes Unverständnis gestoßen. Nicht nur bei der NSA, sondern auch bei den eigenen Vorgesetzten. Erst mit den Snowden-Enthüllungen habe sich das geändert. Nun sei völlig klar gewesen, dass man sich alles genau anschauen musste. Von nun an galt der „360-Grad-Blick" – der BND nimmt alle Seiten genauer unter die Lupe, auch die Amerikaner.

Der 360-Grad-Blick

Edward Snowden hatte bei seinen Enthüllungen das Ziel im Kopf, den einzelnen Menschen vor der Überwachung durch die NSA zu schützen. In Deutschland erreichte er zunächst etwas anderes: Nach dem Schritt des Amerikaners an die

Öffentlichkeit waren die Deutschen zunächst einmal um die Sicherheit ihrer eigenen Daten besorgt. Sie gründeten eine interdisziplinäre Arbeitsgruppe zur Sonderauswertung des Themas „Technische Aufklärung durch US-amerikanische, britische und französische Nachrichtendienste mit Bezug zu Deutschland", kurz SAW TAD. Solcherart Aufklärung stellte sich als schwieriges Unterfangen heraus. Es war für die deutschen Experten nicht konkret festzustellen, ob und in welchem Umfang US-Dienste wie die NSA gegen deutsche Interessen genutzt worden seien, berichtete der Zeuge Burkhard Even, Leiter der Abteilung Spionageabwehr beim Bundesverfassungsschutz, im Untersuchungsausschuss. An dem, was zu tun war, konnte für Even aber keinerlei Zweifel bestehen: „Gleichwohl, auch wenn es an klaren Beweisen fehlt, gibt das eindeutig bestehende hohe Risiko aus meiner Sicht genügend Anlass, konkrete Gegenmaßnahmen zu ergreifen. So wurde durch die Arbeit der SAW deutlich, dass eine Neuausrichtung der Spionageabwehr dringend geboten ist." In der Öffentlichkeit wurde die Einbeziehung auch der Partnerdienste in die Kontrolle als 360-Grad-Blick bezeichnet. Neu war das zwar nicht, schon früher hatte es diesen umfassenden Blick in alle Richtungen gegeben. Doch die deutsche Spionageabwehr hatte ganz offensichtlich nur nicht allzu genau in Richtung Partnerdienste geschaut. Mehrere Zeugen wie der Präsident des Bundesverfassungsschutzes Hans-Georg Maaßen wiesen auch darauf hin, dass die Gefahren durch Spionage natürlich nicht in erster Linie von den befreundeten Diensten ausgehen.

Durch Snwoden geriet auch eine Einrichtung mit Namen Special Collection Service (SCS) ins Visier der deutschen Behörden. Dabei handelt es sich um eine gemeinsame Spezialeinheit von NSA und CIA, die in rund 80 diplomatischen

US-Vertretungen stationiert sein soll – in Deutschland offenbar im US-Generalkonsulat in Frankfurt am Main. Dieser spezielle Sammelservice erweckte das Interesse der deutschen Spionageabwehr; man wollte gerne wissen, was denn die Freunde dort so sammelten. Am 28. August 2013 umflog auf Weisung des zuständigen Staatssekretärs im Bundesinnenministerium ein Hubschrauber des Bundesverfassungsschutzes siebenmal das US-Generalkonsulat in Frankfurt. Als dessen Mitarbeiter genauer hinschauten, konnten sie erkennen, dass die Tür des Hubschraubers geöffnet war. Die Hausherren fanden die ganze Aktion nicht witzig und beschwerten sich beim Auswärtigen Amt (das in die Aktion gar nicht einbezogen war). Informationen über ihre Aktivitäten rückten sie selbstredend nicht heraus. Dass es ein Medienbericht war, der den Verfassungsschutz auf die Möglichkeit hinwies, dass vom US-Generalkonsulat Spionage betrieben werde, steigert das Vertrauen in die Fähigkeiten des BfV nicht unbedingt.

Wie viele Daten durch Selektoren?

Eine Aussage des ehemaligen Unterabteilungsleiters der Nachrichtenabteilung, D.B., im Untersuchungsausschuss erscheint vor diesem Hintergrund nicht glaubwürdig. Er behauptete, Selektoren anderer Geheimdienste würden restriktiver behandelt als die des BND. Wenn er den Eindruck gehabt habe, dass ein Selektor gegen deutsche Interessen verstieß, habe er diesen nicht verwendet. Auf den Einwand, dass er bei vielen Selektoren gar nicht sehen könne, ob es einen Verstoß gegen deutsche Interessen gebe, wollte er öffentlich nicht antworten. Wie viele deutsche

Staatsbürger, Regierungsstellen von EU/NATO-Partnern oder EU/NATO-Einrichtungen unrechtmäßig durch NSA-Selektoren überwacht wurden, lässt sich seriös nicht ermitteln.

Die Zahlen, die Sonderermittler Graulich auf den Tisch legte, lesen sich deutlich weniger dramatisch als die, die in manchen Medien genannt und von manchen Politikern benutzt werden – und wirken gerade deshalb auf die Opposition und einen Teil der Medien unglaubwürdig. Tatsächlich muss noch einmal in Erinnerung gerufen werden, dass das Zahlenmaterial Graulichs vom BND selbst stammt. Eine andere Möglichkeit der Recherche hätte es, zumal in der kurzen Zeit, die der Ex-Richter zur Verfügung hatte, gar nicht gegeben. Niemand konnte dem BND bislang nachweisen, dass diese Zahlen manipuliert sind. Vor diesem Hintergrund argumentierten die Kritiker nach dem Motto: Es kann nicht sein, was nicht sein darf. Sprich: Sie wollen nicht akzeptieren, dass die Zahl der Vergehen durch den BND eben bei Weitem nicht so massiv ist, wie sie selbst behaupteten. Wer zu dieser Beurteilung gelangt – wie Graulich –, wäscht damit den BND in keiner Weise von jeder Schuld rein. Denn hinter jedem einzelnen Verstoß steht ein Grundrechtsträger – anders formuliert: ein Mensch, ein Unternehmen, eine Institution oder eine Regierung.

Graulich standen für seine Untersuchungen 36.164 Internetselektoren und 2.918 Telefonselektoren zur Verfügung – macht zusammen 39.082. Alle wurden dem BND von der NSA zur Steuerung angedient, gelten aber als reine NSA-Selektoren. 640-mal wurden deutsche Grundrechtsträger von der NSA gesetzeswidrig überwacht – 140 bis zu einem Vierteljahr und 261 länger als ein Vierteljahr, bevor sie aus der Steuerung herausgenommen wurden; zu 239 fand sich keine Angabe über die Dauer der Steuerung. Aus diesen

Zahlen lässt sich indes keinerlei Rückschluss auf die mögliche Gesamtzahl rechtswidrig gesteuerter deutscher Grundrechtsträger durch die NSA ziehen, da wie gesehen unbekannt ist, wie viele Selektoren tatsächlich bei der Filterung durchgerutscht sind.

KAPITEL 5

Der BND

Ein Elfmeter für den NSA-Chef

Im Sommer 2013 erschreckte der *Spiegel* die deutsche Öffentlichkeit mit der Meldung, die NSA habe von Bad Aibling aus um die Jahreswende 2012/13 binnen vier Wochen 500 Millionen Metadaten aus Deutschland abgesaugt. Nun schien der Skandal perfekt. Die Bundesanwaltschaft legte einen Prüfvorgang an, der deutsche Verfassungsschutz ermittelte. Und beim BND herrschte Chaos. Es dauerte ein paar Tage, bis in Pullach klar war, was das Hamburger Nachrichtenmagazin mit seiner Meldung gemeint hatte. Dann stellte sich heraus, dass die Daten gar nicht von der NSA gesammelt worden waren, sondern vom BND. Die Zahl setzte sich zum Teil aus der Satellitenaufklärung zusammen, die BND und NSA gemeinsam von der Mangfall-Kaserne in Bad Aibling aus betrieben, und zum Teil aus der Überwachung des Telefonverkehrs in Afghanistan. Dort, in Bad Aibling, befanden sich zwei Sammelstellen, von der NSA „Sigads" genannt. Es war umstritten, ob der BND eine ausreichende rechtliche Grundlage für eine solche strategische Auslandsüberwachung vorweisen konnte, aber der große Skandal oder auch die Überführung des BND als millionenfacher Gesetzesbrecher war die Enthüllung nicht. Die Berichterstattung, Teil der Recherche zu dem NSA-Programm „Boundless Information" basierte auf einem Missverständnis im Zusammenhang mit von

Edward Snowden übermittelten Folien; möglicherweise waren auch die Informationen Snowdens an dieser Stelle schlicht falsch. Die *Spiegel*-Leute, sonst die zuverlässigsten Rechercheure in Deutschland, was die Enthüllungen über NSA und BND angeht, hatten anschließend die Größe, ihren Irrtum auch öffentlich einzugestehen. Journalisten sind eben auch nur Menschen, und Menschen machen Fehler. Anders Snowden-Freund Glenn Greenwald. Der US-Journalist war Mitautor vergleichbarer Artikel in der französischen *Le Monde* und der spanischen *El Mundo*. Er bestand in einem weiteren Artikel hartnäckig und uneinsichtig auf dem Wahrheitsgehalt der offenbar falschen Artikel. Kritiker der Berichterstattung waren für ihn „zutiefst autoritär", weil sie den Angaben der NSA Glauben schenkten. Als Greenwalds Behauptung endgültig nicht mehr haltbar war, wurde der Text stillschweigend gelöscht. Eine weitere Erklärung oder gar eine Entschuldigung für die Irreführung der Bevölkerung gab es nicht.[1]

NSA-Chef Keith Alexander nutzte die Angelegenheit zu einem großen Rundumschlag gegen die weltweiten Kritiker seines Dienstes. Die Berichterstattung sei völlig falsch, weder Snowden noch die beteiligten Journalisten hätten begriffen, um was es eigentlich ging. Klar, einen solchen Elfmeter wollte der in die Enge getriebene NSA-Chef sich nicht entgehen lassen. Ganz so einfach war die Sache aber nicht, denn immerhin hatten die Artikel doch gezeigt, welche gewaltigen Datenmassen NSA, BND und Co absaugten – 500 Millionen Metadaten in nur vier Wochen an nur einem Standort! Kanzleramtschef Ronald Pofalla hatte zwar, was diesen Teil des NSA-BND-Skandals betraf, recht, als er behauptete, es gebe in Deutschland keine millionenfache Grundrechtsverletzung. Gleichwohl war die Verwirrung, die die Presseberichterstattung in Pullach auslöste, doch verwunderlich.

Der BND gerät ins Zwielicht

Dass der BND in den Mittelpunkt der Recherche rückte, ist auch ein Verdienst der Medien, aber in erster Linie des Untersuchungsausschusses. Am Anfang sollte es nur um die Machenschaften der Five-Eyes-Staaten und speziell der NSA gehen. Doch als die Abgeordneten des Ausschusses, die Medien und die interessierte Öffentlichkeit gewahr wurden, dass auch der Bundesnachrichtendienst selbst so einiges im Dunklen getrieben, enger als gedacht mit der NSA kooperiert und dann auch eigenständig Maßnahmen ergriffen hatte, die sich offensichtlich nicht an deutsches Recht hielten, war klar, dass auch hier dringend Licht ins Dunkel gebracht werden musste. Natürlich im Interesse der Öffentlichkeit – aber auch im Interesse des deutschen Auslandsgeheimdienstes selbst. Denn vor dem Hintergrund zweier Diktaturen mit umfassenden Überwachungs- und Unterdrückungssystemen ist es naheliegend und verständlich, dass die Bevölkerung in Deutschland besonders kritisch gegenüber ihren Geheimdiensten eingestellt ist. Es ist in einer Demokratie undenkbar, dass ein Geheimdienst unter dem ständigen Misstrauen der Bevölkerung arbeitet. Deshalb müssen Missstände öffentlich gemacht und abgestellt werden. Das bedeutet natürlich nicht, dass die Arbeit des BND durch zu starre Regelungen quasi lahmgelegt werden darf. Auch ein Wirken im Geheimen muss dem Geheimdienst möglich sein, sonst ist seine Arbeit wirkungslos.

Dass der BND auf die Herausforderungen der Zeitenwende durch den 11. September noch viel weniger vorbereitet war als die amerikanischen Geheimdienste und daher in Zeiten, in denen internationale Kooperation unter Partnerdiensten so wichtig wurde wie niemals zuvor, ins Schlepptau der NSA und ihre Abhängigkeit geriet, wurde schon beschrieben. Die NSA entwickelte im ersten Jahrzehnt des neuen Jahrtausends mit beeindruckender Geschwindigkeit neue Programme für das digitale Zeitalter. Sie ließ den BND auch durchaus an ihren technischen Errungenschaften teilhaben, wenn es denn passte. So durften die Leute vom BND beispielsweise um die Jahrtausendwende mit dem Programm „ThinThread" herumproben, ehe es durch die NSA-Spitze noch im Versuchsstadium wieder eingestellt wurde. Im Jahr 2000 kam eigens ein hochrangiger NSA-Mitarbeiter nach Pullach gereist, um den deutschen Kollegen die Bedeutung des neuen Internets klarzumachen. Ein Zeuge vom BND erinnerte sich in seiner Aussage vor dem NSA-Untersuchungsausschuss, dass dieser Besucher klargemacht habe, „dass man mit der Kurzwellenerfassung und der Fernmeldesatellitenaufklärung zwar noch einiges gerade in Richtung Entwicklungsstaaten, Ostblock und so weiter machen könnte, aber dass grundsätzlich auf der Welt das Internet beherrschend wird und man dazu neue Methoden braucht. Stichwort: Metadaten." Der Mann, der diesen Rat erteilt hatte, war niemand anders als William Binney, ein ehemaliger NSA-Mitarbeiter. Er sollte im NSA-Untersuchungsausschuss des Bundestags gewissermaßen als Kronzeuge der Anklage aussagen. Wie noch zu zeigen sein wird, mit sehr wenig Durchschlagskraft.

Aber der BND konnte in keiner Weise mithalten. Das Projekt Eikonal zeigte, wie sich die NSA das gegenseitige Verhältnis zu dieser Zeit tatsächlich vorstellte – modernste Technik gegen umfassenden Zugang. Doch im Laufe der Zeit wurde der BND gewissermaßen flügge. Eikonal sollte nicht das Ende der Kooperation mit der NSA sein, das wäre auch angesichts der internationalen Bedrohungslage unverantwortlich gewesen. Aber Pullach wollte jetzt mehr. Der BND wollte seine Eigenständigkeit im digitalen Zeitalter zumindest ein Stück weit wiedergewinnen, zumal Deutschland in Afghanistan und anderswo militärisch engagiert war und selbst verstärkt ins Fadenkreuz des islamistischen Terrors geriet. Sollte man sich da nur auf die Amerikaner und gegebenenfalls die Briten verlassen? Man hatte doch die Technik zur Verfügung und man hatte sich abgeschaut, wie die NSA ihre Informationen aus dem Netz fischte: mit Selektoren. Alles war also da, man musste es nur nutzen.

Den Knoten weiter im Visier

Es scheint, dass die Leute vom BND trotz des Endes von Eikonal Blut geleckt hatten. Denn kaum war das Projekt begraben, da stand am 14. August 2008 eine Delegation aus Pullach bei Klaus Landefeld auf der Matte. Landefeld war Vorstand von Eco – also genau von dem Unternehmen, das DE-CIX in Frankfurt betreibt. Nun wollte der BND – so zumindest stellte es Landefeld sieben Jahre später im NSA-Ausschuss dar – alles. Das bedeutet, er wollte nicht nur Zugriff auf die Telekom-Leitung, sondern gleich 25 Internet-Service-Provider anzapfen.

Der BND wollte nicht nur alles, sondern das auch noch auf möglichst bequeme Weise. Er wollte „auf einmal an den Knoten und die Verkehre von mehreren Anbietern, im Idealfall mit einer einzelnen Maßnahme", schilderte Landefeld das Anliegen seiner Gesprächspartner. Er wollte sich eine bestimmte Leitung auswählen können, den einen Tag die des einen Providers, den anderen Tag die eines anderen – eine

Art Generalzugriff auf den Frankfurter Knoten. Rechtliche Bedenken des Betreibers Eco seien komplett ignoriert worden, so Landefeld. Er wandte sich erfolglos an das Kanzleramt und die G10-Kommission. Im folgenden Jahr 2009 – der BND hatte mit technischen Schwierigkeiten zu kämpfen gehabt – kam schließlich eine im Vergleich zu den Geheimdienstforderungen stark abgespeckte G10-Anordnung, die eine Reihe, aber keineswegs alle Anbieter betraf. Aber sie war natürlich aus Sicht der Geheimdienstler besser als nichts. Erstaunlich: In dieser Anordnung waren auch Leitungen aufgeführt, durch die zu 95 Prozent innerdeutscher Verkehr, zum Beispiel von Frankfurt nach Karlsruhe, lief. Ebenso waren rein regionale Anbieter betroffen, die nunmehr vom Auslandsgeheimdienst überwacht wurden.

An der ganz langen Leine

Innerhalb der rechtlichen Begrenzungen, denen der BND unterliegt, ergeben sich seine konkreten Aufgaben aus den Bedürfnissen und Erwartungen der Bundesregierung, die im Auftragsprofil der Bundesregierung (APB) festgelegt werden. Darin weist sie dem Dienst außen- und sicherheitspolitische Aufgaben, Aufklärungsschwerpunkte und Berichtsprioritäten zu. Die APB sind nicht mehr und nicht weniger als ein Rahmen, der dem BND eigene Spielräume lässt. Wie sich zeigen sollte: weite Spielräume. Und wie sich weiter zeigen sollte, war der BND gewillt, diese Spielräume voll auszunutzen und gegebenenfalls auch den Rahmen mal auszudehnen. Das APB versetzt den BND in die Lage, weltweit Ziele zu definieren, die von außen- oder sicherheitspolitischer Bedeutung sind. Es setzt dem Dienst aber keine

Grenzen bei der Wahl seiner Mittel. Im Einzelfall kann er alle ihm zur Verfügung stehenden nachrichtendienstlichen Mittel einsetzen – insbesondere eben die strategische Fernmeldeaufklärung.[2]

Die Abwägung, ob der potenzielle Schaden, den eine Überwachung – zum Beispiel einer ausländischen Botschaft oder eines ausländischen Politikers – verursachen kann, größer sein kann als der Nutzen der nachrichtendienstlichen Aufklärung, überlässt die Bundesregierung ganz galant dem BND. Denn in den APB finden sich keinerlei Einschränkungen wie zum Beispiel der grundsätzliche Ausschluss von europäischen Regierungseinrichtungen oder Einrichtungen von NATO-Partnern oder internationalen Organisationen, in denen Deutschland Mitglied ist. Selbst der willensstärkste Nachrichtendienst, für den Recht, Gesetz und der Schutz der Grundrechte ganz weit oben auf der Prioritätenliste stehen, muss schwach werden und mal außerhalb seines Reviers zuschnappen, wenn er an einer solch langen Leine gehalten wird.

Sollte die Unwissenheit der Bundesregierung den einen oder anderen skeptisch machen, so sollte jeder Laie doch eigentlich auf den Gedanken kommen, dass sich der BND innerhalb dieses Rahmens eigene Standards in Form von Dienstvorschriften oder anderen schriftlichen Festlegungen setzt – und sich damit in unklaren Fällen auch selbst Grenzen setzt. Doch nichts dergleichen geschah. Erstaunlich, denn der BND ist eine Behörde und in einer ordentlichen deutschen Behörde gibt es für alle erdenklichen Fälle Dienstvorschriften; es muss jeder Bewirtungsbeleg, und sei er auch nur ausgestellt über zwei Euro, eingereicht und korrekt abgerechnet werden. Beim BND sah man das dagegen ganz locker. Eine Vorschrift für einen möglichen

Eingriff in das Grundrecht einer Einzelperson oder die Überwachung des Außenministers eines befreundeten Staates? Unnötiger Papierkram, das machen wir mündlich. So könnte man die vorherrschende Mentalität in Pullach zusammenfassen, wie sie sich aus den Aussagen im Untersuchungsausschuss ergibt.

Der BND entwickelte so ein erstaunliches, von der externen Aufsicht teilweise entkoppeltes Eigenleben, und das Kanzleramt als Aufsichtsbehörde registrierte es nicht. Das zeigt auch der Weg der Auftragsvergabe. Im Untersuchungszeitraum wandte sich die Bundesregierung an die BND-Abteilung Gesamtlage, Führungs- und Informationszentrum (GL), wenn sie einen Auftrag hatte (die GL existiert inzwischen nicht mehr). Die GL übermittelte den Aufklärungsauftrag ihrerseits an die Technische Abteilung (TA). Auch hier reichte man die Verantwortung gerne von oben nach unten weiter. Denn den Kollegen von der TA überließ das Führungszentrum dann gerne die konkrete Ausgestaltung des Auftrags, das heißt also, welche Teilnehmer wie gesteuert werden sollten – und damit die Entscheidung über die Strategie, die der BND im konkreten Fall zu verfolgen gedachte. Die über der TA angesiedelte GL war praktisch nicht mehr als die Auftragsannahmestelle, die niedrigere TA maß ihren Handlungsspielraum selbst aus. Eine bemerkenswerte Konstellation, die in keinem halbwegs ordentlich geführten mittelständischen deutschen Betrieb vorstellbar ist. Bundestag und Bundeskanzleramt hätten hier viel früher erkennen müssen, dass man die TA personell und finanziell viel besser hätte aufstellen müssen, sie dann aber zugleich auch viel intensiver durch die zuständige Abteilung 6 des Kanzleramts hätte kontrollieren müssen. Wer in der digitalen Welt mitspielen will, braucht die entsprechenden Ressourcen, neue Kompetenzen – und eine straffe Führung und Kontrolle. Vielleicht hielt die Politik die Deutschen noch nicht reif für eine Diskussion um einen starken Nachrichtendienst und die damit verbundene Diskussion, was so ein Dienst benötigt, um international mithalten zu können. Inzwischen macht es die so oft gescholtene Bundeswehr vor: Mit der Aufstellung des neuen Organisationsbereichs Cyber- und Informationsraum (KdoCIR) gelingt ihr das deutlich besser.

Zur Kontrolle gehören klare Grenzen. Solche Grenzen bilden die Filtermaßnahmen, die eingesetzt werden, um unerlaubten Schritten vorzubeugen. Diese wiederum richten sich nach den gesetzlichen Vorgaben. Doch dass DAFIS zwar nicht löchrig war wie ein Schweizer Käse, aber doch ganz eindeutige Fehlerquoten aufwies, wurde schon beschrieben. Das war ja auch im BND nicht unbekannt. Die Tatsache, dass der deutsche Geheimdienst sich beim Eikonal-Projekt anders als die NSA Gedanken darüber machte und das Problem zumindest erkannte, gereicht ihm im Gegensatz zur deutlich pragmatischeren NSA durchaus zur Ehre. Noch besser wäre es natürlich gewesen, wenn der BND Eikonal aus ebendiesem Zweifel beendet hätte. Und nicht die NSA, weil sie mit den Ergebnissen unzufrieden war, die aufgrund der zwar löchrigen, aber doch strengen BND-Filterung zustande gekommen waren. Trotz der Bedenken schaltete der BND eigene Selektoren, die nichts anderes taten als die der NSA: Partnerländer und Institutionen von Organisationen, in denen Deutschland selbst Mitglied ist, steuern. Ob diese nicht den rechtlichen Vorgaben entsprachen oder „nur“ aus außenpolitischen und diplomatischen Gründen ungeschickt waren, ist teilweise umstritten. Jedenfalls geschah das offenbar ganz geheim.

Die Putzkolonne rückt an

Im Oktober 2013, als die Enthüllungen Edward Snowdens ein beherrschendes Thema in Medien und Öffentlichkeit waren, rückte im BND auf Anordnung des damaligen Präsidenten Schindler eine Putzkolonne an, die angeblich aus mehr als 100 Mitgliedern bestand. Ihre Aufgabe: die Listen des Dienstes von den kritischen Selektoren zu reinigen. Dabei ging es lediglich um die eigenen Selektoren, nicht auch um die der NSA, so D.B., ehemaliger Unterabteilungsleiter, im Untersuchungsausschuss. Rund 3.300 Teilnehmer mit etwa 15.000 Telekommunikationsmerkmalen wurden auf diese Weise in Unterordner verschoben und nicht mehr verwendet.

Die Kontrolleure

Diese Liste der Putztruppe mit digitalem Giftmüll war die Grundlage für die Arbeit der sogenannten Taskforce, die das Parlamentarische Kontrollgremium des Bundestags bildete. Zusätzlich zu den Abgeordneten des eigentlichen Untersuchungsausschusses gehörte diese „Sonderermittlertruppe" neben dem Sonderermittler Kurt Graulich und der Datenschutzbeauftragten Andrea Voßhoff zu den drei Kontrollinstanzen, die das Gebaren des BND untersuchten und dem Ausschuss ihre Erkenntnisse überließen.

Wie weit ging der BND? In welchem Umfang verstieß er bei der Steuerung seiner eigenen Selektoren gegen die rechtlichen Vorgaben, gegen das zulässige Maß an Überwachung? Erschwert wurde allen Kontrollinstanzen ihre Aufgabe durch die Tatsache, dass sie keinen Zugang zu allen Unterlagen hatten. So widersprach das Bundesverfassungsgericht einer Klage der Opposition auf Herausgabe aller Selektoren durch den BND, weil dadurch die Sicherheitsinteressen der Bundesrepublik gefährdet sein könnten. Der einzige, der Selektoren sehen durfte, war der Sonderermittler Kurt Graulich, aber er konnte nur Stichproben machen und musste sich auf die Angaben der überprüften Institution verlassen, also des BND.

Die Taskforce, der mit dem Grünen Christian Ströbele auch ein Mitglied des NSA-Untersuchungsausschusses angehörte, nahm sich die sogenannte Gruppenliste des BND vor. Die dort aufgeführten 3.300 Teilnehmer haben alle zwei Merkmale gemeinsam: Sie weisen einen EU- beziehungsweise NATO-Bezug auf und sie wurden 2013 genau deshalb aus der Steuerung herausgenommen (einige unstrittige allerdings später wieder aufgenommen).

Klare Verstöße des BND

Diese Liste hatte es in sich und bot einige Überraschungen, als die Kontrolleure sich darin vertieften. Nach Erkenntnissen der Taskforce kamen folgende Teilnehmer auf die Gruppenliste, das heißt, sie wurden von Maßnahmen des BND erfasst:

- ausländische Regierungseinrichtungen – eine zweistellige Zahl von Staats- und Regierungschefs beziehungsweise Ministern von EU- oder NATO-Staaten oder deren Umfeld wie der Amtssitz, der Stab oder die Büromitarbeiter. Ebenso sind militärische Einrichtungen von EU/NATO-Staaten aufgelistet.

- Institutionen und Organisationen der EU – betroffen ist eine geringe Zahl.
- diplomatische Vertretungen mit EU/NATO-Bezug – sie machen allein mehr als zwei Drittel der Teilnehmer auf der Gruppenliste aus.
- Nichtregierungsorganisationen und Wirtschaftsunternehmen mit EU/NATO-Bezug – hierbei handelt es sich um eine mittlere zweistellige Zahl; sie kommen aus den Bereichen Luft- und Raumfahrt, Rüstung, Transport, Medien und Beratung.
- Einzelpersonen
- G10-Fragen – Fälle, die mit Blick auf das grundgesetzlich garantierte Post-, Fernmelde- oder Briefgeheimnis Fragen aufwerfen.[3]

Die Taskforce nennt in ihrem Bericht nur abstrakte Beispiele. Sie kommt zu dem Ergebnis, dass rund ein Drittel der gesteuerten Ziele mit großer Wahrscheinlichkeit rechts- und verfassungskonform gewesen sei. Diese Ziele hätten einen Bezug zu Krisenländern oder Gefahrenbereichen in EU/NATO-Staaten gehabt und seien legitime Aufklärungsziele des BND.

Ein Drittel rechts- und verfassungsgemäß – das bedeutet, auf zwei Drittel der Maßnahmen trifft diese Einschätzung nicht zu oder die Mitglieder der Taskforce konnten sich nicht zu einem endgültigen Ergebnis durchringen. Unter diejenigen allerdings, die eines der Etiketten „nicht auftragskonform und nicht rechtlich zulässig“, „unverhältnismäßig“ und/oder „nicht erforderlich“ bekamen, fallen praktisch die wichtigsten gesteuerten Ziele. So war für die Taskforce die Steuerung eines namentlich nicht genannten Staats- oder Regierungschefs gemessen an den APB der

Bundesregierung unverhältnismäßig. Zwar sei der ursprüngliche Ansatz, diesen ausländischen Regierungspolitiker zu steuern, nachvollziehbar, weil es dabei um einen Entführungsfall ging. Doch erstens habe die Steuerung keine Erkenntnisse gebracht und zweitens sei sie weder erforderlich noch angemessen gewesen – immerhin habe es sich um ein Partnerland der Deutschen gehandelt. Das gelte auch für die ausländischen Ministerien aus EU/NATO-Staaten, die vom BND gesteuert wurden, und zwar allein nach der Gruppenliste in hoher zweistelliger Zahl.

Abhören von Freunden

Abhören von Freunden – das ging ganz offenbar in den Augen des BND, wie die Auswertung der Gruppenliste durch die Taskforce bewies. Die Steuerung des Regierungschefs eines befreundeten Landes sei mit der Hoffnung verbunden gewesen, nachrichtendienstlich relevante Informationen zum internationalen Terrorismus im Zusammenhang mit Entführungsfällen zu erlangen; ein Grund, den die Taskforce als nachvollziehbar einschätzte. Die Steuerung der genannten Teilnehmer könne also grundsätzlich als geeignet zur Auftragserfüllung angesehen werden. Allerdings: Ein nachrichtendienstlich relevantes Meldungsaufkommen erbrachte die Steuerung der in der Stichprobe untersuchten Telekommunikationsmerkmale zu dieser Stichprobe eines Amtssitzes eines Staats- oder Regierungschefs nicht. Es sei in diesem Zusammenhang nicht nachvollziehbar, warum die Steuerung nicht bereits wesentlich früher eingestellt worden sei.

Der BND habe nicht im Detail ausgeführt, welche Informationen aus der Steuerung erwartet worden seien. Soweit mit der Steuerung zeitnah sensible Informationen über Entführungsfälle erlangt werden sollten, sei zu fragen, ob diese auf anderem Wege – etwa durch die Steuerung des von der anderen Regierung eingerichteten Krisenstabs – effektiver zu beschaffen gewesen wären. Es sei also fraglich, ob die Steuerung in dieser Form erforderlich war. Nein, befand die Taskforce: „Die Steuerung des Amtssitzes eines Staats- oder Regierungschefs war allerdings nicht angemessen."[4] Es sei insgesamt nicht erkennbar, dass eine Abwägung zwischen dem möglichen nachrichtendienstlichen Mehrwert der Informationen und den politischen Risiken stattgefunden habe. Der Aufklärungsauftrag des BND rechtfertige in dieser Hinsicht keinen derart tief greifenden Eingriff gegenüber einem Partner.

Auch ein Beispiel für die unverhältnismäßige Steuerung einer diplomatischen Vertretung geben die Sonderermittler der Taskforce. Den Hintergrund für die Maßnahme konnten sie nicht mehr rekonstruieren. Die mit der Steuerung verbundene Erwartung, dass gerade die Steuerung dieser Vertretung besonders geeignet sei, nachrichtendienstlich relevante Erkenntnisse zu erbringen, sei nicht (mehr) nachvollziehbar. Daraus ergebe sich auch, dass die Steuerung möglicherweise nicht geeignet gewesen sei, um entsprechende Informationen zu generieren. Die Steuerung lief offenbar über Jahre – ohne dass es die erwünschten Ergebnisse gegeben habe. Die Steuerung der Telekommunikationsmerkmale dieser diplomatischen Vertretung sei ferner als nicht angemessen zu betrachten. Mit großer Wahrscheinlichkeit seien bei der Steuerung auch zahlreiche andere Informationen erfasst worden, darunter auch sensible, die bei der Kommunikation anfallen. Auch hier hält der Bericht fest: „Es ist nicht erkennbar, dass eine Abwägung zwischen dem möglichen nachrichtendienstlichen Mehrwert der Informationen und den politischen Risiken stattgefunden hat. Der Aufklärungsauftrag des BND rechtfertigt in dieser Hinsicht keinen derart tiefgreifenden Eingriff gegenüber einem Partner."[5]

Das klang alles abstrakt, die Taskforce beziehungsweise das Parlamentarische Kontrollgremium sind zur Zurückhaltung verpflichtet, was die namentliche Nennung von gesteuerten Zielen angeht. Namen kamen trotzdem in die Öffentlichkeit. Der rechtlich heikelste Fall war dabei ein deutscher Diplomat: Hansjörg Haber. Haber war von 2008 bis 2011 Leiter der EU-Beobachtermission in Georgien und leitete danach den Planungsstab des Diplomatischen Dienstes der EU in Brüssel. Anschließend ging er als EU-Botschafter in die Türkei. Nicht nur, dass Haber als Deutscher vom Grundgesetz gegen eine Bespitzelung durch den BND geschützt ist und gar nicht hätte ausspioniert werden dürfen – Haber ist ausgerechnet mit Emily Haber verheiratet, die Staatssekretärin im Bundesinnenministerium ist.

Diplomatisch brisanter und noch heikler waren die Steuerung des französischen Außenministers Laurent Fabius, des Internationalen Strafgerichtshofes in Den Haag, der Weltgesundheitsorganisation WHO und des UN-Kinderhilfswerks UNICEF. Per Zufall gerieten auch die damalige US-Außenministerin Hillary Clinton und ihr Nachfolger John Kerry in die Fänge des BND. Der BND beeilte sich klarzustellen, dass Clinton nur zufällig abgehört worden sei, als sie über Afrika geflogen und vom Flugzeug aus mit dem damaligen UN-Generalsekretär Kofi Annan telefoniert habe. Das betreffende Telefonat soll Hillary Clinton mit einem unverschlüsselten Privattelefon geführt haben, was vor dem Hintergrund ihrer E-Mail-Affäre sicherlich auch in den USA für Aufsehen gesorgt hätte, wäre es den Medien in Amerika rechtzeitig bekannt geworden.

"Grundrechtseingriffe ohne Rechtsgrundlage"

Sehr scharf nahm sich die Datenschutzbeauftragte des Bundes, Andrea Voßhoff, die BND-Aktivitäten in ihrem Bericht zur Brust. Unter anderem kritisierte sie, dass der BND mithilfe von XKeyscore Daten unbescholtener Personen erfasst habe, deren Anzahl er gar nicht benennen könne. Ein großes Problem sah Voßhoff auch darin, dass durch die Erfassung einer Person eine Vielzahl weiterer Personen ins Netz des BND geraten sei. Sie geht von einem Verhältnis von 1 zu 15 aus – das heißt, wenn eine Person überwacht wird, werden die Daten von 15 weiteren erfasst und gespeichert. Dies sei nicht erforderlich gewesen und stelle einen schwerwiegenden Verstoß gegen das BND-Gesetz dar. „Diese Grundrechtseingriffe erfolgen ohne Rechtsgrundlage und verletzen damit das Grundrecht der unbescholtenen Personen auf informationelle Selbstbestimmung. Zudem resultieren diese Grundrechtsverletzungen aus der unangemessen – und damit unverhältnismäßig – großen Streubreite dieser Maßnahmen, d. h. der unangemessen großen Anzahl erfasster unbescholtener Personen […].“[6]

Das gelte auch für eine Datenbank mit dem Namen VERAS 6, in der der BND sämtliche Metadaten aller Kommunikationsverkehre auf einer Kommunikationsstrecke – also beispielsweise einem Kabel – ausleite und nach dem Durchlaufen der DAFIS-Filterung erfasse, speichere und nutze. Damit gelange der BND unstreitig auch an Metadaten von Kommunikationsverkehren unbescholtener Personen, die für seine Aufgabenerfüllung nicht erforderlich sind. Also würden auch die Metadaten dieser unbescholtenen Personen in VERAS 6 gespeichert und zum Zweck der Metadatenanalyse genutzt. Die aus diesem Verfahren gewonnenen Erkenntnisse nutze der BND unter anderem als neue Selektoren.[7]

Beim BND wusste man offenbar genau, was mit dem angekündigten Kontrollbesuch der Datenschutzbeauftragten drohte. Anders ist nicht zu erklären, dass es zu einer vorgezogenen groß angelegten Löschaktion kam. Denn etwa zwei Wochen vor ihrer Kontrolle im Oktober 2014 hatte der BND sämtliche Datenbestände in VERAS gelöscht, die länger als 60 Tage – gerechnet vom Zeitpunkt Oktober 2014 – gespeichert waren, obgleich die Datei VERAS für eine maximale Speicherdauer von 90 Tagen ausgelegt ist. Das muss wehgetan haben – 30 Tage vor dem Ende der Frist eine Vielzahl schöner Daten zu löschen, weil sich eine Kontrolle von außen angesagt hatte. So etwas war man ja beim BND gar nicht gewohnt.

Eine Vorahnung

Der BND geriet durch das Wirken des Untersuchungsausschusses dorthin, wo die Geheimdienste sich gar nicht gerne sehen: ins Rampenlicht der Öffentlichkeit. Dazu hätte es gar nicht zwangsläufig kommen müssen, denn obwohl alles so gut lief und in Pullach niemand auf den Gedanken kam, dass die Aktivitäten eines Tages mal auffliegen könnten, gab es Mitarbeiter, die sich so ihre Gedanken machten, ob eigentlich alles korrekt ablief. Und zwar schon kurz bevor

Edward Snowden mit seinen Enthüllungen auf den Markt kam. Irgendwann im Frühjahr 2013 stellten Mitarbeiter des BND die Frage, ob der Dienst vielleicht bei der Steuerung von Zielen zu weit gehen könnte. Zeuge B.R., der Sachgebietsleiter Nachrichtenbearbeitung, behauptete zumindest im Ausschuss bei seiner Vernehmung, er habe im zweiten Quartal 2013 den Auftrag bekommen, sich die Selektoren mal genauer anzuschauen. Demnach wäre der BND also schon kurz vor Snowden von sich aus aktiv geworden. Das Problem: Es gibt keine schriftlichen Aufzeichnungen über den Vorgang, keine Notizen, keinen Auftrag, keine Mails. Deshalb wirkte die Aussage auf manche Ausschussmitglieder auch unglaubwürdig. Tatsächlich besteht aber kein zwingender Grund, am Wahrheitsgehalt zu zweifeln – die Aussage passte nur nicht zu der Vorstellung, erst Edward Snowden habe den BND gezwungen, sich mit der eigenen Praxis zu beschäftigen. Die Enthüllungen Snowdens kamen wenige Wochen später, traten eine Lawine los und beschleunigten natürlich den Vorgang ganz immens. Aber ein kleiner Stein war offenbar schon vorher ins Rollen geraten. Hätte B.R. wie auch ein weiterer Zeuge bewusst lügen wollen, hätten sie sicher einen angeblichen Zeitpunkt gewählt, der deutlicher vor Snowden lag, denn das hätte schlicht glaubwürdiger gewirkt. Dass es keine schriftlichen Anweisungen oder irgendeinen Schriftverkehr gab, passt zum Bild des BND als einer Behörde, in der wichtige Dinge gerne auf Zuruf gehandhabt werden – eine ganz erstaunliche Arbeitsweise, wie noch zu zeigen sein wird.

Die Sache hatte auch überhaupt keine Priorität, wurde nicht hochgehängt und sollte neben der normalen Alltagsarbeit erledigt werden. Der Vorgang zeigt, dass ein Gefühl bei einigen BND-Leuten vorhanden war, dass aber niemand wirklich sensibilisiert war. Man habe ja schließlich auch nie damit gerechnet, dass all diese Dinge überhaupt jemals öffentlich werden könnten, und daher das Problem einfach schleifen lassen, gestand im Ausschuss der ehemalige Leiter der Technischen Abteilung des BND, Ansgar Heuser, freimütig. Wobei diese Erwartungshaltung keine Rechtfertigung für das Schleifenlassen gewesen sei. Erstaunt über so viel Ehrlichkeit bedankte sich SPD-Mann Flisek prompt für die offene Antwort.

"Das lassen wir jetzt"

Doch erst mit den Enthüllungen Edward Snowdens geriet der BND in Rotation. Die Fragen der Presse und der Opposition prasselten auf die Geheimdienstler im Sommer 2013 hernieder wie ein Gewitterregen mit Blitz und Donner. Zumal die Ereignisse und Enthüllungen in den Wahlkampf zur Bundestagswahl am 22. September fielen – und sie waren natürlich ein gefundenes Fressen für die Oppositionsparteien. Als Angela Merkel Anfang Juli das erste Mal ihr berühmtes Zitat „Ausspähen unter Freunden, das geht gar nicht" verlauten ließ, will niemand beim BND darüber nachgedacht haben, dass man die Bundeskanzlerin vielleicht ins offene Messer laufen lasse. Insbesondere auch nicht, weil ja Regierungssprecher Seibert den Satz fast genauso bereits in der Pressekonferenz vom 1. Juli verwendet hatte. So sei auch die Abteilung 6 des Bundeskanzleramts, die die Geheimdienstler beaufsichtigen soll, nicht informiert worden. Erst bei einem Gespräch zwischen BND-Präsident Schindler, dem Leiter der Abteilung 6 im Kanzleramt Günter Heiß und Kanzleramtsminister Ronald Pofalla kam das Problem offenbar zur Sprache. An diesem Tag machten aufsehenerregende Meldungen die Runde, nach denen die NSA Botschafter befreundeter Länder überwacht habe. Grund genug für ein Sondertreffen im Kanzleramt – es sollte nicht das einzige an diesem Tag bleiben. Gleich drei Mal trafen sich Schindler und Pofalla offenbar innerhalb weniger Stunden, denn der BND-Chef musste auf die Frage „Machen wir das auch?" mit Ja antworten. Aufgrund des Drucks, der in der Öffentlichkeit seit den Snowden-Enthüllungen bestand und nun noch weiter anwuchs, waren sich Pofalla und Schindler sofort einig, dass man diese Praxis ganz schnell abstellen müsse. Heiß erinnerte sich im Untersuchungsausschuss daran, die Dreierrunde sei sich einig gewesen: „Das lassen wir jetzt. Punkt." Man habe das politisch so eingeschätzt, dass die Sache zu einer für den BND sehr unangenehmen öffentlichen Diskussion führen könne. Pofalla sagte aus, es habe zwischen ihm und Schindler völliges Einverständnis gegeben, dass die Überwachung sofort beendet werden müsse.

Pofalla gab eine mündliche Weisung an Schindler, der wiederum informierte seine Mitarbeiter. Mehr als 100 BND-Experten wurden damit beauftragt, die BND-eigenen Selektoren nach Bezügen zu EU- und NATO-Staaten oder Institutionen beider Organisationen zu durchsuchen. Eine Putztruppe der besonderen Art machte sich an die Arbeit. Den BND-Kollegen, die sich mit der Auswertung der Meldungen beschäftigten, fiel das bald auf, weil plötzlich bestimmte Informationen nicht mehr hereinkamen. Bald danach wurden einige der deaktivierten, aber wie sich herausstellte unbedenklichen Selektoren wieder scharf gestellt, denn man war der Auffassung, die komplette Deaktivierung der in der Gruppenliste aufgezählten Selektoren sei zu pauschal gewesen.

Die Schläfer vom BND

Beim BND fühlten sich viele offenbar inzwischen ziemlich unabhängig und eigenständig. Anders ist es gar nicht zu erklären, dass Pullach die Aktivierung der politisch oder rechtlich brisanten Selektoren nicht an die zuständige Abteilung 6 in der Regierungszentrale meldete. Die vorherrschende Mentalität scheint gewesen zu sein: einfach mal machen, sich lästige Nachfragen ersparen. Und dazu eine gehörige Portion purer Gedankenlosigkeit. Ein erstaunliches Eigenleben, das einem Geheimdienst in einer Demokratie nicht zukommt. Die hausinterne Kontrolle war offenbar ebenfalls sehr löchrig – eine Mitarbeiterin des BND-Referats 601, das die Aufsicht über die Technische Abteilung führt, behauptete zumindest im NSA-Untersuchungsausschuss, sie habe überhaupt erst im Frühjahr 2015 zum ersten Mal etwas davon mitbekommen, dass es problematische Selektoren gab. Weder die Arbeit des NSA-Untersuchungsausschusses noch die mündliche Weisung ihres obersten Chefs, die Selektoren zu deaktivieren, soll demnach den Kontrolleuren zu Ohren gekommen sein. Und bis Ende Oktober 2013 war offenbar auch die BND-Spitze ahnungslos, welche Selektoren die eigenen Leute steuerten. Vor allem die Technische Abteilung hatte sich also, wenn die Aussagen im Untersuchungsausschuss den Tatsachen entsprechen, selbstständig gemacht.

Die Nachfrage Pofallas bei Schindler von Ende Oktober 2013, ob der BND eigentlich ähnlich wie die NSA vorgehe, hatte einen konkreten Anlass: die Nachricht, dass das Parteihandy der Bundeskanzlerin durch die NSA abgehört wurde. Diese Nachricht war wenige Tage, bevor Schindler den Kanzleramtschef über die Aktivitäten seiner eigenen

Leute aufklärte, bekannt geworden. Merkel hatte daraufhin den Satz „Abhören unter Freunden, das geht gar nicht" vom Juli wiederholt.

Abgehört unter Freunden

Im Oktober, mehr als vier Monate nach den ersten Snowden-Enthüllungen, wurde durch den *Spiegel* bekannt, dass die NSA offenbar auch die Bundeskanzlerin persönlich abgehört hatte.[8] Auch hier waren Snowdens Dokumente die Basis für die Behauptung. Ein Aufschrei ging durch Deutschland. Merkel ließ durch ihren Sprecher betonen, dass es nicht um ihr Handy gehe, sondern um die Frage, ob tatsächlich Millionen von Deutschen durch die NSA überwacht worden seien. Das war nett gemeint, aber in der Dimension ist es natürlich etwas ganz anderes, ob ein normaler Bürger abgehört wird oder die Regierungschefin eines der wichtigsten Länder der Welt. Das sah Merkel natürlich selbst genauso, und deshalb griff sie zum Telefonhörer und rief Barack Obama an. Der US-Präsident habe ihr versichert, ihr Handy werde jetzt und in Zukunft nicht abgehört, teilte Merkels Sprecher anschließend mit. Jedem war klar, was diese Aussage bedeutete: dass genau das in der Vergangenheit, die vermutlich erst wenige Tage alt war, geschehen war. Andernfalls hätte Obama ja dementieren können, doch das tat er eben nicht. Später wurde bekannt, dass offenbar auch das Handy von Merkels Vorgänger Gerhard Schröder von der NSA angezapft worden war.[9]

Schnell leitete Generalbundesanwalt Harald Range Ermittlungen ein, denn Abhören ist eine Straftat. Im Juni 2015 gab er jedoch bekannt, seine Ermittler hätten keine strafrechtlich verwertbaren Hinweise wie zum Beispiel das entsprechende Dokument in den Snowden-Unterlagen finden können. Range stellte daraufhin die Ermittlungen ein.[10] Es herrschen aber kaum Zweifel daran, dass das Handy der Kanzlerin tatsächlich von der NSA abgehört wurde. Auch wenn es sich dabei „nur" um das Parteihandy handelte, bleibt das ein Skandal. Merkel war übrigens bei Weitem nicht die einzige Regierungschefin, die Opfer der NSA wurde – sie befand sich in illustrer Gesellschaft. Denn ins Visier der NSA gerieten offenbar gleich 122 Regierungschefs weltweit, und Merkel findet sich hier zwischen dem chinesischen Staatschef Hu Jintao, dem Weißrussen Alexander Lukaschenko und den Präsidenten von Malaysia, Peru, Somalia, Guatemala und Kolumbien wieder.[11]

Spionagenest Berlin-Mitte

Schaut man sich die Vorgeschichte der Handy-Abhöraffäre um Angela Merkel an, so ist sowohl das sorglose Verhalten der Kanzlerin wie auch das ihres Vorgängers bei der Nutzung des Mobiltelefons eigentlich unverständlich. Denn Warnungen über ein Abschöpfen der Telefongespräche im Berliner Regierungsviertel durch ausländische Dienste hatte es schon seit dem Umzug von Regierung und Parlament von Bonn nach Berlin gegeben, genauer gesagt sogar schon davor. Schon während der Planungen des neuen Regierungsviertels in Berlin-Mitte hatten Experten vom Bundesamt für Verfassungsschutz und vom Bundesamt für die Sicherheit in der Informationstechnik (BSI) davon abgeraten, Botschaften anderer Länder in einer solch engen Konzentration in unmittelbarer Nähe des Kanzleramtes zuzulassen. Darauf wies im Untersuchungsausschuss ganz ausdrücklich der Zeuge und damalige Vizepräsident des BSI, Andreas Könen, hin. Und auch Verfassungsschutzpräsident Hans-Georg Maaßen betonte gegenüber den Abgeordneten: „Aus Sicht der Spionageabwehr war es bereits riskant, den Neubau ausländischer Botschaften in der Nähe von Bundestag und Bundeskanzleramt zuzulassen." Spionage von der Botschaft aus ist zwar in den meisten Ländern der Welt verboten, aber vielerorts gilt die Devise: Vertrauen ist gut, Kontrolle ist besser. In vielen Ländern werden ausländische Botschaften deshalb bewusst in einem eigenen Diplomatenviertel außerhalb des Regierungsviertels und nicht direkt an Parlament und Regierungssitz angesiedelt. Denn diplomatische Vertretungen waren zu allen Zeiten und vor allem im Kalten Krieg Spionagenester. Dies war gerade in Deutschland keine neue Erkenntnis, ganz sicher nicht beim Verfassungsschutz. „Das BfV hatte nach meiner Kenntnis bereits im Zusammenhang mit dem Regierungsumzug darauf hingewiesen, dass die räumliche Nähe von Botschaften aus Gründen des Abhörschutzes problematisch ist. Ich persönlich hätte mir gewünscht, dass die Botschaften in einer deutlicheren Distanz zu den Kerngebäuden von Bundesregierung und Bundestag angesiedelt werden", betonte Maaßen.

Im Blick hatten die Experten dabei nicht nur die Russen oder Chinesen, sondern beispielsweise auch explizit US-Amerikaner und Briten. Und kurz nach dem Umzug – als beispielweise die neue US-Botschaft am Brandenburger Tor noch gar nicht gebaut war – bekam der damalige Innenminister Otto Schily (SPD) im Mai 2001 einen Bericht auf den Schreibtisch, mit dem er eindringlich vor Abhörrisiken im Regierungsviertel gewarnt wurde. Die Gefahr bestehe darin, dass Ministerien, Parteizentralen, aber auch Hotels oder

Zentralen der Wirtschaft auf engstem Raum mit den potenziellen Angreifern vereint seien. Schilys Experten sahen voraus, dass die Gefahr der Spionage durch das Anwachsen der mobilen Kommunikation noch einmal erheblich größer würde. Sie fragten sich schon damals, was eigentlich das merkwürdige Radom auf dem Dach der britischen Botschaft verberge. Die Aussage der Briten, es handele sich um ein künstlerisches Beiwerk, war schlicht absurd. Tatsächlich war den Deutschen klar, dass es sich um eine Antennenanlage handelte und dass die Briten bei Weitem nicht die einzigen waren, die Abhöranlagen auf dem Dach ihrer Botschaft installiert hatten. Davor wurde auch in einem gemeinsamen Lagebericht von Verfassungsschutz, BSI und Bundespolizei im Jahr 2003 gewarnt.

Die zwei im Kanzleramt: Usability und Nachlässigkeit

Auch Stefan Kaller vom Bundesinnenministerium sagte im Ausschuss aus, dass über Botschaften als potenzielle Gefahrenquelle für Regierung und Parlament „alle Beteiligten hinreichend informiert" worden seien und dass um die Beachtung präventiver Schutzmaßnahmen, zum Beispiel durch die Nutzung eines Kryptotelefons, „intensiv geworben" worden sei. Diese Werbung war allerdings ganz offenbar erfolglos. Es ist völlig unverständlich, dass ausgerechnet der Bundeskanzler offenbar nicht auf die Experten seines Innenministers hörte – anders kann man es sich kaum erklären, dass Gerhard Schröder offenbar von der NSA abgehört werden konnte. Das gilt auch für seine Nachfolgerin, die zwar zwischen Kanzlerinnen- und Parteivorsitzenden-Handy unterschied, bei der

Kommunikation mit den Parteifreunden aber gerne mal auf das Kryptotelefon verzichtete, das ihr wohl in der Nutzung als zu behäbig erschien. Die Empörung der deutschen Öffentlichkeit über das Abhören der Mobiltelefone von zwei ihrer Regierungschefs ist verständlich und berechtigt. Das Ausmaß der Nachlässigkeit, die sich beide erlaubten, wird erst klar, wenn man sich die jahrelangen Diskussionen, die Mahnungen und Warnungen von Experten über die Sicherheit im Regierungsviertel von Berlin-Mitte vor Augen führt.

Nur ein Problem gab es: Beweisen konnte die deutschen Experten die Überwachungsmaßnahmen nicht. Dafür musste erst Edward Snowden kommen. Auch die Kontrollflüge der Spionageabwehr über die Botschaftsgebäude, die bereits seit Ende der 90er-Jahre durchgeführt wurden (und nicht erst im Zuge der Snowden-Enthüllungen), brachten keine endgültigen Beweise. Im Untersuchungsausschuss sagte der Zeuge Burkhard Even, Leiter der für Spionageabwehr zuständigen Abteilung 6 beim Bundesverfassungsschutz, dazu: „Bestimmte Aufbauten und Bauweisen zahlreicher Botschaftsgebäude in Berlin sind ein starkes Indiz für Spionageaktivitäten; allerdings ist es uns nicht gestattet, die darin verborgenen technischen Gerätschaften zu inspizieren. Uns bleibt nur der Blick von außen, sei es vom Boden oder auch aus der Luft. Dabei lässt sich oft die grundsätzliche Eignung für illegale Aktivitäten erkennen. In der Regel sind aber auch legitime Nutzungen denkbar. Welche Nutzung tatsächlich erfolgt, ist hingegen durch bloße Sichtung nicht feststellbar." Auch Messungen seien weitgehend nutzlos, da sogenannte passive Maßnahmen wie Antennen technisch nicht erkennbar seien. Eine Tatsache führte Even den Mitgliedern des Untersuchungsausschusses schließlich ausdrücklich vor Augen: „Gute Spionage ist unsichtbar."

Der BND auch mal als Opfer

Dass Misstrauen gegenüber den amerikanischen Freunden durchaus angebracht ist, zeigt ein Fall, der nicht direkt mit dem Wirken der NSA zu tun hat, aber doch ein Schlaglicht auf die US-Geheimdienste wirft. Im Juli 2014 flog ein Spion auf, den die CIA direkt im BND platziert hatte. Markus R., ein junger Mann, hatte offenbar seit 2008 BND-interne Dokumente an die Amerikaner weitergegeben. Er hatte in der Abteilung „Einsatzgebiete Ausland" in Pullach gearbeitet und dadurch Kontakt zu Partnerdiensten bekommen. Markus R. hatte sich der CIA selbst angedient und die hatte gerne zugegriffen. Für seine Dienste hatte er mindestens 80.000 Euro erhalten. Doch Geld, so sagte er selbst aus, sei nicht der Grund für sein Handeln gewesen. Er habe sich schlicht gelangweilt und unterfordert gefühlt. Insgesamt gab Markus R. 218 BND-Dokumente an die CIA weiter. 2014 bot er sich auch den Russen an, ließ es dann aber nicht zur Zusammenarbeit kommen. Da er sich mit seinem Google-Account an die russische Botschaft gewandt hatte, war er den Fahndern des Verfassungsschutzes ins Netz gegangen. Er wurde vom Oberlandesgericht München zu acht Jahren Haft verurteilt.[12]

Die Bundeskanzlerin war, zumal nachdem das Abhören ihres Handys aufgedeckt worden war, sichtlich empört und handelte entschlossen: Sie wies den CIA-Repräsentanten in Deutschland aus. Immerhin handelte es sich um den ersten Fall überhaupt, bei dem ein US-Spion beim BND enttarnt worden war. Ob man beim BND tatsächlich auch so erstaunt und empört war, ist unbekannt. Für den deutschen Geheimdienst hatte die ganze Sache aber eine peinliche Nebenwirkung. Denn im Zuge der Ermittlungen gegen Markus R. wurde ein Dokument bekannt, aus dem hervorgeht, dass der

BND unbeabsichtigt ein Telefonat von US-Außenministerin Hillary Clinton abgehört hatte.[13]

Laisser-faire in Pullach

Die neue Enthüllung über das Kanzlerinnen-Handy einige Monate, bevor Markus R. auffliegen sollte, war ein blöder Zufall mit bösen Folgen für den BND, obwohl er darin überhaupt nicht involviert war. Zunächst kam er aus einem ganz anderen Grund in die Kritik – es stellte sich in der Öffentlichkeit die Frage, warum er der NSA eigentlich nicht auf die Schliche gekommen sei. Doch in der Folge rückte die Frage, was der Dienst denn eigentlich so treibe, überhaupt erst in den Mittelpunkt.

Dass bei einem kleinen Kreis von Mitarbeitern ein gewisses Bewusstsein für die Problematik da war, zeigt die Aussage, dass schon kurz vor Snowden ein Problem vielleicht nicht erkannt, aber doch erahnt worden war. Ohne Snowden allerdings wäre die ganze Sache wohl nie publik geworden. Wenn BND-intern irgendwann – sicher nicht im Sommer oder Herbst 2013, sondern später – der Eindruck entstanden wäre, es sei etwas mit den eigenen Selektoren nicht in Ordnung, wäre das Problem gewiss auch BND-intern stillschweigend beseitigt worden. Nichts davon wäre an die Öffentlichkeit gekommen, alles wäre schön im Dunklen geblieben.

Doch so passte alles in die verstörende Laisser-faire-Haltung, die sich in Pullach seit Jahren breitgemacht hatte. Das ging so weit, dass zunächst noch nicht einmal Merkels berühmtes Zitat vom Ausspähen unter Freunden die Alarmglocken schrillen ließ. Niemandem kam offenbar die Erkenntnis, dass man die Kanzlerin ohne bösen Willen, aber aus einer erschreckenden Nachlässigkeit heraus, ins offene Messer hatte laufen lasse. Erst als mit Kanzleramtschef Ronald Pofalla ein Politiker ins Spiel kam, der die Gefahr des BND-Handelns erkannte, wurde offenbar auch der BND-Spitze klar, welche politische Brisanz in der Sache steckte. Da aber war das Kind schon in den Brunnen gefallen.

Pofalla fiel aus allen Wolken, als Schindler und Heiß ihn über das Gebaren der Geheimdienstler informierten. Versuche der Opposition im Ausschuss, ihm nachzuweisen, er habe schon früher davon gewusst, waren nicht erfolgreich und konnten es wohl auch gar nicht sein. Denn Pofalla war nicht nur ein Vertrauter der Bundeskanzlerin, sondern auch ein gewiefter Politiker – hätte er früher von den kritischen BND-Selektoren gewusst, hätte er sicher versucht, sie abzustellen. Und zwar ganz still und leise, im Geheimen. Zu groß war die Gefahr, dass die Sache hochpeinlich für Merkel hätte werden können, wenn sie früher bekannt geworden wäre. Kaum vorstellbar, dass er dieses Risiko eingegangen wäre.

Die Schläfer im Kanzleramt

Peinlich wurde die Sache für ihn selbst, als klar wurde, was der BND getan hatte, dass er sich niemals die Genehmigung der Kontrolleure im Kanzleramt geholt hatte – und dass diese auch ganz offensichtlich den Schlaf der Gerechten geschlafen hatten. Erst Pofalla griff nach seiner Aussage richtig durch. Er gab als Zeuge an, er habe im Herbst 2013 mündlich einen Bericht in Auftrag gegeben, der ihn darüber informieren sollte, welche EU- und NATO-Staaten und -Einrichtungen oder welche diplomatischen Vertretungen von EU-Partnern gesteuert worden seien. Ein solcher Bericht ist allerdings nirgends aufzufinden. Pofalla schied wenige Wochen später aus dem Kanzleramt aus. Nach der Bundestagswahl vom 22. September 2013 bildete sich eine neue Regierung, die FDP schied aus und die SPD wurde der neue Partner der Union. Sein Nachfolger als Chef des Kanzleramts wurde Peter Altmaier. Bei der Übergabe der Amtsgeschäfte war das Selektorenproblem offenbar überhaupt kein Thema. Etwas Schriftliches gab Pofalla an seinen Nachfolger nicht weiter, und er informierte ihn auch nicht von dem Bericht, den er angeblich in Auftrag gegeben hatte. Ein solcher Bericht ist schließlich nie aufgetaucht – Pofalla bekam ihn während seiner restlichen Zeit in der Regierungszentrale nicht mehr vorgelegt und Altmaier erfuhr nicht einmal von der Anforderung seines Vorgängers.

Ein faules Ei für Altmaier

Eineinhalb Jahre später, im März 2015, fuhr Kanzleramtsminister Altmaier nach Pullach in die BND-Zentrale, um sich über abgelehnte NSA-Selektoren zu informieren. Eher nebenbei erfuhr er bei dieser Gelegenheit, dass es eine Liste des BND (zu dieser Zeit noch Quarantäne-Liste genannt) gebe, in der die Putztruppe 3.300 Selektoren aufgeschrieben hatte, mit denen EU/NATO-Staaten und andere kritische Ziele gesteuert wurden. Erst jetzt wurden auf der Leitungsebene des BND und im Kanzleramt die BND-Selektoren zu einem wirklich als wichtig und gefährlich wahrgenommenen Thema. Altmaier erkannte sofort, welches faule Ei ihm da kurz vor Ostern ins Nest gelegt worden war. Nach unangenehmen Medienveröffentlichungen folgte eine ungewöhnlich scharfe öffentliche Distanzierung der Bundeskanzlerin vom Auslandsgeheimdienst. Das Bundeskanzleramt habe „technische und organisatorische Defizite beim BND identifiziert" und Weisung erteilt, diese zu beheben, teilte Merkels Sprecher Steffen Seibert mit. Von den Defiziten bei der Kontrolle durch die eigene zuständige Abteilung sprach Seibert selbstredend nicht. Gleichwohl handelte die Bundesregierung: Aufgrund der Vorarbeiten des NSA-Untersuchungsausschusses wurde mit den Stimmen von Union und SPD Ende 2016 ein neues BND-Gesetz verabschiedet.

Die langjährige Unbedarftheit des Kanzleramts ist auch deshalb erstaunlich, weil es bereits viel früher Hinweise darauf gegeben hatte, dass etwas nicht in Ordnung sein konnte mit der Aufklärungsarbeit des BND. Schon 2010 war aufgefallen, dass der Geheimdienst Informationen über EU/NATO-Staaten einsammelte. Die Regierung hatte daraufhin in einem Schriftwechsel den Geheimdienst angewiesen, diese Steuerung zu beenden. Es ging damals allerdings um eine andere Art der geheimdienstlichen Informationsgewinnung als die strategische Fernmeldeaufklärung, der BND hatte aber darauf hingewiesen, dass eine bestimmte Auslegung dieser Weisung Auswirkungen auf andere Zugänge zu Informationen – also auch auf die strategische Fernmeldeaufklärung – haben könnte. Danach tauchten beide Seiten wohl ab. Im stillen Einverständnis schien die eine Seite kein Interesse an weiteren Informationen zu haben und die andere sah keinen Grund, ihren Kontrolleuren solche Informationen aufzudrängen. Was die strategische Fernmeldeaufklärung betraf, so blieb einfach alles so, wie es war.

Auch die Briten wollten mitmischen

Völlig unwissend scheint das Kanzleramt auch bei einem anderen heiklen Projekt gewesen zu sein. Im Mai 2015 wurde bekannt, dass der BND auch mit dem britischen Geheimdienst GCHQ ein gemeinsames Projekt geplant hatte. Wie bei Eikonal sollte auch bei dem von der Presse als „Monkeyshoulder" bezeichneten Projekt ein Deal nach dem Motto Technik gegen Zugang die Basis sein. Die Briten schlugen den Deutschen 2012 vor, ihnen ein hoch entwickeltes Erfassungs- und Verarbeitungsprogramm zur Verfügung zu stellen; im Gegenzug sollte der BND Transitdatenleitungen anzapfen. Der Geheimdienst Ihrer Majestät forderte die Rohdaten – der BND hätte also überhaupt keine Kontrolle darüber gehabt, welche geschützten Daten er weggegeben hätte. Um diesen Bissen schmackhafter zu machen, wollte der GCHQ auch Daten aus seiner eigenen Auslandserfassung liefern. Später sollten auch die Freunde von der NSA gegebenenfalls miteinbezogen werden.

Auf britischer Seite sah man den geplanten Handel ganz pragmatisch. In Großbritannien bestehen auch nicht derartig große Vorbehalte gegen die Geheimdienste wie in Deutschland oder den USA. Im BND bestanden dagegen von Beginn an große Zweifel an der Rechtmäßigkeit des Vorschlags. Zu Recht, denn die Weitergabe von Rohdaten – dazu noch in unübersehbar großen Mengen – hätte jede Filterung unmöglich gemacht. Wie weit die Eigenständigkeit des BND zu dieser Zeit ging, zeigt die Tatsache, dass die BND-Spitze dennoch bis August 2013 Monkeyshoulder gemeinsam mit den Briten vorbereitete. Um Erlaubnis gefragt wurde niemand, schon gar nicht das Bundeskanzleramt. Schließlich – die Snowden-Enthüllungen waren seit zwei Monaten in der Welt – wurden die Bedenken in Pullach dann aber doch zu groß. BND-Präsident Gerhard Schindler stoppte das Projekt in jenem August 2013. Was größer war – die Erkenntnis, ein offenbar rechtswidriges Überwachungsprojekt vorzubereiten, oder die Furcht, es würde im Zuge der Untersuchungen nach den Snowden-Enthüllungen aufgedeckt – lässt sich heute von außen nicht mehr nachvollziehen. Die Entscheidung, das deutsch-britische Projekt in der Vorbereitungsphase abzubrechen, also bevor es überhaupt gestartet war, bewahrte den BND wahrscheinlich vor einem großen Skandal. Zumindest dann, wenn Monkeyshoulder jemals bekannt geworden wäre.

KAPITEL 6

Das Versagen der NSA-Zeugen und der Streit um Edward Snowden

1. ZWEI VERWEIGERER: SNOWDEN UND GREENWALD

Auf zwei Zeugen bauten die Mitglieder des Untersuchungsausschusses ganz besonders: Edward Snowden, den Mann, der alles in Bewegung gesetzt, und Glenn Greenwald, der von ihm neben der Dokumentarfilmerin Laura Poitras als erster Journalist exklusive Informationen und Dokumente erhalten hatte. Beide erfüllten die Erwartungen aus einem ganz einfachen Grund nicht: Sie sagten nicht vor dem Ausschuss aus. Das war nicht nur ein echter Affront durch die beiden Männer, deren oberstes Ziel es nach ihren eigenen Angaben von Anfang gewesen war, über das weltweite Gebaren der NSA aufzuklären. Sie vergaben damit auch die Chance, den Untersuchungsausschuss bei seiner Arbeit zu unterstützen.

Snowden: Nur in Berlin

Der Gedanke, Edward Snowden vom NSA-Ausschuss befragen zu lassen, war natürlich naheliegend, eigentlich sogar zwingend. So wurde er auch sofort nach Gründung des Ausschusses ins Spiel gebracht. Die Bundesregierung allerdings zeigte sich von Beginn an zurückhaltend. Sie befürchtete, dass sich dadurch das Verhältnis zur Obama-Administration, das durch die NSA-Affäre ohnehin schon stark gelitten hatte, noch weiter verschlechtern würde. Edward Snowden, Washingtons Staatsfeind Nummer 1, unbehelligt auf deutschem Boden, ohne dass die verbündete Bundesregierung ihn festsetzen und ausliefern würde – ein schwer erträglicher Gedanke für die amerikanische Seite. Das Kanzleramt war in einem Dilemma. Faktisch musste es abwägen, was ihm wichtiger war: die Vernehmung Snowdens oder das Verhältnis zu den USA. Sich um gute Beziehungen zu Washington zu bemühen hat nichts mit Feigheit vor dem Freund zu tun, wie der Grüne Christian Ströbele behauptete. Neben all den politischen Implikationen, die Spannungen mit den USA nach sich ziehen, gibt es ein Problem, das gerade in Zeiten des Terrors von ganz ausschlaggebender Bedeutung ist. Denn ob wir es nun wollen oder nicht: Deutschland ist bei der Terrorbekämpfung stark auf die Zusammenarbeit mit den US-Geheimdiensten und auf deren Unterstützung angewiesen. Die Empörung über die Machenschaften der NSA mag gerade in einem Land, das seine Erfahrungen mit Diktaturen und Massenüberwachung gemacht hat, zu einem guten Teil berechtigt, das Erschrecken über die technischen Möglichkeiten zur Massenüberwachung verständlich sein. Auf die Frage, wer Sicherheit, Freiheit und Leben in der westlichen Welt stärker gefährdet, kann es jedoch nur eine Antwort geben: der islamistische Terrorismus. Um ihn zu bekämpfen, braucht es funktionierende Geheimdienste und die Zusammenarbeit verschiedener Länder wie Deutschland und der USA. Die Bundesregierung muss an dieser Stelle abwägen – und selbst eine verantwortungsbewusste Opposition, die zweifellos freier in ihrer Kritik sein darf und muss, um ihrer Rolle gerecht zu werden, muss diese Abwägung vornehmen.

Daher war die strikte Reaktion der Opposition enttäuschend. Sie bestand auf der Vernehmung Snowdens in Berlin. Dabei hätte es pragmatische und realistische Alternativen gegeben: Entweder Snowden wäre per Videokonferenz in Moskau befragt worden oder die Abgeordneten des Ausschusses wären gemeinsam in die russische Hauptstadt gereist, um den Amerikaner dort zu treffen und zu vernehmen. Snowden lehnte jedoch ab – und diese Ablehnung ist äußerst erstaunlich. Warum er sich einerseits unter den Schutz eines Autokraten wie Wladimir Putin begibt, aber andererseits unter dieser autokratischen Schutzglocke keine demokratisch gewählten Abgeordneten aus Deutschland treffen will, bleibt sein Geheimnis. Noch erstaunlicher ist, dass Snowden auch eine Befragung per Video ablehnte. Dabei wendet er sich regelmäßig auf diese Weise, beispielsweise indem er sich auf Veranstaltungen zuschalten lässt, an die Öffentlichkeit, auch an die deutsche. Warum nicht also auch an gewählte Vertreter des deutschen Volkes – zumal er sich einer sehr großen Resonanz in den Medien sicher sein könnte?

Die Frage ist allerdings auch, was eine Snowden-Vernehmung tatsächlich gebracht hätte. Der Whistleblower hatte von Beginn an behauptet, dass er seinen gesamten Dokumentenschatz bereits übergeben habe. Was also hätte er – von seinem zu erwartenden Plädoyer gegen die Massenüberwachung durch NSA und Co abgesehen – den Abgeordneten und der Öffentlichkeit inhaltlich Neues bieten können? Bestenfalls hätte er kritische Fragen zu seiner eigenen Person, seiner Motivation und seinem Handeln von kritischen Abgeordneten, die Hintergründe erfahren wollen und ihm keinen Heiligenschein aufsetzen, über sich ergehen lassen müssen.

Greenwald: Inszenierung statt Aufklärung?

Glenn Greenwald pflegt mit Institutionen wie dem Deutschen Bundestag nicht direkt zu kommunizieren. Ein Kontakt läuft in einem solchen Fall über Mitarbeiter des Blogs *The Intercept.* Als Nachrichtenkurier im Austausch mit dem NSA-Ausschuss diente Andrew Fishbein. Im April 2014, kurz nachdem der Ausschuss seine Arbeit begonnen hatte, erreichte Greenwald die Anfrage, ob er nach Berlin kommen würde, um dort auszusagen. Greenwald hatte sich ursprünglich zur Aussage vor dem Ausschuss bereit erklärt. Er stellte aber eine Bedingung: Er wolle nicht nach Berlin kommen, sondern seine Aussage von einem Studio im heimischen Brasilien aus machen. Dazu waren die Ausschussmitglieder bereit. Es folgten im Sommer Verhandlungen über einen Termin, bis beide Seiten sich schließlich auf den 11. September 2014 geeinigt hatten. Im E-Mail-Verkehr ging es ansonsten nur um technische Fragen, etwa ob die Videotelefonie mit der Bundestags-IT kompatibel sei.

Doch dann sagte Greenwald für die Abgeordneten überraschend sechs Wochen vor der geplanten Vernehmung ab. Die Begründung für diese Absage ist befremdlich: Da Edward Snowden nicht in Berlin befragt werden solle, stehe er, Greenwald, dem Ausschuss auch nicht zur Verfügung – eine merkwürdige Argumentation des Journalisten, denn während er sich weigerte, nach Deutschland zu kommen, forderte er ausdrücklich eine Vernehmung Snowdens in Berlin. Schließlich machte er sie sogar zur Bedingung für seine eigene Aussage. Ein wohl einmaliger Vorgang: Ein Zeuge will dem Gremium, vor dem er aussagen soll – und zwar in einer Angelegenheit, die ihm doch so am Herzen liegt –, Bedingungen diktieren und schickt ihm eine Absage, als das Gremium diese Bedingungen nicht zu erfüllen bereit ist.[1]

Greenwald, der zuvor bereits vor dem US-Kongress, dem brasilianischen Senat und per Videoschaltung vor dem EU-Parlament ausgesagt hatte, verband seine Absage mit massiven, inhaltlich völlig unverständlichen Vorwürfen gegen den Ausschuss. Die Entscheidung, Snowden nicht in Berlin zu vernehmen, zeige, dass es dem Ausschuss wichtiger sei, die USA nicht gegen sich aufzubringen, als die Spionageaffäre ernsthaft aufzuklären. Greenwald behauptete, er lehne es ab, an einem „Ritual" teilzunehmen, das die „Illusion einer Untersuchung" darstellen solle, tatsächliche Aufklärung jedoch vermeide. Es handele sich um leere Symbolpolitik. Snowden sei der Schlüsselzeuge in der Affäre. Sollte der Bundestag den Mut finden, den früheren Geheimdienstmitarbeiter persönlich auf deutschem Boden zu befragen, würde auch er selbst seine Entscheidung noch einmal überdenken, so Greenwald weiter.

Es überrascht natürlich nicht, dass die Opposition Greenwalds Absage als „bitter, aber durchaus verständlich" empfand, wie es der Grüne Konstantin von Notz formulierte, und sich darin der Unterstützung der Linkspartei sicher seien durfte.[2] Für die Oppositionsparteien ging es immer mindestens so sehr um politischen Meinungskampf wie um Aufklärung. In Wahrheit handelte es sich bei der Absage um einen Affront gegenüber dem Ausschuss und dem Deutschen Bundestag insgesamt und um eine massive Behinderung der Aufklärungsbemühungen.

2. ZWEI NSA-AUSSTEIGER: BINNEY UND DRAKE

Man muss dem Bundestag Lob und Respekt dafür zollen, dass er einen Ausschuss zur Untersuchung der Beziehungen zwischen BND und NSA und deren Treiben in Deutschland eingesetzt hatte. Zwar wurde am Ende der Hauptbelastungszeuge Edward Snowden nicht befragt und Glenn Greenwald verweigerte die Mithilfe. Immerhin gelang es aber, zwei andere ehemalige NSA-Mitarbeiter nach Berlin zu holen und zu einer Aussage zu bewegen, obwohl dies für beide Zeugen juristisch durchaus heikel war. William Binney und Thomas Drake kannten zwar beide Edward Snowden nicht persönlich, aber sie boten den Abgeordneten immerhin die Chance, einen Blick ins Innere der NSA zu werfen. Vor allem Drakes vollmundige Ankündigung, er verfüge über „schmutziges Wissen" über die Zusammenarbeit zwischen NSA und BND und werde dem Ausschuss „spezifische Informationen" offenbaren, machte dessen Mitglieder insbesondere nach der Absage Greenwalds hellhörig und hoffnungsfroh.[3]

Sicherer als im Chemielabor

William Binney hatte Mathematik, Chemie und Physik studiert und wollte sich beruflich in diese Richtung entwickeln. Als jedoch gegen Ende seines Studiums das Chemielabor in die Luft flog, sei ihm bewusst geworden, dass der Beruf, den er anstrebte, ein gefährlicher Beruf sei. Also entschied er sich für einen Arbeitgeber, bei dem es seiner Ansicht nach weniger gefährlicher zuging als im Chemielabor: Er bewarb sich

1965 beim Militär. In den folgenden Jahren knackte er quasi nebenamtlich immer mal wieder Computerprogramme, sodass die NSA schließlich auf ihn aufmerksam wurde und ihn anheuerte. Im Fokus seiner Arbeit stand damals die Sowjetunion.

Zu jener Zeit, 1970, mussten Bewerber ein mehrstufiges Einstellungsverfahren durchlaufen, in dem sie nicht nur auf ihre Eignung getestet wurden, sondern in dem auch der persönliche Hintergrund eines jeden Interessenten vor allem unter Sicherheitsaspekten ausführlich durchleuchtet wurde. „Es gibt einen Stapel Formulare – die SF-48s –, die man ausfüllen muss, wenn man sich auf eine Stelle bei der NSA bewirbt", berichtete Binney im Ausschuss. Zu den intensiven Tests gehörte beispielsweise auch einer mit einem Polygrafen, einem Lügendetektor.

Die NSA habe einen besonderen Mitarbeitertypus im Fokus gehabt. Er sollte introvertiert und zugleich wissenschaftlich und technisch begabt sein, zudem sensorisch urteilend. „Das ist die Art von Menschen, die sich gut auf etwas auf ihrem Schreibtisch fokussieren können, auf ein Problem, und sich eher abschotten. Nach dieser Art von introvertierter Qualität, denke ich, suchen sie." Man muss nicht lange überlegen, wer einem bei dieser Beschreibung einfällt: Edward Snowden.

Introvertiert und auf das Ziel fokussiert: Die NSA-Computerexperten

Es habe aber weitere Qualitätsanforderungen gegeben. So hätten die NSA-Werber vor allem Akademiker ins Auge gefasst: Mathematiker, Juristen, aber auch Leute aus der

Wirtschaft und dem Bankwesen. Und noch eine Kategorie scheint interessant: Personen, die gut in räumlichen Kategorien denken können, denn die sind nach Ansicht der NSA-Spitze solche, die auch gut Rätsel lösen können.

Hier sehen wir einen fundamentalen Unterschied zu Snowden, der gar keine Ausbildung hatte, als er seinen ersten Geheimdienst-Job antrat. Einen großen Unterschied gibt es auch zwischen dem, was Snowden als sein Gehalt angab, und dem, was NSA-Angestellte nach Binneys Angaben verdienen: etwa 50.000 Dollar im Jahr. Das ist gewiss kein Traumgehalt, aber, da war Binney sich sicher, es gehe den NSA-Mitarbeitern ohnehin nicht ums Geld: „Der Anreiz ist wirklich der Job selbst. Die meisten haben sich von sich aus beworben, weil sie einen Beitrag zur Sicherheit ihres Landes und der freien Welt leisten wollen. Das ist für sie eine große Motivation, auch die Tatsache, auf diese Weise involviert zu sein." Demnach war Edward Snowden in einer großen Ansammlung von Idealisten und Patrioten gelandet.

Dann gebe es aber auch die Leute, die aus einem ganz anderen Grund kämen, so Binney: wegen der Sicherheitsfreigabe. Denn wer diese Freigabe hat, wird automatisch interessant für Unternehmen, die mit Geheimdiensten wie der NSA zusammenarbeiten. Und in der freien Wirtschaft sind die Chancen, ein schönes Gehalt zu bekommen, viel größer. Genauso hatte es nicht nur Binney selbst gemacht, sondern eben auch Snowden. Das alles widersprach nicht dessen Angaben, denn es scheint klar, dass die Einstellungskriterien und die Überprüfungen zu der Zeit, als er bei den Geheimdiensten anfing, deutlich verwässert worden waren. Die NSA brauchte dringend technisch versierte Leute und da musste man auch einmal Fünfe gerade sein lassen. Den NSA-Bossen wurde erst durch den Snowden-Skandal schmerzlich bewusst, was sie mit ihrer Laxheit angerichtet hatten. Doch da war es bereits zu spät.

Snowdens Sicherheitsstufe

Dass den US-Sicherheitsbehörden hier ganz offensichtlich gravierende Fehler unterlaufen sind, liegt auf der Hand. Darauf deutet auch die Tatsache hin, dass der IC-Bericht für den US-Kongress über Snowden vom September 2016 ausgerechnet in diesem entscheidenden Punkt nichts an die Öffentlichkeit dringen lässt. Es wäre peinlich und vor allem eine Gefährdung der Sicherheit, wenn herauskäme, wie simpel es war, Mitarbeiter eines US-Geheimdienstes zu werden. Interessanterweise spielte dieses Thema in der Öffentlichkeit auch sonst kaum eine Rolle. So gehen die *Spiegel*-Journalisten Marcel Rosenbach und Holger Stark in ihrem kenntnisreichen Buch „Der NSA-Komplex" über diese wichtige Frage lapidar mit einem einzigen Satz hinweg. Als die CIA Snowden eine Chance für eine Bewerbung gegeben habe, während dieser als Wachmann an der Universität von Maryland gearbeitet habe, habe dieser den Lügendetektortest bestanden und, weil er sich bereit erklärt habe, ins Ausland zu gehen, die Zusage für eine Stelle bekommen.[4] Der erste Einsatzort des jungen, von Geheimdienst-Erfahrungen völlig unbeleckten jungen Mannes war dann nicht zu Übungszwecken eine unbedeutende Station irgendwo in Afrika, sondern ausgerechnet einer der wichtigsten, den die CIA überhaupt zu vergeben haben: die US-Mission in Genf. Dort, am Nebensitz der Vereinten Nationen, tummeln sich viele ausländische Diplomaten – ein wichtiger Ort für jeden Geheimdienst, der etwas auf sich hält.

Eine andere Frage, die sich aus dieser Merkwürdigkeit ergibt, lautet: Kann es stimmen, dass Edward Snowden tatsächlich die hohe Sicherheitsstufe erreichte, die es ihm ermöglichte, auf alle Daten – selbst auf die E-Mails des US-Präsidenten – zuzugreifen, ohne dass er seine Kompetenzen überschritt oder sich diesen Zugang illegal beschaffen musste, wie er selbst behauptete? Der IC-Bericht widerspricht seinen Behauptungen. Und auch William Binneys Angaben über Sicherheitseinstufungen bei der NSA sind schlecht mit Snowdens Angaben in Einklang zu bringen – und an dieser Stelle waren Binneys Angaben ziemlich konkret, denn hier wusste er, wovon er sprach. Bei den US-Diensten gebe es keine einheitliche Freigabe, die durchgehend für alle Sicherheitsbehörden gilt, kann man seinen Äußerungen entnehmen. So gelte eine Sicherheitsfreigabe für Strafverfolgungsbehörden nicht zugleich für die Geheimdienste und umgekehrt. Weiter berichtete er aus seiner eigenen Erfahrung: „Sie gaben einem eine Sicherheitsfrage auf einer bestimmten Ebene, aber man konnte nicht ganz auf ihr System zurückgreifen und alles einsehen. Und das galt so ziemlich universell zwischen allen Behörden, denke ich." Wenn es so ist, muss es bei Snowden also immer wieder neue Überprüfungen gegeben haben – und es ist keineswegs sicher, dass er immer auf einer so hohen Stufe war, wie er selbst behauptete.

Am dünnen Faden

Die Frage ist auch, ob jemandem die wachsende Distanz Snowdens zu seinen Dienstherren hätte auffallen müssen. Angeblich ist er bei Weitem nicht der einzige, dem es so erging. Laut den NSA-Aussteigern gibt es viele Mitarbeiter des

Geheimdienstes, die die eigene Tätigkeit sehr kritisch sehen. Auch William Binney machte einen Prozess durch wie Edward Snowden; auch er entfernte sich innerlich immer mehr von dem, was er tat, und von der Organisation, für die er arbeitete. Binney war mit das Beste, was die NSA aufzubieten hatte. Er entwickelte Ende der 90er-Jahre ein Programm mit Namen „ThinThread" (Dünner Faden). Damit sollte der riesige Datenfluss analysiert werden, der durch das Internet strömte, eigentlich eine technisch geniale Erfindung. Binney übersah aber nicht, was mit diesem Programm auch möglich war – eine totale Kontrolle des Internets. Als ihm diese Gefahr bewusst wurde, war es zu spät. Denn genau das planten seine Vorgesetzten mit „ThinThread". Aus dem dünnen Faden sollte ein weltumspannendes Netz gesponnen werden. Binney gab den Job auf und kritisierte fortan seinen früheren Arbeitgeber. Was Binney aber nicht wissen konnte, als er zum 31. Oktober 2001 – nur wenige Wochen nach dem 11. September – seine Stelle bei der NSA kündigte: „ThinThread" sollte niemals über eine Testversion hinauskommen, denn die NSA-Spitze brach das Projekt 2002 ab.

Gleichwohl ging Binney 2011 an die Öffentlichkeit. Damit war er natürlich Regierung und NSA-Spitze ein Dorn im Auge. Seine Freiheit hing am seidenen Faden, denn nach Binneys eigenen Angaben versuchte die Regierung, ihn durch gefälschte Vorwürfe vor Gericht zu zerren und ins Gefängnis zu bringen. Zu einer Anklage kam es am Ende nicht, aber der Einschüchterungsversuch war auch nicht ohne Einfluss auf ihn geblieben. Immerhin erging es William Binney besser als einem anderen Whistleblower, der sich einige Jahre nach ihm von der NSA lossagte und mit internen Informationen an die Öffentlichkeit trat. Eines Tages erlebte er eine böse Überraschung.

Angriff unter der Dusche

Sie kamen ohne Vorwarnung. Thomas Drake stand an einem Morgen im August 2007 gerade unter der Dusche. Plötzlich drangen Leute vom FBI in sein Haus ein und stellten es völlig auf den Kopf. Thomas Drake hatte sich bei der US-Regierung unbeliebt gemacht. Dort vermutete man, dass er hinter einer Artikelserie in der *Baltimore Sun* stehe, in der unangenehme Dinge über ein NSA-Programm namens „Trailblazer" zu lesen waren.[5] Es ging darin um die Verschwendung von Geldern bei der Entwicklung dieses Programms, mit dessen Hilfe abgesaugte Daten analysiert werden sollten. Doch das Programm war eingestellt worden, 1,2 Milliarden Dollar versenkt. Um diese Verschwendung belegen zu können, hatte Drake fünf Dokumente, die teilweise als geheim eingestuft worden waren, mit nach Hause genommen, im Keller aufbewahrt und als Grundlage für sein Gespräch mit der Reporterin der *Baltimore Sun* benutzt.

Drake selbst beharrte immer darauf, dass er keine Dokumente weitergegeben habe, die unter Geheimhaltung standen. Doch die US-Regierung sah Whistleblower wie ihn entgegen ihren offiziellen Beteuerungen als Gefahr an, da machte es keinen Unterschied, ob der Amtsinhaber im Weißen Haus George W. Bush hieß oder Barack Obama. Drake wurde angeklagt, ihm drohte eine Gefängnisstrafe von 35 Jahren. 2011 wurden die wichtigsten Punkte der Klage dann fallen gelassen. Der Vorwurf lautete nun nur noch, er habe ein Computersystem zweckentfremdet. Das Urteil lautete ein Jahr auf Bewährung. Inzwischen arbeitet der hochtalentierte Experte in einem Apple Store und verkauft iPhones und iPads.

Nicht mehr auf der richtigen Seite der Geschichte

Das alles war den Mitgliedern des Untersuchungsausschusses bekannt, als dieser Mann ihnen nun gegenübersaß. Ebenso kannten sie seine berufliche Laufbahn. Drake arbeitete von 2001 bis 2008 bei der NSA, um, wie er sagte, ihr „zu helfen, die Herausforderungen des 21. Jahrhunderts anzugehen“. Er war unter anderem technischer Direktor für Software Engineering Implementation in der gesamten NSA, also schon recht weit oben auf der Karriereleiter. Er wusste, worum es ging, verfügte über mehr als zwölf Jahre Erfahrung in den Bereichen Informationstechnik und Governance und arbeitete an der Entwicklung von Softwareprogrammen führend mit. Vom 1. November 2001 bis Frühling 2002 arbeitete er als Leitender Programmmanager für „ThinThread“, das technisch geniale Programm zur Erfassung und Analyse von Daten aus dem Internet, das sein Kollege William Binney entwickelt hatte.

Während des Kalten Krieges hatte er bei er der United States Air Force an der Funkaufklärung der DDR gearbeitet und ist deshalb auch der deutschen Sprache mächtig. Damals gab es einen klaren Feind: die Sowjetunion. Drake bekämpfte das kommunistische Reich aus tiefer Überzeugung, dass die USA auf der richtigen Seite der Geschichte standen.

Diesen Glauben hat er inzwischen verloren. Das wurde den Abgeordneten bei der Zeugenvernehmung schnell klar, als Thomas Drake zu einem leidenschaftlichen Plädoyer gegen die Überwachungspraktiken der NSA ansetzte. Er warf den USA vor, sich zu einem Polizeistaat entwickelt zu haben, dem jeder verdächtig sei, und zwar weltweit. Diese Überwachung sei die „größte Menschenrechtsverletzung seit dem Zweiten Weltkrieg", die NSA sei potenziell die gefährlichste Organisation, die es jemals gegeben habe. Von der amerikanischen Republik sei nur noch ein Kadaver übrig geblieben. Kafka und Kierkegaard mussten als Kronzeugen herhalten, ebenso Captain America. Drake verstieg sich zu einigen sehr wagemutig erscheinenden historischen Vergleichen aus der deutschen Geschichte. Er setzte die DDR mit den USA gleich, behauptete, dass die NSA exakt nach dem Drehbuch der Stasi vorgehe. Auch die Nationalsozialisten mussten herhalten für seine Thesen. So sei der 11. September für die US-Regierung das gewesen, was der Reichstagsbrand vom 27. Februar 1933 für Hitler gewesen sei – ein völlig absurder Vergleich, historisch gesehen Unsinn. Kein Wunder, dass Abgeordnete von CDU und SPD gegen diese Art Geschichtsverdrehung Widerspruch einlegten. Und eigentlich warteten sie auf etwas anderes als ein flammendes Bekenntnis. Er könne verstehen, sagte CDU-Mann Roderich Kiesewetter an Drake gewandt, dass er dem Ausschuss eine Art Vermächtnis habe vermitteln wollen. „Ich hätte mich aber auch gefreut, wenn Sie anhand konkreter Beispiele erläutert hätten, wo beispielsweise die Zusammenarbeit zwischen dem Bundesnachrichtendienst und der NSA im Argen liegt."

Andere Abgeordnete fühlten sich jedoch bestätigt durch das, was Thomas Drake in seinem nicht enden wollenden Vortrag gesagt hatte, und lobten ihn dafür, zum Beispiel der grüne Abgeordnete Konstantin von Notz. Diejenigen, die weniger an Meinung, sondern mehr an Fakten interessiert waren, waren enttäuscht. Drake hatte das Forum, das man ihm bot, offensichtlich missverstanden – oder er wollte wortreich verbergen, dass er keine eigenen Kenntnisse über konkrete Vorgänge hatte. Er hatte ein Bekenntnis abgelegt, das aufrüttelnd war, leidenschaftlich und mahnend, aufgrund kurioser historischer Vergleiche aber auch misstrauisch machte.

Nur eines bot es überhaupt nicht: Fakten. Bei der anschließenden Befragung stellte sich heraus, dass dies die schwache Kehrseite von Drakes starkem Bekenntnis war. Denn über die Dinge, die den Ausschuss zur Aufklärung seiner Fragen interessierten, wusste Drake aus eigener Erfahrung nichts.

Viel Meinung, wenig Fakten

Was die Gewinnung von Fakten anging, stellte sich aber nicht nur Drake als Enttäuschung heraus. Binney hatte zwar interessante Dinge aus dem Innenleben der NSA (wenn auch aus der Zeit, bevor Edward Snowden dort angeheuert hatte) berichten können, aber mit ihm erging es den Abgeordneten genauso wic mit Drake. Binney hatte auf eine ganze Reihe konkreter Fragen ebenfalls keine Antworten geben können, wie die folgenden Beispiele zeigen:

Abgeordneter Dr. Patrick Sensburg, CDU/CSU: „Erhält Ihres Wissens der BND von der NSA Daten, deren Erhebung in Deutschland unrechtmäßig ist?"

William Binney: „Nein, dazu kann ich keine Aussage treffen. Nein, darüber habe ich keine direkten Kenntnisse."

Abgeordneter André Hahn, Die Linke: „Geschehen die Aktivitäten der NSA in Deutschland mit Wissen oder mit Genehmigung der deutschen Regierung oder der deutschen Behörden?"

William Binney: „Nun, ich kann nicht … ich habe keine direkte Kenntnis darüber, da ich jetzt seit zwölf Jahren nicht mehr in dem Bereich arbeite."

Abgeordneter André Hahn, Die Linke: „Ich möchte Sie fragen, Herr Binney, was Sie uns zum sogenannten Ringtausch von Daten zwischen den Geheimdiensten – wie das abläuft – sagen können. Insbesondere geht es mir dabei um die mögliche Umgehung der jeweiligen inländischen Gesetze."

William Binney: „Ich habe keine direkten Informationen darüber. Ich habe keine persönlichen eigenen Erfahrungen damit."

Abgeordnete Andrea Lindholz, CDU/CSU: „Können Sie mir sagen, ob tatsächlich massenhaft unsere – auch meine – Daten hier in Deutschland von der NSA abgerufen und gesammelt wurden?"

William Binney: „Das ist relativ wahrscheinlich. Ich meine, die Tatsache, dass sie so viele Daten auf der ganzen Welt erfassen … ich würde sagen, die Chancen stehen äußerst gut, dass Ihre Daten gesammelt werden."

„Keine direkten Informationen", „keine direkte Kenntnis", „dazu kann ich keine Aussage treffen", „relativ wahrscheinlich" – William Binney war keine Hilfe bei der Verifizierung von Vorwürfen gegen den BND und die Bundesregierung.

Und Drake, also der Zeuge, der den Abgeordneten die Preisgabe von „schmutzigem Wissen" versprochen hatte? Dessen Antworten blieben genauso schwammig wie die Binneys.

Abgeordnete Martina Renner, Die Linke: „Ist Ihnen die Praxis des Ringtauschs bekannt, also dass Geheimdienste Daten tauschen dort, wo sie durch nationale Gesetze gehindert sind, diese Daten selbst zu erheben?"

Thomas Drake: „Es ist tatsächlich all das. Ich meine … Das ist meine einfache Antwort: Es ist das alles."

Abgeordnete Martina Renner, Die Linke: „Sie sagten, es gibt eine besondere Abteilung, eine Geheimabteilung, die diese Zusammenarbeitsbeziehungen [mit Unternehmen wie Google, Facebook oder Twitter, d. Verf.] regelt. Können Sie uns den Namen dieser Abteilung sagen, die Bezeichnung innerhalb der NSA und wer innerhalb der NSA dafür verantwortlich ist?"

Thomas Drake: „Ich habe kein Dokument, das ich Ihnen geben kann, okay? Das ist eines der interessantesten … Wenn Sie nach Beweisen suchen, kann ich nur hoffen, dass es andere Whistleblower gibt und andere Enthüllungen, die kommen könnten oder auch nicht … Mir ist einfach die Tatsache bekannt."

Abgeordneter Christian Flisek, SPD: „Vor Kurzem ging in Deutschland durch die Presse die Information oder die Nachricht, dass vor allen Dingen zwischen den Jahren 2004 und 2007 an dem Internetknoten in Frankfurt Daten gewonnen worden sind, und die wurden dann an die USA weitergereicht. Ist Ihnen diese Nachricht bekannt?"

Thomas Drake: „Ich habe keine technischen Beweise oder Dokumentationen, die ich Ihnen geben könnte."

Abgeordneter Christian Flisek, SPD: „Ist Ihnen positiv bekannt, dass es hier in Bezug etwa auf solche Daten, um solche Drohneneinsätze zu steuern, Zieldaten, dass es da einen gezielten Datenaustausch zwischen deutschen und amerikanischen Diensten gab?"

Thomas Drake: „Meines Wissens nach – ich habe keine Beweise, die ich Ihnen geben könnte –, aber meines Wissens nach – als ich im nachrichtendienstlichen System der NSA war – ist genau das der Fall."

Taube Ohren

Wie bei Snowden stellt sich auch bei Binney und Drake die Frage, ob und wenn ja wie sie versucht haben, intern ihre Bedenken über die ausufernden Überwachungsmaßnahmen der NSA zu äußern. Er sei ein altmodischer Regierungsangestellter, der gedacht habe, es sei eine Option, die Regierung intern dazu zu bringen, sich zu korrigieren, erzählte Binney dem Ausschuss. Er habe die „volle Runde" absolviert – von den Geheimdienstausschüssen, dem Verteidigungs- und dem Justizministerium bis zum Generalinspekteur. Zudem habe er selbst versucht, beim Obersten Bundesrichter des Obersten Gerichtshofs vorzusprechen, ebenso bei Mitgliedern des Kongresses. Doch das habe ihm lediglich die Aufmerksamkeit der NSA, des FBI, des Justizministeriums und des Weißen Hauses eingebracht und es sei zu Durchsuchungen bei ihm gekommen. „Das hat gezeigt, dass der ordentliche Dienstweg oder die Möglichkeiten, die uns von der Regierung gegeben werden, um als Whistleblower die Probleme intern offenzulegen, überhaupt nicht funktionieren. Ich meine, wenn Sie das tun, werden Sie bedroht und missbraucht und angegriffen."

Thomas Drake habe die Verfehlungen, die ihm aufgefallen seien, über jeden dafür vorgesehenen internen Dienstweg der US-Regierung, seinem Vorgesetzten, dem Justiziar der NSA, dem Inspector General im Verteidigungsministerium und zwei Untersuchungsgremien des Kongresses zum 11. September vorgelegt, behauptete seine Anwältin Jesselyn Radack. Der Generalinspektor habe die Berichte jedoch umgehend als geheim eingestuft. Allerdings hatte Drake sich offensichtlich nur wegen der Geldverschwendung im Zusammenhang mit dem eingestellten Programm „Trailblazer" an die entsprechenden Stellen gewandt, nicht wegen der Massenüberwachung. Aber die Erfahrungen, die Drake und Binney mit den Behörden gemacht hatten, haben Snowden davon abgehalten, sich seinerseits an die entsprechenden internen Stellen zu wenden. Er sah diesen Weg offensichtlich als aussichtslos an. Es stellt sich aber auch aus einem anderen Grund die Frage, wie seine Vorgesetzten auf seine Vorwürfe reagiert hätten. Denn durch interne Recherchen hätten sie schnell darauf kommen können, dass Snowden schon zuvor bei Vorgesetzten angeeckt war. Sein Ruf war nicht der beste – die Gefahr, dass er einfach als Querkopf abgetan worden wäre, ist nicht wegzuleugnen.

KAPITEL 7

Der NSA-Untersuchungsausschuss - eine Erfolgsstory

Die Zahlen sprechen eine klare Sprache: Mit 485 Beweisbeschlüssen, 132 Sitzungen, fast 600 Stunden Zeugenbefragungen und über 2.400 Aktenordnern Beweismaterial ist der NSA-Untersuchungsausschuss eine der arbeitsintensivsten und gründlichsten parlamentarischen Aufklärungsoffensiven in der bundesrepublikanischen Geschichte. Die Befürchtung, dass der NSA-Untersuchungsausschuss am Ende seiner Arbeit mit leeren Händen dastehen werde, hat sich nicht bewahrheitet. Ganz genau das Gegenteil ist der Fall. Der Ausschuss ist eine Erfolgsstory geworden. Und das, obwohl sich im Unterschied zu anderen Untersuchungsausschüssen der Arbeitsauftrag des NSA-Untersuchungsausschusses nicht exklusiv auf ein singuläres abgeschlossenes Ereignis konzentrierte, in diesem Fall also die Veröffentlichungen durch Edward Snowden.

Bis zum letzten Beweisbeschluss

Seine Aufklärungsarbeit war komplizierter und war auch für seine Mitglieder eine echte Herausforderung, denn ständig mussten sie ihr Wissen erweitern, sich in neue Probleme einarbeiten und durch die Akten wühlen. Die schiere Bandbreite der Themenpalette forderte von den beteiligten Abgeordneten jahrelange Aufmerksamkeit, echten Aufklärungswillen

– und Sitzfleisch. In den durchschnittlich neunstündigen Ausschusssitzungen ließen alle Parlamentarier – Koalitions- und Oppositionsfraktionen gleichermaßen – nicht locker, bis auch die letzte Frage an den Zeugen gestellt und der letzte Beweisbeschluss erhoben wurde. Das konnte auch schon mal sehr weit gehen, wie die Befragung von Bundeskanzlerin Angela Merkel im Februar 2017 zeigte, die die immer gleichen Fragen der Oppositionsabgeordneten mit bewundernswerter, ja geradezu stoischer Ruhe beantwortete. Lediglich zu Anfang der Sitzung merkte man ihr die Aufregung an, als sie sich dem Ausschuss mit ihrem Mädchennamen vorstellte. „Mein Name ist Angela Dorothea Kasner", sagte die Bundeskanzlerin auf die formelle Frage nach ihren Personalien.

Unter die Lupe genommen wurde ja immerhin ein ganzes Politikfeld, nämlich die Funktionsweise deutscher Nachrichtendienste, ihr Zusammenwirken mit ausländischen Diensten und die Kontrollmechanismen zur Einhaltung des rechtlichen Rahmens, in dem sich ihr Aufgabenportfolio bewegt. Die Arbeit war zudem vergleichbar mit Bauarbeiten an einer Autobahn, über die der Verkehr gleichzeitig weiterfließen muss. Denn BND und NSA konnten ja ihre Arbeit nicht einfach einstellen, bis die Abgeordneten mit der ihren fertig waren. Dies alles in einem Bereich, der kontinuierlich arbeitet und dessen Arbeit notwendig ist.

Zu Beginn befanden sich in dem großen Aktenkonvolut nicht unerhebliche Schwärzungen, die im Sinne des Schutzes von Privatgeheimnissen oder Informationen ausländischer Dienste notwendig erschienen („Third Party Rule"). Doch mussten sie einzeln begründet werden, um rechtlich Bestand zu haben. Die Ausschussmitglieder wussten, dass die kritische Öffentlichkeit auf ihre Arbeit schaute, und sie wollten sich nicht damit zufriedengeben, dass die Regierung ihnen einfach vorschreiben wollte, was sie sehen durften – und vor allem, was nicht. Sie hatten weitestmögliche Transparenz versprochen und daran wollten sie sich auch halten. Mit einem gesunden Selbstbewusstsein gewählter Vertreter des Volkes gingen sie gegen mehr als 100 dieser Schwärzungen vor. Mit Erfolg: Fast drei Viertel der Textstellen mussten nach erneuter Prüfung kenntlich gemacht werden. Ohne das gesunde Selbstbewusstsein gegenüber der Bundesregierung wäre es nicht dazu gekommen, dass dieser Untersuchungsausschuss tiefe und breite Einblicke in nachrichtendienstliche Arbeitsweisen gewinnen konnte wie keiner seiner Vorgänger.

Weitestgehende Transparenz

Der Ausschuss setzte dabei neue Maßstäbe bei der Gewährleistung von Öffentlichkeit und Transparenz für ein großes und kritisches Publikum. Das ist bemerkenswert, denn der Ausschuss bewegte sich in einer Welt, die das Licht der Öffentlichkeit mindestens so sehr scheut wie die Fledermaus das des helllichten Tages. Nur drei Zeugen mussten unter vollständigem Ausschluss der Öffentlichkeit vernommen werden, während die übergroße Mehrheit an ehemaligem und derzeitigem Führungspersonal der deutschen Nachrichtendienste öffentlich befragt wurde. Ein echtes Novum: Es ist der erste Untersuchungsausschuss, der auch hinunter bis auf die Arbeitsebene Zeugen öffentlich vernommen hat. Dies hat es früher so nicht gegeben. Das fortlaufende mediale Interesse zeigte, dass es auch nach der unmittelbaren Phase der Snowden-Veröffentlichung von entscheidender Bedeutung blieb, Licht in die Schattenwelt der Nachrichtendienste zu werfen.

Der Untersuchungsausschuss war kein Strohfeuer, er surfte nicht auf einer kurzweiligen Empörungswelle der Öffentlichkeit, die ebenso schnell wieder abflauen konnte, wie sie gekommen war, sondern er berührte ganz grundsätzliche Fragen des Zusammenspiels von Freiheit, Sicherheit, Privatheit und Datenschutz. Neben der Videoübertragung von Sachverständigenanhörungen, der Publikumsöffentlichkeit auf der Galerie des Sitzungssaals und dem anhaltend großen Medieninteresse setzt die Veröffentlichung des sehr umfangreichen Abschlussberichts und auch der Protokolle der öffentlichen Beweisaufnahmen den Schlussstein für ein bisher unbekanntes Maß an Transparenz. Gerade für interessierte Laien, besorgte Bürger, die durch die zahlreichen, oftmals skandalisierenden und aufpeitschenden Medienberichte erschreckt und beunruhigt sind, wurde auch dieses Buch geschrieben. Der Untersuchungsausschuss hat den vermeintlichen inneren Widerspruch zwischen Geheimdiensten und öffentlicher Diskussion in einem Maße aufgelöst, wie es kaum ein Beobachter anfänglich für möglich gehalten hätte; auch dieses Buch ist ein Beitrag dazu.

Für Nachrichtendienste mit einer demokratischen Legitimation ist dies auch für das eigene Verständnis wichtig. Ohne parlamentarische Kontrolle und einen sicheren Rechtsrahmen würde ihre Akzeptanz in der Gesellschaft schwinden und die eigene Motivation, etwas Gutes für unser Land zu tun, herabsinken. Ein Eigenleben frustrierter Geheimagenten kann niemand gebrauchen. Auch dem galt es entgegenzuwirken. Das vielleicht wichtigste Ergebnis des Untersuchungsausschusses ist die Sensibilisierung für die einerseits unbestreitbare Tatsache, dass auch freiheitliche Demokratien auf ein leistungsstarkes, effektives und gründlich kontrolliertes Nachrichtenwesen angewiesen sind. Aber andererseits eben auch, dass sie kein Eigenleben führen dürfen und der vollständigen Kontrolle unterliegen – ja, das muss gehen. Nachrichtendienste – ja, aber in einem klaren gesetzlichen Rahmen, mit einer funktionierenden Dienst- und Fachaufsicht und einer effektiven Kontrolle.

Einer kniff – der Hauptzeuge Snowden

Es war Edward Snowden, der den Stein für diese Erkenntnis ins Rollen gebracht hat. Seine Veröffentlichungen haben einen wichtigen Beitrag dazu geleistet, eine gesamtgesellschaftliche, ja gar fast globale Debatte darüber anzustoßen, wie Nachrichtendienste im 21. Jahrhundert operieren sollen, dürfen und können. Die Frage, ob er ein Verräter oder ein Held ist, ist wichtig und spannend, aber sie greift allein gestellt zu kurz. Denn sie übersieht, dass es auf die Frage der Balance aus Freiheit und Sicherheit keine definitive Antwort gibt, sondern diese immerwährend neu gestellt, neu diskutiert und neu beantwortet werden muss. Snowdens Veröffentlichungen haben dazu beigetragen, dass die transatlantische Partnerschaft im nachrichtendienstlichen Bereich, das notwendige Zusammenwirken von NSA und BND, auf eine teilweise neue Grundlage gestellt und neu justiert wurde. Der NSA-Untersuchungsausschuss hat daran einen gewichtigen Anteil.

Edward Snowden hätte darüber hinaus einen wesentlichen Beitrag zum Untersuchungsauftrag und damit zur Reform der deutschen Dienste und ihrem Verhältnis zur NSA beisteuern können, wenn es ihm auch tatsächlich darum gegangen wäre. Doch den von ihm öffentlich zur Schau getragenen Altruismus und die Opferbereitschaft, für seinen Akt des „Whistleblowings" nun in Russland im Exil festsitzen zu müssen, zeigte er nicht gegenüber dem weltweit einzigen in der Konsequenz seiner Veröffentlichungen eingesetzten Untersuchungsausschuss. Snowden pokerte mit der US-Regierung: Seine Anwälte wollten eine Rückkehr in die USA erreichen und konnten immer wieder damit drohen, dass Snowden ja vielleicht Asyl in Deutschland bekomme. Dies bekam er aber nicht, und an klaren Verhandlungen hierüber ließ es sein deutscher Anwalt auch mangeln.

Der Ausschuss bemühte sich intensiv darum, eine Vernehmung von Snowden zu ermöglichen. Eine Reise des Ausschusses nach Moskau? Von Snowden abgelehnt. Eine Videoschalte in den Ausschusssaal? Von Snowden abgelehnt. Eine Vernehmung in der Botschaft eines neutralen Landes wie der Schweiz in Moskau wurde mit dem Ausschuss nicht ernsthaft diskutiert. Sein stetiger Hinweis auf eine Gefährdung seines Aufenthaltsstatus in Russland ist wenig glaubwürdig, denn für Videokonferenzen mit dem Europarat und dem Europaparlament stand er zur Verfügung und er führte zahlreiche Mediengespräche in seinem russischen Exil. Am Ende war ihm das rigorose Verfolgen einer Exit-Strategie aus Russland wichtiger als der Untersuchungsauftrag. Das öffentliche Bild vom opferungsbereiten Helden begann zu bröckeln – und zwar zu Recht. Die spannende Frage nach der Person Snowden und seiner Motivation wurde eingangs dieses Buches untersucht. Es steht zu vermuten, dass das letzte Wort hier noch längst nicht gesprochen ist.

Ganz aus der Affäre hatte sich der Journalist Glenn Greenwald gezogen, hätte er doch am meisten zur Aufklärung beitragen können. Nachdem die bereits geplante Videovernehmung von ihm abgesagt wurde, war von Snowden und Greenwald keine Aufklärung mehr zu erwarten.

Ein Kartenhaus fällt zusammen

Millionen und Abermillionen Daten deutscher Staatsbürger auf täglicher Basis abgegriffen, abgehört und ausgelesen? Eine kopflose und unterwürfige Beteiligung des BND an Spähexzessen der NSA? Evident rechtswidriges Handeln des Bundesverfassungsschutzes durch die Aktivierung des von der NSA überlassenen Programms XKeyscore? Solche Vorwürfe schwirrten nach Snowdens Enthüllungen bald durch die Republik und verunsicherten und empörten viele Menschen hierzulande. Wer ohnehin den Nachrichtendiensten gegenüber kritisch eingestellt war, konnte sich nun bestätigt fühlen. Oder? Tatsächlich blieb von diesen Verdächtigungen der massenhaften, anlasslosen Überwachung von deutschen Staatsbürgern durch die NSA am Ende nicht mehr viel übrig. Denn auch für ein selbst ernanntes Technik-Genie wie Snowden galt in der labyrinthhaften Welt der Geheimdienste das Need-to-know-Prinzip: Jeder Mitarbeiter weiß nur so viel, wie er zur Erfüllung seiner Aufgaben zwingend wissen muss. Snowden dachte, er wisse mehr, als er dann tatsächlich wusste. Edward Snowden scheint zweifelsohne ein brillanter Code-Writer gewesen zu sein. Doch an seinen teils krassen Fehleinschätzungen zur praktischen Arbeitsweise von Programmen wie PRISM und Upstream zeigt sich exemplarisch, dass aus gutem Grund Aufklärung und Auswertung in der Regel unterschiedlichen Personenkreisen zugeordnet sind. So sehr er beim Verständnis der globalen IT-Datenstruktur brillierte, so sehr lag er allzu oft mit seinen Analysen zur Rolle der deutschen Dienste im Geflecht der Nachrichtendienste daneben.

Besonders dreist erschien die Behauptung, dass amerikanische Geheimdienste Internetknoten wie jenen in Frankfurt

(DE-CIX) händisch anzapften, um an einen schier endlosen Topf an Informationen zu gelangen. Unter dem Codenamen Upstream würden ausländische Nachrichtendienste angeblich deutsche Infrastruktur sabotieren, um den umständlichen Weg der offiziellen Kooperation mit dem BND umgehen zu können. Der Zeuge Klaus Landefeld, Beirat der DE-CIX Management GmbH, machte den Abgeordneten klar, dass eine solche Operation überhaupt nicht unbemerkt bleiben würde. Der Energieaufwand eines solchen Unterfangens wäre derart groß, dass den Systemadministratoren des Internetknotens ein physischer Zugriff und der Abfluss von Datenmengen auffallen würden. Von Minute zu Minute der Zeugenbefragungen zu Upstream schmolzen Snowdens Thesen wie Butter in der Sonne.

Keine anlasslose massenhafte Datenerfassung

In diesem Kontext wurde „full take", sprich das Ausleiten des kompletten Datenaufkommens eines spezifischen Landes oder gar aller nachrichtendienstlich relevanten Länder der Welt, zum geflügelten Wort. Im Laufe des Untersuchungsausschusses wurde deutlich, dass ein Abgriff und Ausleiten des kompletten Datenaufkommens eines entwickelten Landes wie Deutschland selbst der NSA derzeit nicht möglich ist. Die globalen Datenmengen sind derart gigantisch, dass selbst eine Großinvestition in das weiträumige Rechenzentrum Bluffdale im Nirgendwo des Bundesstaates Utah nicht einmal annähernd eine solche Kapazität decken kann. Beweise für einen „full take" deutscher Telekommunikation? Fehlanzeige. Nach Jahren der Untersuchungsarbeit kann mit ziemlicher Sicherheit gesagt werden, dass die Five-Eyes-Staaten deutsche Telekommunikation nicht massenhaft und anlasslos erfassen. Die oft zitierte Zahl von 60 Millionen Daten deutscher Bürger, die angeblich täglich in die NSA-Server eingespeist werden, erwies sich als Märchen. Auch dieses Kartenhaus fiel auf dem harten Boden der Realität in sich zusammen. Dass manche Medien von ihren Vorwürfen trotzdem nicht lassen wollen oder zumindest ihre falsche Berichterstattung nicht korrigiert haben, steht auf einem anderen Blatt. Wenn Zeitungsredaktionen an lieb gewonnenen Vorurteilen festhalten und nach dem Motto „Es kann nicht sein, was nicht sein darf" arbeiten, ist das für die Demokratie in unserem Land eine Belastung.

Besonders stark setzte sich der Begriff „Ringtausch" im öffentlichen Bewusstsein fest. Der Vorwurf klang plausibel: Um die eigenen Staatsbürger unter Umgehung nationaler rechtlicher Schranken ausforschen zu können, werden Partnerdienste darum gebeten, diese Aufgabe zu übernehmen und die Erkenntnisse dann dem Auftraggeber zuzuleiten. Was in der Theorie spektakulär und durchaus nachvollziehbar klang, erwies sich bei näherer Betrachtung als nicht haltbar. Fakt ist: Dem Untersuchungsausschuss liegen trotz noch so hartnäckiger Nachfragen mancher Abgeordneter keine Erkenntnisse vor, die diese Theorie stützen würden. Kein Zeuge hat diesbezüglich etwas aussagen können, und in der Masse der Akten fand sich kein stichhaltiger Beweis für die Behauptung.

Organisatorische und technische Defizite beim BND

Eine Vielzahl von Anschuldigungen aus den Jahren 2013 und später haben sich als falsch erwiesen oder konnten nicht als hinreichend plausibel bewertet werden. Doch richtete sich der Fokus im Laufe der Untersuchungen immer mehr von der NSA weg auf den BND. Und es wurde klar: Beim deutschen Auslandsdienst existierten erhebliche organisatorische und technische Defizite – der Untersuchungsausschuss musste eklatante Fehler im Arbeitsablauf des BND feststellen. Im Fokus stand besonders die gemeinsame BND-NSA-Abhörstation in Bad Aibling. Der Umstand, dass weder das Kanzleramt noch die Leitungsebene des BND von den Unterabteilungen T1 und T2 über die im März 2015 erfolgte Deaktivierung von rund 40.000 teilweise hochproblematischen NSA-Selektoren informiert worden sind, wirft ein schlechtes Licht auf die Abstimmungs- und Koordinierungsprozesse im BND. Zweifelsohne stellte diese Massendeaktivierung ein außergewöhnliches Ereignis dar; ein so wichtiges Ereignis, dass nicht nachvollziehbar ist, dass es der Kontrollstelle im Kanzleramt nicht gemeldet wurde.

Ein weiterer operativer Mangel in der Zusammenarbeit zwischen NSA und BND in Bad Aibling war die schwammige Rede von der Wahrung „deutscher Interessen", festgehalten im Auftragsprofil der Bundesregierung (APB) für die deutschen Nachrichtendienste. Den jeweiligen Mitarbeitern war nicht bewusst, was diese „deutschen Interessen" bei der Sondierung und Sortierung der US-Selektoren denn eigentlich konkret bedeuten sollen. So steht fest, dass unter Mithilfe des Bundesnachrichtendienstes EU- und NATO-Staaten ausgespäht wurden. Die Bundesregierung hat nunmehr hinlänglich klargemacht, dass eine Ausspähung von Deutschlands wichtigsten Bündnispartnern nicht im deutschen Interesse liegt und nur noch unter bestimmten Voraussetzungen erfolgen darf. Die schlichte Masse an von US-Seite gewünschten Selektoren im BND-Spähsystem führte dazu, dass diese nur auf G10-Verträglichkeit geprüft wurden, nicht jedoch darauf, ob sie auch mit den deutschen Interessen vereinbar waren. Während der Untersuchungen kam schließlich noch etwas ans Tageslicht, das den Laien staunen macht und den Experten besorgt die Stirn runzeln lässt – die Tatsache, dass die Datenbanken von NSA und BND technisch nicht kompatibel waren. Dieses Manko führte zum Unvermögen des BND, die Begründung zur Einstellung der NSA-Selektoren einsehen zu können. Fehler, die dank der Aufklärungsarbeit des NSA-Untersuchungsausschusses zutage traten.

Darüber hinaus erscheint es fragwürdig, ob die 25 Mitarbeiterinnen und Mitarbeiter der für die Nachrichtendienste zuständigen Abteilung 6 des Bundeskanzleramts eine umfassende Aufsicht über die 6.500 Mitarbeiter des BND ermöglichen können. Auch wenn sie über noch so gutes Expertenwissen verfügt hätten – das krasse zahlenmäßige Ungleichgewicht wird zumindest nicht in jedem Fall eine detaillierte Prüfung über die Abläufe im BND ermöglichen.

Die Bewertung der Rolle des Bundesamts für Verfassungsschutz muss deutlich von der berechtigten Kritik am Bundesnachrichtendienst abgegrenzt werden. Die Überlassung der NSA-Software XKeyscore an das BfV erweckte den Eindruck eines trojanischen Pferdes. Um die Kooperation mit den Deutschen fruchtbarer zu gestalten, wurde ihnen eine Technik zur Erfassung und Analyse von Kommunikationsdaten bereitgestellt – diese Behauptung stand zumindest in der Öffentlichkeit. Im Raum stand sogar, dass die Software heimlich Daten nach Fort Meade weiterleitet, um G10-relevante Daten direkt und ohne Filterung der Deutschen in die Hände zu bekommen. Ein solcher

Deal nach dem Motto „Technik gegen Information“ schien zu Beginn des Untersuchungsausschusses zwar naheliegend, es zeigte sich jedoch, dass es in diesem Fall nicht dazu gekommen war. Erstens diente die Software nicht der Erfassung, sondern ausschließlich der Analyse bereits erfasster Daten. Zweitens verhinderte das autarke System jedweden Datenabfluss an die Außenwelt, also auch an die NSA. Drittens wurde das Programm durch den Bundesverfassungsschutz und einen IT-Experten des BND jahrelang auf seine Sicherheit überprüft, bevor der sogenannte Wirkbetrieb aktiviert wurde.

KAPITEL 8

Wir dürfen nicht stehen bleiben

Etwas haben die Snowden-Enthüllungen und die Arbeit des Untersuchungsausschusses sicher bewirkt: die deutschen Sicherheitsbehörden sind mit Blick auf verbündete ausländische Dienste kritischer – realistischer – geworden. Seit den Snowden-Papieren und im Zuge der Arbeit des Untersuchungsausschusses hat sich eine neue Mentalität der Umsicht in den Sicherheitsbehörden entwickelt. Als eine unmittelbare Konsequenz gilt der nunmehr stattfindende sogenannte 360-Grad-Blick der Spionageabwehr. Nicht mehr nur klassisch außerhalb des Bündnissystems zu verortende Staaten wie Russland und China sind nun auf dem Radar der Abteilung 4 des für die Spionageabwehr zuständigen Bundesamts für Verfassungsschutz, sondern alle Länder mit nennenswerten nachrichtendienstlichen Kapazitäten und Interesse an Erkenntnissen aus Deutschland. Diese Reform der Arbeitsweise der Spionageabwehr entspricht der Einsicht, dass der Satz „Ausspähen unter Freunden – das geht gar nicht“ zwar für Deutschland, jedoch nicht zwingend für andere Länder im euro-atlantischen Bündnissystem gilt. Nun gilt es, diese Prämisse auch in der operativen Arbeit des Verfassungsschutzes und der Eigensicherung des BND konsequent und gründlich umzusetzen. So sollte die Sicherheitsüberprüfung für Mitarbeiterinnen und Mitarbeiter an sensiblen Stellen des Bundes auch deren Kontakte zu all jenen Staaten umfassen, die der 360-Grad-Blick umfasst. Bis jetzt interessiert man sich nämlich nicht für Kontakte einer zu überprüfenden Person zu den Five-Eyes-Staaten. Es ist begrüßenswert, dass der Fachbereich Cybersicherheit beim BfV auf 15 Mitarbeiter aufgestockt wurde – ein erster richtiger Schritt zur Abwehr von Gefahren im IT-Bereich, wie sie nicht nur für Regierungsinstitutionen, sondern auch für Wirtschaftsunternehmen mittlerweile alltäglich sind. Weitere personelle Aufstockungen sind in diesem Bereich geboten.

Ausbau der Infrastruktur

Die Entscheidung aus der Zeit, als der Regierungsumzug von Bonn nach Berlin vorbereitet wurde, in Berlins politischer Herzkammer Botschaften von Staaten mit erheblichem Aufklärungsinteresse ansiedeln zu lassen, ist nicht zu revidieren. Umso widerstandskräftiger gegen Einbrüche von außen muss die Infrastruktur ausgebaut werden. Deshalb überprüft das Bundesamt für Sicherheit in der Informationstechnik Gebäude der Regierung nun häufiger auf Akte der Sabotage und Manipulation. Endlich ist nun auch die politische Führungsebene der Bundespolitik mit Smartphones inklusive Kryptotechnik ausgestattet, um Kommunikation zu verschlüsseln und zu sichern. Dieser Grundsatz sollte in naher Zukunft auf alle Abgeordnete des Deutschen Bundestags ausgedehnt werden, um Kryptografie als Standard im politischen Geschäft einzuführen. Als flankierende Maßnahme dazu wurde das IVBB-Netz (Informationsverbund Berlin-Bonn) ausgebaut – eine sichere Festnetzleitung zwischen Regierungs- und Parlamentsviertel in Berlin und den Stellen in der ehemaligen Bundeshauptstadt Bonn.

Nicht unter den Teppich gekehrt werden darf die Wahrheit, dass all diese Maßnahmen eine ganze Stange Geld kosten. Die Kommunikation von Regierung und Parlament unter Einsatz beträchtlicher finanzieller und personeller Ressourcen sicher zu verschlüsseln und auf dem neuesten Stand der Technik zu halten ist jedoch alternativlos. Langfristig würde es allen Beteiligten – und damit letztlich den Steuerzahler – erheblich mehr Geld kosten, wenn Berlin für ausländische Nachrichtendienste ein Eldorado, eine Goldgrube, wäre. Der Erfolg all dieser Maßnahmen wird sich indes erst zeigen, wenn das Thema nachrichtendienstlicher Spähangriffe aus den Medien verschwindet. Wenn die Aufregung dem Alltag gewichen ist, gilt es, den politischen Willen zur sicheren Ausgestaltung der IT-Infrastruktur aufrechtzuerhalten und die notwendigen Maßnahmen weiterhin mit Elan voranzutreiben.

Erste Reformen vor dem Ende des Untersuchungsausschusses

Die Reform des Gesetzes über den Bundesnachrichtendienst ist ein Anfang, um die Missstände zu beseitigen, die der Untersuchungsausschuss aufgedeckt hat. Der Bundestag verfolgt mit dem neuen, im Herbst 2016 beschlossenen BND-Gesetz eine Doppelstrategie. Zum einen wird die Aufsicht innerhalb des BND und durch das Kanzleramt geschärft und zum anderen wird die Kontrolle durch das Parlament stark ausgebaut. Auf der anderen Seite werden die technischen Möglichkeiten des deutschen Auslandsnachrichtendienstes erweitert.

Mit einem „Unabhängigen Gremium", das aus zwei Richtern, einem Bundesanwalt am Bundesgerichtshof und drei Stellvertretern besteht, erfolgt nun eine zusätzliche Kontrolle im Rahmen der Ausland-Ausland-Fernmeldeaufklärung. Es muss eingeschaltet werden und hat neben dem Parlamentarischen Kontrollgremium die Möglichkeit, stichprobenartig beispielsweise Selektoren zu überprüfen. Das Unabhängige Gremium unterrichtet in Abständen von höchstens sechs Monaten das Parlamentarische Kontrollgremium über seine Tätigkeit.

Darüber hinaus wird es in Zukunft jährlich öffentliche Anhörungen der Präsidenten der Nachrichtendienste des Bundes durch das Parlamentarische Kontrollgremium geben – ein Novum in der sonst streng geheimen Arbeitsweise des Gremiums. Der Vorwurf der Opposition, dass ein zwischengeschaltetes Gremium eine klare Verantwortungskette der Regierung verwische, ist unbegründet. Denn anders als bis dato muss das Kanzleramt auf Antrag des BND-Präsidenten oder eines Vertreters Spionageaktivitäten in internationalen Telekommunikationsnetzen nun anordnen. Somit wird klargestellt, dass in Zukunft nicht untergeordnete Ebenen im BND über solch tief greifende Schritte entscheiden, sondern die letztendliche Verantwortung bei der Bundesregierung liegt. Auch dem Parlament wird mit dem „Ständigen Bevollmächtigten" eine zusätzliche Personalie zur Seite gestellt. Er wird vom Parlamentarischen Kontrollgremium eingesetzt, um „kontinuierliche und strukturierte Untersuchungen" anzustellen und dem Gremium zuzuarbeiten.

Der Ausschluss der Wirtschaftsspionage als legitimes Aufklärungsinteresse ist ebenso ausdrücklich festgeschrieben. Damit bestätigt der Gesetzgeber zwar nur die bereits geltende Praxis, sendet aber ein wichtiges Signal zum Fair Play an die Partner und in die internationale Arena der Dienste. Ein weiteres wichtiges Zeichen setzt das Gesetz beim Schutz von „Whistleblowern". Mitarbeiter, die über interne Missstände informieren, sind zukünftig besser geschützt. Die Empfehlung des Parlamentarischen Kontrollgremiums, ein regelmäßiges Berichtswesen des BND einzurichten, erscheint als geeignetes Mittel, um den Informationsfluss zum Kanzleramt zu verbessern und damit die Fach- und Dienstaufsicht auf noch bessere Füße zu stellen. Zudem grenzt das Gesetz klar ein, unter welchen Bedingungen der BND EU- und NATO-Partner aufklären darf. Spionage gegen diese Ziele ist nur erlaubt, sofern es Gefahren für die innere und äußere Sicherheit, die Handlungsfähigkeit Deutschlands oder Erkenntnisse „von außen- und sicherheitspolitischer Bedeutung" betrifft. Entscheidend wird nun sein, Fehler der Vergangenheit nicht zu wiederholen und eher abstrakte Begriffe konkret zu operationalisieren, damit BND-Mitarbeiter mit ihnen arbeiten können.

Was dringend geboten ist

All diese Maßnahmen sind keine oberflächliche Kosmetik, sondern leiten einen Wechsel beim Verständnis und beim Umgang mit dem Nachrichtenwesen ein. Weitere Maßnahmen stehen aber noch im Raum – die Fraktionen im Untersuchungsausschuss konnten sich allerdings noch nicht auf konkrete Reformvorschläge einigen. Ein großer Akt, um Klarheit zwischen den Diensten zu schaffen, wäre eine vollständige Trennung zwischen den Gesetzen für den Verfassungsschutz und für den BND. Beide Dienste nehmen unterschiedliche Aufgaben wahr und eine deutliche und sichtbare Abgrenzung in eigenen Gesetzen wäre wünschenswert, sodass es nicht zu ständigen Verweisen zwischen den

Gesetzen kommen muss. Bisher ist es nämlich so, dass im BND-Gesetz regelmäßig auf das Gesetz für den Verfassungsschutz verwiesen wird, da dies als „Hauptgesetz“ angesehen wird. Das relativ schlanke BND-Gesetz findet seine Details dann im Gesetz über den Verfassungsschutz, was der hier bereits beschriebenen Verschiedenheit der Dienste nicht gerecht wird.

Nach Amerika kann auch geschaut werden, um zu lernen. Spannend wäre es, wenn das Parlamentarische Kontrollgremium auch das Budgetrecht über die Einzeletats der Dienste hätte – so wie das in den USA der Fall ist. Wer über das Geld bestimmt, redet immer auch ein entscheidendes Wort mit. Das Gefühl und die Gewissheit, umfassend informiert zu sein, würde dann direkt mit dem Budget einhergehen. Gleichzeitig müsste aber gerade die Technische Abteilung des BND, die so viel gescholten wurde, auch finanziell und personell noch stärker unterstützt und ausgebaut werden, als dies im aktuellen Haushalt der Fall ist.

Ein noch größerer Schritt wäre es, wenn neben dem „Ständigen Bevollmächtigten“ des Parlamentarischen Kontrollgremiums ein unabhängiger Geheimdienstbeauftragter etabliert würde. Wenn sich unsere Dienste weiterentwickeln und vergrößern, weil dies die Sicherheitslage fordert, kann eine solche Institution Vertrauen für die Dienste gegenüber ihrer Arbeit schaffen. Der Wehrbeauftragte hat der Bundeswehr schließlich auch nicht geschadet, sondern genutzt. Abschließend sollte sich auch der Bundestag noch stärkere Gedanken über den Umgang und die Geheimhaltung seiner Dokumente und Informationen machen. Nur so wächst das Vertrauen in die Kontrolle und deren Professionalität. Auch dies sind alles Erkenntnisse aus dem Untersuchungsausschuss.

Die digitale Zukunft

Deutschland gehört zu den wichtigen Ländern der Welt und da es im Herzen Europas gelegen ist, wächst seine internationale Bedeutung als wirtschaftlicher Motor und Stabilitätsanker in unruhigen Zeiten weiter. Diese neue Verantwortung geht mit einem gesteigerten Interesse an Informationen aus und über Deutschland einher. Die Rolle Berlins als Brennpunkt der Nachrichtendienste scheint sich seit dem Ende des Kalten Krieges und der Ost-West-Konfrontation eher noch verstärkt zu haben. Der NSA-Untersuchungsausschuss hat dies klar zutage gefördert und den Grundstein dafür gelegt, dass mit dem neuen internationalen Gewicht Deutschlands auch ein neues Verständnis vom Schutz unserer Geheimnisse und Informationen einhergehen muss.

Ob auf dem Berliner Breitscheidplatz, im Pariser Bataclan oder am Brüsseler Flughafen – der fern geglaubte Terror hat unsere Straßen längst erreicht. Die Auswirkungen globaler Krisen machen nicht an nur noch imaginären Grenzen zerfallender Staaten halt, sondern betreffen uns ganz unmittelbar. Aus diesen Gründen kann grenzüberschreitender Kriminalität und der Vorbereitung schwerster Straftaten in internationalen Terrornetzwerken nicht mit nationalen Antworten beigekommen werden. Je schneller das globale Aufkommen an Kommunikation in die Höhe schnellt, desto stärker muss auch die nachrichtendienstliche Fähigkeit zur Fernmeldeaufklärung wachsen. Ein in den internationalen Märkten eingebettetes, außen- und sicherheitspolitisch zunehmend gefordertes Deutschland kann es sich nicht leisten, im Alleingang zu operieren und im Nebel zu stochern. Der Austausch von Erkenntnissen und Informationen mit ausländischen Nachrichtendiensten ist deshalb ein Imperativ für jede verantwortlich handelnde Regierung. Nur im internationalen Konzert im Rahmen internationaler Zusammenarbeit lassen sich Freiheit und Sicherheit der Bürgerinnen und Bürger effektiv schützen. Der NSA-Untersuchungsausschuss hat diesen Grundsatz kenntlich gemacht und den Weg für ein effektives und solide kontrolliertes Nachrichtenwesen gewiesen. Es ist für die Nachrichtendienste in Europa und sogar weltweit ein Vorbild für die Balance zwischen Sicherheit und Privatheit.

Es war Thomas Drake, der NSA-Aussteiger, der im NSA-Untersuchungsausschuss so stark in der Kritik, aber so schwach bei den Fakten war, der hoffte, auch der BND werde Whistleblower hervorbringen, die Unkorrektheiten in seinen Reihen aufdecken. Der NSA-Untersuchungsausschuss hat neben dem Aufdecken von Systemfehlern und menschlichem Fehlverhalten beim BND auch seinen Beitrag dazu geleistet, dass es einen deutschen Edward Snowden hoffentlich nie geben wird beziehungsweise geben muss. Und zwar nicht, weil Rechtsverstöße des BND unter den Teppich gekehrt werden könnten und ein Whistleblower von deutschen Behörden unterdrückt und verfolgt werden würde. Sondern weil die Zustände in den deutschen Geheimdiensten hoffentlich so sind, dass kein Geheimdienstmitarbeiter sich herausgefordert fühlt, mit Wissen über rechtswidrige Machenschaften an die Öffentlichkeit zu gehen. Wenn sich nicht zuletzt die Kultur des BND ändert, war der Untersuchungsausschuss mit seiner Arbeit erfolgreich.

Endnoten

EINLEITUNG:

1 Süddeutsche Zeitung, 13.02.2017: Die Bilanz der Regierung im NSA-Skandal ist beschämend. http://www.sueddeutsche.de/politik/geheimdienste-die-bilanz-der-regierung-im-nsa-skandal-ist-beschaemend-1.3375209. Aufgerufen am 15.02.2017.

KAPITEL 1:

1 http://www.huffingtonpost.com/2013/12/17/john-bolton-edward-snowden_n_4461196.html

2 http://www.foxnews.com/politics/2013/12/17/ex-cia-director-snowden-should-be-hanged-if-convicted-for-treason.html

3 https://intelligence.house.gov/uploadedfiles/hpsci_snowden_review_-_unclass_summary_-_final.pdf

4 Ebd.

5 Ebd.

6 Siehe: Hubertus Knabe: Zersetzung. In: Was war die Stasi? Einblicke in das Ministerium für Staatssicherheit (MfS). Hrsg. von Karsten Dümmel und Christian Schmitz, Sankt Augustin 2002, S. 26ff.

7 http://www.aacc.edu/aboutaacc/default.cfm

8 Von der Scham berichtet Luke Harding: Edward Snowden: Geschichte einer Weltaffäre, London/Berlin 2014, S. 22.

9 Zit. nach Stefan Aust, Thomas Ammann: Digitale Diktatur. Totalüberwachung, Datenmissbrauch, Cyberkrieg, Berlin 2016, S. 74.

10 https://intelligence.house.gov/uploadedfiles/hpsci_snowden_review_-_unclass_summary_-_final.pdf

11 Zit. nach Harding: Edward Snowden, S. 25.

12 Ebd., S. 33.

13 https://intelligence.house.gov/uploadedfiles/hpsci_snowden_review_-_unclass_summary_-_final.pdf

14 Marcel Rosenbach, Holger Stark: Der NSA-Komplex: Edward Snowden und der Weg in die totale Überwachung, München 2015, S. 46.

15 Ebd., S. 35.

16 Zit. nach Harding: Edward Snowden, S. 40.

17 https://intelligence.house.gov/uploadedfiles/hpsci_snowden_review_-_unclass_summary_-_final.pdf

18 http://edition.cnn.com/2013/12/24/us/edward-snowden-interview/

19 http://www.nytimes.com/2013/10/18/world/snowden-says-he-took-no-secret-files-to-russia.html

20 Harding: Edward Snowden, S. 46.

21 https://www.dni.gov/index.php/about-this-site/no-fear-act/whistleblower-protection-laws

22 https://intelligence.house.gov/uploadedfiles/hpsci_snowden_review_-_unclass_summary_-_final.pdf

23 https://www.heise.de/newsticker/meldung/Edward-Snowden-versteckte-sich-angeblich-bei-Fluechtlingen-in-Hongkong-3315078.html

24 https://www.reporter-ohne-grenzen.de/presse/pressemitteilungen/meldung/zunehmende-einflussnahme-chinas/

25 Zit. nach http://www.bild.de/politik/ausland/edward-snowden/von-russen-als-spion-angeworben-46601344.bild.html

26 https://intelligence.house.gov/uploadedfiles/hpsci_snowden_review_-_unclass_summary_-_final.pdf

27 http://www.zeit.de/digital/internet/2015-06/edward-snowden-sunday-times-bild-zeitung

28 https://intelligence.house.gov/uploadedfiles/hpsci_snowden_review_-_unclass_summary_-_final.pdf

KAPITEL 2:

1 Zur Entwicklung der Drohne als Waffe siehe auch: Kai Biermann, Andreas Wiegold: Drohnen: Chance und Gefahren einer neuen Technik, Berlin, 2015.

2 http://www.sueddeutsche.de/politik/geheimer-krieg-deutsche-behoerde-horcht-asylbewerber-aus-1.1822668

3 Hannes Federrath: Darstellung der Möglichkeiten, mithilfe von – gegebenenfalls auch personenbezogenen – Daten eine Lokalisierung beziehungsweise Ortung von Personen durchzuführen, für den 1. Untersuchungsausschuss der 18. Wahlperiode des Deutschen Bundestages vom 19.09.2016. Die Angaben können hier insgesamt nur sehr verkürzt und technisch vereinfacht dargestellt werden.

4 Vgl. Jay Tuck (mit Armin Fuhrer): Evolution ohne uns. Wird Künstliche Intelligenz uns töten? Kulmbach 2016, S. 75.

5 https://www.youtube.com/watch?v=HDU9Icy_E9w

6 Ebd.

7 Ebd.

8 Ebd.

9 http://www.sueddeutsche.de/politik/luftangriffe-in-afrika-us-streitkraefte-steuern-drohnen-von-deutschland-aus-1.1684414

10 http://www.nytimes.com/2011/05/07/world/middleeast/07yemen.html und http://www.spiegel.de/politik/ausland/top-terrorist-jemen-meldet-tod-von-hassprediger-awlaki-a-789284.html

11 http://www.spiegel.de/politik/deutschland/ramstein-air-base-us-drohneneinsaetze-aus-deutschland-gesteuert-a-1029264.html

12 http://dip21.bundestag.de/dip21/btd/18/049/1804944.pdf

13 http://www.stuttgarter-zeitung.de/inhalt.anti-drohnen-demo-in-stuttgart-friedenskonzert-verursacht-verkehrsbehinderungen.e9927d20-f04c-451d-af0d-e3818f96e10a.html

14 http://www.sueddeutsche.de/politik/2.220/angriffe-in-afrika-drohnentod-aus-deutschland-1.1829921.

15 http://extra.stuttgarter-nachrichten.de/africom/

16 http://www.africom.mil/

17 http://www.abg-plus.de/abg2/ebuecher/abg_all/index.html

KAPITEL 3:

1 http://www.spiegel.de/netzwelt/netzpolitik/neue-dokumente-der-geheime-werkzeugkasten-der-nsa-a-941153.html. Der Spiegel beruft sich dabei auf Snowden-Dokumente.

2 https://www.washingtonpost.com/news/the-switch/wp/2013/08/29/the-nsa-has-its-own-team-of-elite-hackers/?utm_term=.5dd4cd8fb4dd

3 Vgl. Rosenbach, Stark: Der NSA-Komplex, S. 222.

4 „IT-Infrastruktur" zur Anhörung des 1. Untersuchungsausschusses von Sandro Gaycken, FU Berlin, Juni 2014. Gaycken https://www.bundestag.de/blob/285124/7115462c38da14ffa77b68489318253f/mat_a_sv-1-1-pdf-data.pdf

5 https://www.eff.org/sites/default/files/filenode/br_08-13_order_3-2-09_final_redacted.ex_-_ocr_1.pdf

6 https://www.washingtonpost.com/world/national-security/declassified-court-documents-highlight-nsa-violations/2013/09/10/60b5822c-1a4b-11e3-a628-7e6dde8f889d_print.html

7 https://www.theguardian.com/world/2013/sep/10/nsa-violated-court-rules-data-documents

8 Zit. nach Glenn Greenwald: Die globale Überwachung. Der Fall Snowden, die amerikanischen Geheimdienste und die Folgen, München 2015, S. 192.

9 http://www.spiegel.de/netzwelt/netzpolitik/projekt-prism-nsa-spioniert-weltweit-internet-nutzer-aus-a-904330.html

10 http://www.spiegel.de/politik/ausland/us-geheimdienstchef-clapper-meister-im-grabenkampf-a-930933.html

11 https://www.dni.gov/index.php/newsroom/press-releases/191-press-releases-2013/868-dni-statement-on-recent-unauthorized-disclosures-of-classified-information

12 https://www.pclob.gov/library/702-Report.pdf und http://www.spiegel.de/netzwelt/netzpolitik/nsa-ueberwachung-datenschutzkommission-erklaert-prism-fuer-legal-a-979036-druck.html

13 Vgl. Gutachten Sando Gaycken https://www.bundestag.de/blob/285124/7115462c38da14ffa77b68489318253f/mat_a_sv-1-1-pdf-data.pdf

14 http://www.zeit.de/digital/datenschutz/2013-07/xkeyscore-snowden-folien?print

15 Ebd.

16 Sven Felix Kellerhoff, Bernd von Kostka: Hauptstadt der Spione, Berlin 2016.

17 Vgl. Rosenbach, Stark: Der NSA-Komplex, S. 127.

18 https://www.wired.com/2012/03/ff_nsadatacenter/

19 http://www.spiegel.de/forum/netzwelt/daten-ueberwachungszentrum-utah-die-festung-der-cyberspione-thread-92482-1.html

20 https://www.heise.de/newsticker/meldung/NSA-Ausschuss-Rechtsbruch-programmiert-bei-Geheimdiensten-der-Five-Eyes-Staaten-3572696.html

21 http://www.nationalarchives.gov.uk/ukusa/

22 http://www.europarl.europa.eu/sides/getDoc.do?type=PRESS&reference=DN-20010905-1&format=XML&language=DE#SECTION1 und http://www.europarl.europa.eu/sides/getDoc.do?pubRef=-//EP//NONSGML+REPORT+A5-2001-0264+0+DOC+PDF+V0//DE

23 Berlin nimmt Meldungen über Hackerangriffe der CIA „sehr ernst“, in: Frankfurter Allgemeine Zeitung vom 9. März 2017, S. 1.

24 Sandro Gaycken: Jetzt kann jeder NSA, in: Frankfurter Allgemeine Zeitung vom 9. März 2017, S. 8.

25 https://www.wired.de/collection/tech/lebensgefahr-hacker-konnen-den-jeep-cherokee-fernsteuern

26 Julian Freitag, Stefan Tomlik: Alles und noch viel mehr, in: Ebd., S. 2.

27 Sandro Gaycken: Jetzt kann jeder NSA.

KAPITEL 4:

1 https://www.tagesschau.de/inland/interviewschily100.html

2 http://www.spiegel.de/politik/deutschland/deutsch-amerikanische-zusammenarbeit-operation-alberich-deckte-terror-plot-auf-a-504628.html

3 https://www.gesetze-im-internet.de/bndg/BJNR029790990.html#BJNR029790990BJNG000100305

4 https://www.gesetze-im-internet.de/bundesrecht/g10_2001/gesamt.pdf

5 https://www.bundestag.de/blob/393598/b5d50731152a09ae36b42be50f283898/mat_a_sv-11-2-data.pdf, S. 201 f.

6 Ebd., S. 202.

7 http://www.sueddeutsche.de/politik/geheimdienste-codewort-eikonal-der-albtraum-der-bundesregierung-1.2157432

8 http://www.zeit.de/digital/2015-08/spionage-affaere-informationen-frank-walter-steinmeier

9 Zit. nach: https://www.heise.de/newsticker/meldung/NSA-Ausschuss-BND-NSA-Kooperation-Eikonal-war-im-hoechsten-Masse-unredlich-2585687.html

10 http://www.bundesverfassungsgericht.de/SharedDocs/Entscheidungen/DE/2016/09/es20160920_2bve000515.html

11 https://www.bundestag.de/blob/393598/b5d50731152a09ae36b42be50f283898/mat_a_sv-11-2-data.pdf S. 185 f.

12 http://www.deutschlandfunk.de/nsa-untersuchungsausschuss-kritik-prallt-an-graulich-ab.1818.de.html?dram:article_id=336019

13 Der Bericht wurde geleakt und ist in voller Länger im Internet zu lesen: https://netzpolitik.org/2016/geheimer-pruefbericht-der-bnd-bricht-dutzendfach-gesetz-und-verfassung-allein-in-bad-aibling/#Teil-1-C

14 https://www.bundestag.de/blob/393598/b5d50731152a09ae36b42be50f283898/mat_a_sv-11-2-data.pdf, S. 207.

15 https://www.tagesschau.de/inland/graulich-abschlussbericht-101.pdf, S. 27.

KAPITEL 5:

1 Rosenbach, Stark: Der NSA-Komplex, S. 236.

2 Unterrichtung durch das Parlamentarische Kontrollgremium. Öffentliche Bewertung des Parlamentarischen Kontrollgremiums gemäß § 10 Absatz 2 und 3 des Kontrollgremiumsgesetzes zur BND-eigenen Steuerung in der strategischen Fernmeldeaufklärung. Deutscher Bundestag, Wahlperiode 18, Drucksache 18/9142.

3 http://dipbt.bundestag.de/doc/btd/18/091/1809142.pdf, S. 9.

4 Ebd., S. 9f.

5 Ebd., S. 11.

6 https://netzpolitik.org/2016/geheimer-pruefbericht-der-bnd-bricht-dutzendfach-gesetz-und-verfassung-allein-in-bad-aibling/#Teil-2

7 Ebd.

8 http://www.spiegel.de/politik/deutschland/nsa-merkel-beschwert-sich-bei-obama-a-929636.html

9 http://www.spiegel.de/netzwelt/netzpolitik/kanzler-handy-nsa-hoerte-auch-gerhard-schroeders-mobiltelefon-ab-a-950996.html

10 http://www.tagesspiegel.de/politik/abhoerung-von-angela-merkels-handy-bundesregierung-sagt-nichts-zur-einstellung-der-ermittlungen/11908610.html

11 Rosenbach, Stark: Der NSA-Komplex, S. 227f.

12 https://www.tagesschau.de/inland/bnd-prozess-101.html

13 http://www.zeit.de/politik/deutschland/2015-11/bnd-cia-spitzel-prozess-muenchen

KAPITEL 6:

1 http://www.tagesspiegel.de/politik/nsa-ausschuss-us-journalist-greenwald-nicht-zu-aussage-bereit/10283246.html und http://www.faz.net/aktuell/politik/greenwald-lehnt-aussage-vor-dem-nsa-ausschuss-ab-13077831.html sowie Greenwalds Begründung im Wortlaut: http://talkingpointsmemo.com/livewire/glenn-greenwald-germany-nsa-investigation

2 http://www.faz.net/aktuell/politik/greenwald-lehnt-aussage-vor-dem-nsa-ausschuss-ab-13077831.html

3 Aust, Ammann: Digitale Diktatur, S. 114.

4 Rosenbach, Stark: Der NSA-Komplex, S. 34.

5 http://articles.baltimoresun.com/2006-01-29/news/0601280286_1_intelligence-experts-11-intelligence-trailblazer